KB145239

데브옵스를 지탱하는 클라우드 네이티브 입문

쿠버네티스와 프로메테우스를 이용한 마이크로서비스 환경 구축과 배포, 모니터링 가이드

데브옵스를 지탱하는
클라우드 네이티브 입문

쿠버네티스와 프로메테우스를 이용한
마이크로서비스 환경 구축과
배포, 모니터링 가이드

오누르 일마즈 · 술레이만 아크바스 지음   오주환 옮김

i!i
에이콘

| 지은이 소개 |

오누르 일마즈^{Onur Yılmaz}

다국적 엔터프라이즈 소프트웨어 기업의 선임 소프트웨어 엔지니어다. CKA^{Certified Kubernetes Administrator} 인증 보유자로, 사내에서는 쿠버네티스 및 클라우드 관리 시스템을 담당하고 있다. 또한 도커, 쿠버네티스, 클라우드 네이티브 애플리케이션을 비롯한 최신 기술에 깊은 관심이 있다. 공학 석사학위와 2개 분야의 공학 학사학위를 소지하고 있으며, 현재 박사학위 과정 중에 있다.

술레이만 아크바스^{Süleyman Akbaş}

다국적 엔터프라이즈 소프트웨어 기업의 선임 소프트웨어 엔지니어다. 또한 CKA^{Certified Kubernetes Administrator} 인증 보유자로, 쿠버네티스를 사용하는 클라우드 네이티브 프로젝트와 오픈소스 프로젝트에 참가하고 있다. 클라우드 네이티브 애플리케이션을 개발하고 관리하는 데 깊은 관심이 있다. 컴퓨터 과학 분야의 명예 학사학위를 소지하고 있으며, 현재는 헬싱키 대학교에서 컴퓨터 과학 석사학위 과정 중에 있다.

| 옮긴이 소개 |

오주환(goddessism@gmail.com)

현재 일본 모 전자회사의 CCoE ^{Cloud Center of Excellence} 리더다. 클라우드 기반 검토와 지식, 아키텍처 사례의 전파, 멤버들의 성장지원으로 사내에서 진행되는 프로젝트의 클라우드 도입에 대한 허들을 낮추기 위한 활동을 수행 중이다. 플랫폼 아키텍처 팀 매니저를 겸임하고 있다. 아직 경험하지 못한 것에 도전하기를 즐긴다. 최근에는 러시아 HSE의 데이터 사이언스 석사과정, 딸아이의 동네 친구들과 친분 쌓기를 병행하고 있으며 다양한 경험과 배움으로 삶의 자유도를 높이는 일에 관심이 있다.

| 옮긴이의 말 |

IT 분야 종사자라면 '데브옵스'와 '클라우드 네이티브'라는 단어를 들어본 적이 있을 것입니다. 이 두 가지 개념은 IT 조직이 추구해야 할 패러다임으로 주목받고 있기도 합니다. 이들은 과연 무엇이며 이를 추구해 무엇을 얻을 수 있을까요?

데브옵스 철학은 개발과 운영의 장벽을 허물고 더 빠르고 유연하게 요구사항을 실현하는 골을 달성하는 데 의의를 두고 있습니다. 이를 통해 조직의 의사결정 속도를 서비스가 따라가는 것을 넘어서 실패를 두려워하지 않는 조직으로의 변화를 추구하기도 합니다. 당연하게도 전통적인 IT 조직에서 이를 달성하기까지 많은 시행착오를 경험하게 됩니다. 이 중에서도 대표적인 것으로 조직 문화와 구축 방법론을 들 수 있습니다.

기존의 인프라와 애플리케이션, 혹은 개발과 운영처럼 분리된 환경일수록, 이들 부문 간의 의사소통이 부족하면 할수록 요구사항, 즉 시장의 니즈를 반영하기 위한 최선의 결과물을 내놓기는 쉽지 않습니다. 각자가 처한 입장과 추구하는 가치의 차이가 존재하기 때문입니다.

이 책에서 다루는 구축과 배포, 운영 방법론의 경우, 개발자가 인프라 영역까지 애플리케이션 배포의 연장선으로서 다룰 수 있는 클라우드 환경의 활용을 검토하는 것이 일반적입니다.

클라우드 네이티브라는 개념은 여기서 빛을 발하게 됩니다. 클라우드 컴퓨팅 모델의 이점을 활용해 하나하나의 리소스를 하드웨어가 아닌 소프트웨어 컴포넌트로 인지하고, 기존의 개발자의 역할을 확장해 데브옵스 철학을 실현하기 위한 기반을 제공합니다.

CNCF(클라우드 네이티브 컴퓨팅 재단)는 조금 다른 방식으로 클라우드 네이티브를 정의하고 있는데, 바로 컨테이너화를 전제로 한 오픈소스 제품군으로 이뤄진 생태계를 이용하는 것입니다. 이들은 클라우드 도입의 다음 단계에 해당하는 멀티클라우드, 하이브리드 클라우드에도 대응할 수 있는 유연성을 강조합니다.

이 책은 기업 내에서 데브옵스를 달성하기 위한 방안으로 컨테이너 오케스트레이터인 쿠버네티스를 중심으로 한 오픈소스 기반을 제시합니다. 다음으로는 컨테이너 이용 방법을 시작으로 마이크로서비스 애플리케이션 구축을 위한 클러스터 생성, 애플리케이션 배포, 업데이트 및 확장, 트러블슈팅 방법, 프로메테우스를 이용한 모니터링에 이르기까지의 구성과 활용의 예시를 코드와 함께 구체적으로 다루고 있습니다. 즉, 데브옵스의 목적과 함께 이를 달성하는 한 축이 되는 구축 방법론을 이해하고, 실제 클라우드 네이티브 아키텍처를 설계하고 개발할 때 무엇을 고민해야 하는지 배울 수 있습니다.

데브옵스로 가는 기존의 조직 체계와 기술에 익숙한 이들에게 끊임없는 고민과 변화를 요구하지만, 다행인 점은 이 여정에 도움을 줄 수 있는 많은 아군이 존재한다는 것이 아닐까 합니다. 여러 클라우드 서비스 제공업체의 등장, 컨테이너와 오픈소스 생태계의 확장과 함께 선택장애를 경험하게 될 테니, 아군이 많다고 꼭 좋다고만 할 수 있을지는 의문이지만 말입니다. 그래도 수많은 선택지를 아군으로 두고 시스템의 전체 스택에 관여할 수 있게 된 것으로 결과물을 내놓는 보람과 주인의식은 이전보다 더 커지지 않았나 생각해봅니다. 이 책이 여러분의 아군을 늘리는 데 도움이 되길 기대합니다.

마지막으로 이 책의 번역에 도움을 주신 에이콘출판사의 모든 분들께 감사드리며, 소중한 주말 시간을 할애할 수 있도록 응원해주고 지지해준 아내와 딸아이에게도 고마움을 전합니다.

시원한 가을바람에 감사하며

오주환

 에이콘출판의 기틀을 마련하신 故 정완재 선생님 (1935-2004)

| 차례 |

| 들어가며 |

쿠버네티스와 데브옵스는 IT 인프라의 높은 성능을 보장해 비즈니스를 최고 수준으로 유지하게 하는 2개의 축이다.

이 책을 활용하면 쿠버네티스의 힘으로 데브옵스 환경을 향상할 때 필요한 스킬을 개발하는 데 도움이 될 것이다. 이 책은 쿠버네티스 기본 요소와 데브옵스 개념에 대한 개요에서 시작한다. 쿠버네티스가 다양한 실제 운영 이슈를 극복하는 데 어떻게 도움을 줄 수 있는지 이해할 수 있을 것이다. 클러스터 생성과 업그레이드에 익숙해지고, 쿠버네티스에서 애플리케이션을 배포, 업데이트, 확장하는 방법을 배운다. 이 장들을 진행하면서 프로메테우스에서 파드 오류에 대한 경고 알림을 설정해 애플리케이션을 모니터링하는 방법을 배울 수 있다. 또한 슬랙 채널에 경고를 보내고, kubectl 커맨드를 사용해 애플리케이션의 문제를 추적하도록 알림매니저를 구성하는 방법도 안내한다.

끝까지 학습하고 나면, 쿠버네티스에서 간단한 애플리케이션에서 복잡한 애플리케이션에 걸쳐 수명주기 관리에 자신감이 붙을 것이다.

▍이 책의 학습 목표

- 온프레미스 시스템과 클라우드에서 쿠버네티스 클러스터 생성 및 관리
- 쿠버네티스로 다양한 데브옵스 실습 수행
- 구성과 시크릿, 스토리지 관리 기능을 알아보고 쿠버네티스에서 실습 수행
- 다양한 업데이트 기술을 쿠버네티스에 적용
- 쿠버네티스의 내장 스케일링 기능으로 애플리케이션 확장 및 축소
- 쿠버네티스에서 다양한 트러블슈팅 기술 사용 및 모니터링 시스템 설치

▎이 책의 대상 독자

데브옵스에 대한 확실한 이해와 함께 쿠버네티스로 데브옵스 사례를 적용하는 방법을 알고자 하는 독자에게 적합하다. 데브옵스나 쿠버네티스 경험이 없는 사람, 혹은 경험 많은 데브옵스 엔지니어가 쿠버네티스를 실무에 활용할 수 있도록 시야를 넓히는 데 유용하다.

▎접근 방식

이 책은 쿠버네티스를 이용한 데브옵스 사례를 쉽게 이해할 수 있도록 실습을 통한 학습을 지향한다. 여기에는 실제 비즈니스 시나리오를 사용해 발생 가능한 상황에서 새로운 기술을 실습하고 적용할 수 있는 다양한 활동이 포함돼 있다.

▎하드웨어 요구사항

최적의 학습 환경을 위해 다음과 같은 하드웨어 구성을 권장한다.

- 프로세서: 인텔 코어 i5 또는 동급
- 메모리: 8GB RAM(16GB 권장)
- 하드 디스크: 10GB의 사용 가능한 공간
- 인터넷 연결

▎소프트웨어 요구사항

사전에 다음과 같은 소프트웨어가 설치돼 있어야 한다.

- 서브라임 텍스트Sublime Text(최신 버전), 아톰 IDEAtom IDE(최신 버전), 또는 기타 유사한 텍스트 편집기 애플리케이션
- 깃Git

편집 규약

이 책에서는 정보의 유형에 따라 텍스트의 스타일이 바뀐다. 각 스타일은 다음과 같은 의미를 지닌다.

문장 속에서 코드는 다음과 같이 표기한다.

"다음은 위에서 실행한 kubectl apply 커맨드로 생성된 app-config 컨피그맵 객체를 보여주는 kubectl get 커맨드의 결과를 나타낸다."

코드 블록은 다음과 같이 표기한다.

```
FROM ubuntu:18.10

RUN apt-get update
RUN apt-get install -y nodejs npm
RUN npm install -g http-server

WORKDIR /usr/apps/hello-world/

CMD ["http-server", "-p", "8080"]
```

새로운 용어와 중요한 단어, 그리고 메뉴나 대화상자처럼 컴퓨터 화면에 표시되는 단어는 다음과 같이 고딕체로 표기한다.

"Add a column을 클릭하고 Backlog, WIP, Done 세 열을 추가하자."

설치 및 설정

깃 설치하기

운영체제에 깃을 설치하기 위해 다음 단계를 참고하자.

https://docs.gitlab.com/ee/topics/git/how_to_install_git/

예제 코드 다운로드

이 책에서 사용된 예제 코드는 http://www.packt.com의 계정에서 다운로드할 수 있다. 이 책을 다른 곳에서 구입한 경우 http://www.packtpub.com/support를 방문해 등록하면 파일을 이메일로 받아볼 수 있다.

또한 깃허브 https://github.com/TrainingByPackt/Introduction-to-DevOps-with-Kubernetes에서도 예제 코드를 다운로드할 수 있으며, 에이콘출판사의 도서정보 페이지인 http://www.acornpub.co.kr/book/introduction-to-devops에서도 동일한 예제 코드를 다운로드할 수 있다.

고객 지원

오탈자: 내용의 정확성을 위해 모든 노력을 기울였음에도 오류가 있을 수 있다. 이 책에서 잘못된 것을 발견하고 전달해준다면 매우 감사할 것이다. http://www.packtpub.com/submit-errata에서 해당 책을 선택하고 Errata Submission Form 링크를 클릭한 다음 발견한 오류 내용을 입력하면 된다.

한국어판의 정오표는 에이콘출판사의 도서정보 페이지 http://www.acornpub.co.kr/book/introduction-to-devops에서 볼 수 있다.

저작권 침해: 인터넷상에서 어떤 형태로든 당사 저작물의 불법적 사본을 발견한 경우, 해당 자료의 링크 또는 웹사이트 이름을 제공해주면 감사하겠다. 해당 자료의 링크를 포함해 copyright@packtpub.com으로 이메일을 보내주길 바란다.

문의 사항: 이 책에 관한 질문은 questions@packtpub.com으로 하길 바라며, 팩트출판사는 문제 해결을 위해 최선을 다할 것이다. 한국어판에 관한 질문은 이 책의 옮긴이의 이메일이나 에이콘출판사 편집 팀(editor@acornpub.co.kr)으로 문의해주길 바란다.

데브옵스 소개

1장을 끝까지 학습하면 다음을 수행할 수 있다.

- 조직 관점에서 데브옵스의 이점을 이해할 수 있다.
- 데브옵스 툴체인의 단계를 상세하게 정의할 수 있다.
- 깃허브에서 실행되는 최신의 데브옵스 파이프라인을 만들 수 있다.

1장에서는 데브옵스를 소개할 것이다. 데브옵스가 무엇인지, 그리고 데브옵스를 둘러싼 개념들을 간략하게 알아본다.

▌ 소개

소프트웨어 분야에서는 지난 10여 년간 몇 가지 패러다임의 전환이 이뤄졌다. 이러한 변화로 인해 수백만 명의 사람들이 같은 시간에 휴대폰으로 채팅을 하고, 세계를 여행하면서 자신이 좋아하는 영화를 스트리밍할 수 있게 됐다. 이로 인해 소프트웨어 개발과 운영면에서도 변화가 일어남에 따라, **데브옵스**^{DevOps}와 **클라우드 네이티브 아키텍처**^{cloud-native architecture}라는 두 상호 보완적인 패러다임이 주목을 받게 된다. 데브옵스는 팀 간의 좀 더 개방된 의사소통을 통해 조직 문화의 변화를 이끌어낸다. 이러한 문화적 변화는 오늘날의 소프트웨어 개발 방법론을 형성하고 있는 지속적인 통합^{continuous integration}과 테스트, 배포와 같은 사례를 만드는 데 공헌해왔다. 마찬가지로 클라우드 네이티브 아키텍처는 수백만 명의 고객을 수용하기 위해 확장 가능한 마이크로서비스^{microservice}를 이용한 개방된 환경을 제공한다. 이러한 확장성 있는 환경을 관리하기 위해 컨테이너 기술은 애플리케이션의 개발, 테스트 및 배포에 중점을 두고 발전해왔다. 이 두 가지 패러다임 전환은 오늘날의 견고하고 확장 가능하며 관리가 쉬운 애플리케이션을 실현해 기술과 사회, 산업 등 여러 측면에서 세상에 영향을 주고 있다.

혁신적인 소프트웨어 개발 방법론을 알아보기 전에, 기존의 방식을 한번 살펴보자. 전통적으로 소프트웨어 개발은 여객기 제조와 비슷하다. 인프라와 인력에 대한 많은 투자를 통해 요구사항 수집, 디자인 및 계획 수립이 이뤄진다. 특정 영역에 전문성을 가진 생산라인 엔지니어와 근로자들이 속한 다음 단계로 여객기 부품을 전달하는 생산라인 팀들이 존재한다. '생산라인'이라는 이름의 팀들이 조직도에 존재하는 경우도 있다. 생산이 종료되고, 인수 테스트의 결과는 공식적으로 고객에게 전달된다. 이후, 항공기를 엔지니어 및 운영 팀과 비행하게 하는 것은 고객의 책임이었다. 이후의 추가 요청이나 업그레이드 작업 등은 별개의 프로젝트로 진행된다.

오늘날 소프트웨어 개발은 진화했고 더욱 고객 지향적으로 변화해왔다. 고객이 소프트웨어 서비스를 구독하게 함으로써 제품을 구매하는 방향으로 변화했다. 비슷한 예로서 항공기를 들자면, 소프트웨어 애플리케이션들은 드론^{drone}처럼 작고 유연하다. 요구사항들은 모든 단계에 걸쳐 수집되고 제품은 고객의 환경에서 즉시 구성된다. 고객은 또한 제품을 서비스로서 구매하기 때문에, 드론의 보수 및 드론이 계속 날 수 있도록 유지보수하는 일은 제작자가 수행하게 된다. 이러한 서비스를 관리하는 데 있어 쿠버네티스^{Kubernetes} 같은 마이크로서비스 오케스트레이터^{microservice orchestrator}들은 더 복잡한 에어쇼를 성공시키기 위해 수많은 소형 드론들이 서로 조화롭게 움직이게 하는 역할을 수행한다. 이와 같은 소프트웨어 개발 및 운영의 변화는 데브옵스 및 컨테이너화된 클라우드 네이티브^{cloud-native} 기술로의 전환을 성공적으로 이끌어왔다.

소프트웨어 분야에 데브옵스가 끼치는 영향

페이팔^{PayPal}, 페이스북^{Facebook}, 넷플릭스^{Netflix}와 같이 소프트웨어 분야를 선도하는 회사들은 지난 수년간의 혁신을 통한 데브옵스 성공 사례들을 갖고 있다. 예를 들어, 페이팔은 2억 명이 넘는 활성 사용자^{active user}와 함께 5,000명 이상의 개발자를 보유하고 있다. 2013년 당시, 페이팔에 새로운 애플리케이션을 생성하기 위해서는 코드를 작성하는 대신 수개월에 걸쳐 티켓을 발행하고 복잡한 절차를 따라야 했다. 이 문제를 해결하기 위해 페이팔은 계획에서 제품화 단계에 걸쳐 소프트웨어의 전체 수명주기를 관리하기 위한 소프트웨어 개발 수명주기 시스템^{software development lifecycle system}을 만들었다.

비슷한 사례로서 페이스북은 데브옵스가 인기를 얻기 전에 코드의 소유권, 자동화, 그리고 지속적인 개선 방안에 중점을 두었다. 오늘날 페이스북은 모든 인프라 및 백엔드 시스템의 관리를 위해 셰프^{Chef} 구성 관리 도구를 사용한다. 마찬가지로 넷플릭스는 프로덕션 환경에 매일 발생하는 수천 가지의 변경사항에 대응하기 위한 데브옵스 환경을 구축했다. 이를 통해 문제를 해결하는 데 걸리는 시간을 줄이고, 시장에 대한 반응성을 향상할 수 있었다.

이전과 최근의 소프트웨어 개발 사례들을 비교해보면, 기존의 소프트웨어 개발 마인드는 실패할 운명이었음을 알 수 있다. 수백만의 고객에게 서비스를 제공할 수 있도록 확장성과 신뢰성, 견고함을 갖춘 애플리케이션을 클라우드에서 실행하려면 새로운 방법론의 습

득과 적용이 요구된다.

이러한 방법론의 기본으로서 데브옵스 문화와 툴체인, 그리고 컨테이너 기술을 배우는 것도 포함된다. 따라서 사실상의 표준 컨테이너 오케스트레이터인 쿠버네티스를 설치하는 방법을 비롯해 구성과 확장, 그리고 컨테이너화된 애플리케이션을 모니터링하는 방법을 배우고 실습하는 것이 중요하다.

1장에서는 데브옵스 문화의 전환과 가치 툴체인의 시작에 대해 살펴본다. 데브옵스가 어떻게 소프트웨어 개발 환경과 조직의 잠재적 이익에 변화를 가져왔는지 설명할 것이다. 다음으로 소프트웨어 프로젝트의 계획 단계에서 설치된 애플리케이션의 모니터링 단계에 걸쳐 데브옵스 툴체인$^{DevOps\ toolchain}$의 모든 단계를 알아본다. 툴체인의 모든 단계는 최근의 소프트웨어 트렌드에 맞춘 클라우드 네이티브 애플리케이션으로 제공되고 검증될 것이다.

데브옵스 문화와 그 이점

전통적인 소프트웨어 개발은 각 영역에 초점을 맞춘 개별 팀들이 소프트웨어 시스템의 계획을 수립^{planning}하고 개발^{developing}, 테스트^{testing} 및 제공^{delivering}하는 데 중점을 둔다. 팀의 산출물과 기대치는 사전에 상세하게 정의되고 각 팀들은 해당 결과물에 대한 책임을 지고 있었다. 예를 들면, 숙련된 계획 부문 매니저들과 엔지니어들로 구성된 계획 팀은 공수$^{working-hour\ requirement}$에 대한 요구사항과 제공일정을 산출한다. 개발 팀은 소프트웨어를 만들고 테스트 팀은 개발 팀의 결과물을 검증할 것이다. 마지막으로, 시스템을 제공하는 납품 팀은 고객의 현장을 방문해 요구사항에 따라 소프트웨어 시스템을 설치할 것이다. 연속적으로 진행되는 각 단계들이 거대했기 때문에 담당자들은 팀 내 의사소통을 최소화해 작업을 완료했다. 이 방식은 개발 프로세스에 참여 중인 다른 팀의 업무를 방해하지 않는다는 전제를 깔고 있었다. 이러한 개발 스타일을 통해 많은 IT 프로젝트가 수행됐으나 대부분의 프로젝트들은 실패했다. 실제 숫자를 써서 좀 더 명확하게 전달하자면, IAG 컨설팅$^{IAG\ Consulting}$이 2008년 발표한 '기술 프로젝트의 성공에 대한 비즈니스 요구사항의 영향The Impact of Business Requirements on the Success of Technology Projects'에 따르면, 팀 간 의사소통의 부족으로 IT 프로젝트의 **68%**가 실패했다고 한다.

비효율적인 소프트웨어 프로젝트가 된 이유는 적절한 요구사항 분석과 팀 간의 의사소통이 부족했기 때문이다. 기획 및 컨설팅 팀들은 개발 팀과의 협업 없이 요구사항을 수집하고 있었다. 개발 팀 또한 같은 접근 방식을 취해 고객을 위한 애플리케이션 구성, 설치, 그리고 모니터링을 담당하는 운영 팀과 협력하지 않았을 것이다. 이러한 팀 간 의사소통 부재의 결과로서 개발 팀들은 런타임 환경에 대해 최소한의 지식만을 갖게 된다. 반면에 운영 팀들은 그들이 배포한 애플리케이션의 요구사항과 기능을 명확히 이해하지 못하고 있었다. 팀 간의 거대한 장벽으로 인해 런타임 환경과 소프트웨어 요구사항을 동시에 고려하지 않은 애플리케이션이 만들어졌다. 결과적으로 개발 팀과 운영 팀 모두 이후 발생한 문제들에 책임을 지게 됐고, 이는 재정적 손실로 이어졌다.

데브옵스라는 용어는 개발과 운영의 결합으로부터 파생됐고, 데브옵스 문화는 개발 팀과 운영 팀 간의 협업을 증진하는 역할을 한다. 데브옵스의 문화적인 변화를 통해 기업들은 지금 개발과 조직 관점에서의 고려를 거쳐, 엔지니어들로 구성된 데브옵스 팀을 꾸리고 있다. 이 새로운 팀들은 개발자가 운영과 고객 요구사항 모두를 실현하는 데 도움을 줄 것이다. 한편, 운영 분야의 엔지니어들은 애플리케이션과 개발 요구사항에 대한 통찰력을 얻게 될 것이다. 팀 간의 장벽이 무너지면서 요구사항들이 효율적으로 수집되고 품질이 향상되며, 리드 타임lead time이 단축된다. 이러한 문화적 전환의 이점은 데브옵스가 스타트업에서 대기업에 이르기까지 다양한 규모의 조직에 채택되도록 이끌어왔다.

 데브옵스라는 용어는 2009년 패트릭 드부아(Patrick Debois)에 의해 만들어졌으며 벨기에에서 개최된 devopsdays 콘퍼런스에서 처음 사용됐다. devopsdays는 소프트웨어 개발과 IT 인프라 운영에 초점을 맞춘 이벤트로서 1년 내내 세계 각국에서 개최된다. 자세한 내용은 다음 웹 페이지에서 확인할 수 있다.

• https://www.devopsdays.org/

데브옵스의 성공적인 구현으로 인해 팀 간의 의사소통이 좀 더 원활해졌을 뿐만 아니라, 소프트웨어 제공 속도와 신뢰성, 확장성도 향상됐다. 첫 번째로, 데브옵스 문화는 요구사항 수집 능력을 향상하고 제품 설계 단계에서 이러한 요구사항들을 더욱 잘 활용할 수 있도록 돕는다. 이에 따라 제품의 새로운 기능을 시장에 제공하는 데 걸리는 시간이 단축된다. 두 번째로 지속적인 통합 및 테스트를 통해 좀 더 강력하고 신뢰할 수 있는 애플리케이션을 제공할 수 있다. 마지막으로, 데브옵스는 구성^{configuraring}, 배포^{deploying}, 모니터링^{monitoring}과 같은 작업들의 수준을 향상시킨다.

프로덕션 환경에서 코드로서의 인프라$^{infrastructure-as-a-code}$ 사례와 평가 지표^{metrics}를 활용해 확장 가능한 애플리케이션을 구축할 수 있다. 또한 데브옵스 문화는 조직에 다양한 이점들을 제공할 수 있다. 이를 구현하기 위해서는 먼저 회사의 문화를 이해하고, 데브옵스 도입을 위한 실현 가능한 실행 계획을 수립하는 것이 중요하다. 다음 절에서는 데브옵스의 문화적 전환이 소프트웨어 개발을 위한 가치 사슬$^{value chain}$에서 어떻게 진화했는지 설명하기 위해 데브옵스 툴체인을 상세하게 다룰 것이다.

▌ 데브옵스 툴체인

데브옵스 툴체인은 가치 사슬을 만드는 것을 목표로 개발 팀과 운영 팀을 연결하는 사례들로 구성된다. 데브옵스 체인의 단계와 상호 연관성은 다음과 같이 나타낼 수 있다.

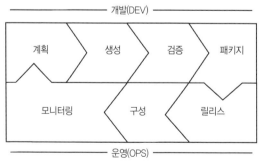

▲ **그림 1.1** 데브옵스 툴체인

데브옵스 툴체인은 개발과 운영의 두 영역으로 묶을 수 있는 간소화된 작업들로 이뤄진 체인이다. 데브옵스는 개발과 운영 간의 장벽을 없애고자 하며, 이때 툴체인은 팀들의 연합과 작업을 강조한다. 데브옵스 문화를 성공적으로 정착시키기 위해서는 각 단계를 실행하면서 투명하게 의사소통하는 것이 중요하다. 다음 절에서는 각 단계에 있어서 다른 단계 혹은 최근의 소프트웨어 애플리케이션 예제와의 상호작용을 함께 다룰 것이다.

계획 단계

계획은 대부분의 소프트웨어 개발 프로젝트의 첫 번째 단계이면서 장기간에 걸쳐 진행 중인 프로젝트를 재검토하는 중요한 단계이기도 하다. 최신 클라우드 네이티브 애플리케이션의 계획을 수립하는 데는 프로젝트의 공수를 계산하는 것 이상의 작업이 요구되며, 이때 계획 단계는 모니터링과 생성 단계 사이에 수행된다. 계획을 블랙박스 상태로 고려하게 된다면, 모니터링 단계에서는 제품과 비즈니스 평가 지표를 입력으로 사용하는 것이 좋다. 그림 1.2에서 볼 수 있듯이 생성 단계에 들어가기에 앞서 요구사항, 릴리스 일정 및 품질 표준을 생성해야 한다.

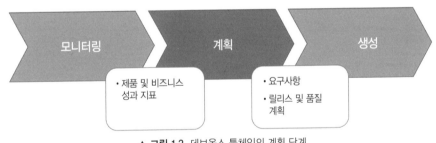

▲ **그림 1.2** 데브옵스 툴체인의 계획 단계

끊임없이 변화하는 요구사항, 높은 수준의 구성, 확장성 등 최신의 애플리케이션 계획에서는 민첩성과 가시성이 요구된다. 계획의 주된 접근 방식은 이슈 보드에서 작업의 상태를 분류하고, 우선순위를 지정하며, 이를 추적하는 것을 기반으로 한다. 이슈 보드는 아래의 협업 상태를 통해 백로그와 진행 중 항목을 관리하는 데 도움을 준다. 전체 작업 항목의 상태는 데브옵스의 주요 개념인 협업에 따라 모든 사용자가 다룰 수 있다.

작업 항목은 JIRA, GitHub Issues 또는 GitLab Issues 같은 프로젝트 관리 시스템에서 생성되고 이슈의 내용이나 요구사항에 따라 bug^{버그}, enhancement^{개선}, needs help^{도움 필요함} 등의 레이블로서 분류된다. 그림 1.3과 같이 쿠버네티스 프로젝트의 이슈 목록이 이슈명 옆에 레이블로 표시된다.

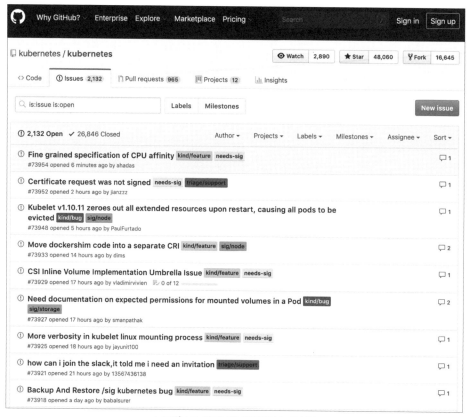

▲ **그림 1.3** 깃허브의 쿠버네티스 이슈들

깃허브에서 가장 인기 있는 프로젝트인 쿠버네티스 저장소에는 2,000개 이상의 진행 중인 이슈와 26,000개 이상의 완료된 이슈가 존재한다. 또한 쿠버네티스 Special Interest Groups (SIGs)는 이슈 레이블 내에서 주 담당 그룹을 지정할 때 사용된다.

두 번째 분류는 이슈의 일정을 기준으로 하며, 가장 일반적인 그룹은 Backlog^{백로그}, WIP

(진행 중인 작업^{Work in progress}), Done^{완료}이다. 또한 쿠버네티스 저장소에서 CustomResource Definition 프로젝트 보드를 확인할 수 있다.

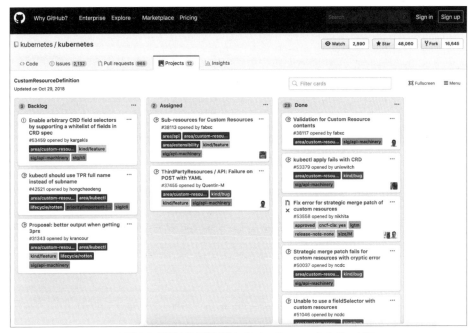

▲ **그림 1.4** 깃허브의 쿠버네티스 CustomResourceDefinition 보드

이 프로젝트 보드는 쿠버네티스의 CustomResourceDefinition^{사용자 정의 리소스} 기능(기존에는 ThirdPartyResource^{서드파티 리소스}로 알려져 있었다.)과 관련된 이슈들로 구성된다. 상대적으로 주목받으며 관리되고 있는 주제 목록을 제공한다. 또한 Backlog^{백로그}, Assigned^{작업 할당}, Done ^{완료}이라는 3개의 블록이 제공된다. Backlog 항목은 팀이 아직 작업을 시작하지 않은 것들로 구성된다. 반면에 Assigned 항목은 할당돼 진행 중인 것으로 구성된다. 이러한 프로젝트는 최종적으로 모든 이슈를 Done 블록으로 옮기는 것을 목표로 한다.

프로젝트 보드와 이슈는 일반적으로 깃허브^{GitHub}나 깃랩^{GitLab} 같은 코드 저장소를 사용해 생성되고 추적된다. 이를 통해 코드의 버그와 테스트 실패를 언급하기 편해진다. 개발자로 하여금 간편하게 코드 저장소에 접근하도록 함으로써 개발자의 기여도를 높일 수 있다. 하지만 데브옵스 문화에 따르면, 프로젝트 보드를 사용한 계획의 가장 중요한 입력은 프로젝트의 상태에 대한 개요를 제공하는 것이다. 프로젝트 상태는 협업을 통해 작성되고 추적된다. 다음 실습에서는 깃허브에서 저장소를 생성하고 첫 번째 항목을 프로젝트 보드에 추가할 것이다.

 깃허브 계정이 없으면 이번 실습을 시작하기 전에 계정을 만들어야 한다. 깃허브는 무료 서비스이며 https://github.com/join에서 사용자 이름과 패스워드를 선택해 이메일을 등록할 수 있다.

실습 1: 깃허브에서 저장소와 프로젝트 보드 만들기

이번 실습에서는 깃허브에 새 저장소를 만들고 첫 번째 백로그 항목을 프로젝트 보드에 추가하는 것으로 계획 단계를 시작할 것이다.

 이 장의 실습용 코드 파일은 https://github.com/TrainingByPackt/Introduction-to-DevOps-with-Kubernetes/tree/master/Lesson01에서 찾을 수 있다.

실습을 성공적으로 완료하기 위해서는 다음의 단계들을 수행해야 한다.

1. 깃허브의 헤더 메뉴에서 +를 클릭한 뒤 New repository 메뉴를 선택한다.

▲ 그림 1.5 깃허브의 헤더 메뉴

2. Repository name 항목에 devops-blog라고 입력하고 Public이 선택돼 있는지 확인한다. 다음으로 Create repository^{저장소 작성}를 클릭한다.

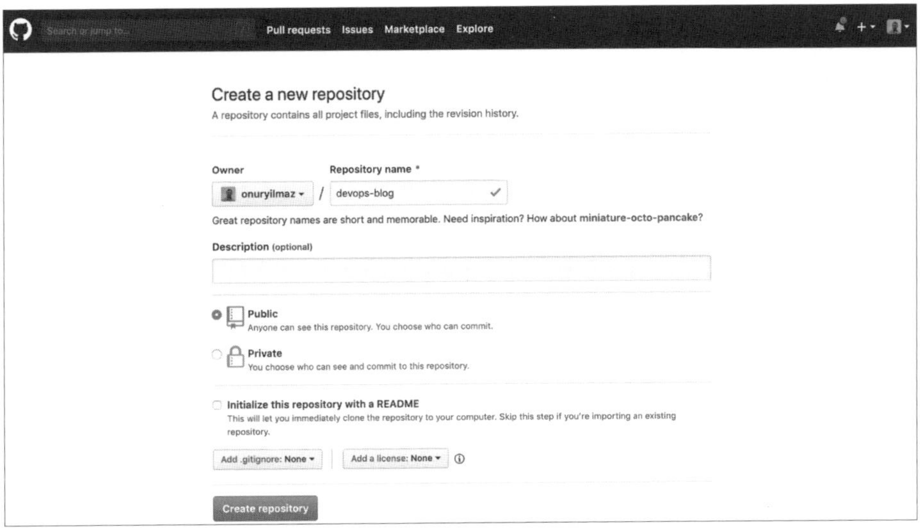

▲ **그림 1.6** 깃허브에서 저장소 만들기

생성된 새 저장소로 리다이렉션될 것이다.

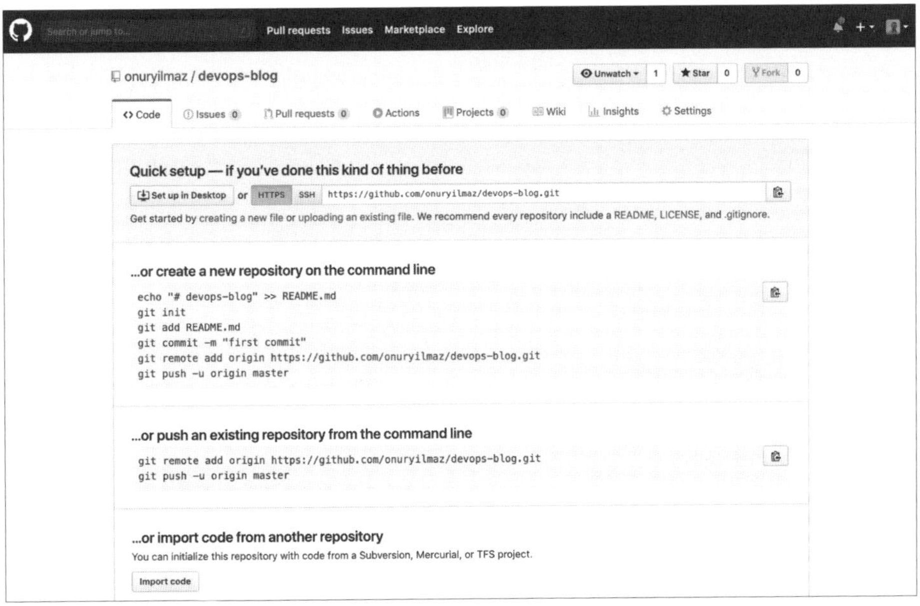

▲ **그림 1.7** 깃허브의 데브옵스 블로그 저장소

3. 저장소 뷰에서 Projects를 클릭한 뒤, Create a project를 선택한다.

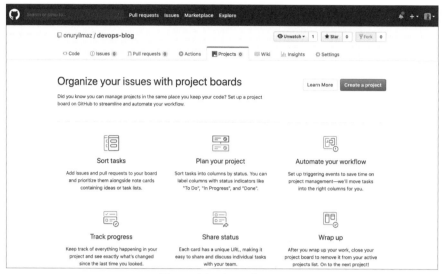

▲ **그림 1.8** 깃허브의 프로젝트 뷰

4. Project board name 항목에 First Version이라고 입력하고 Create project를 클릭한다.

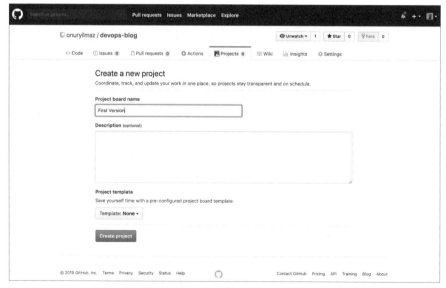

▲ **그림 1.9** 깃허브에서 새 프로젝트 만들기

새로운 프로젝트 보드로 리다이렉션된다.

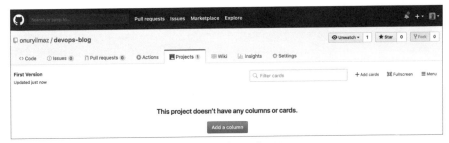

▲ 그림 1.10 깃허브의 프로젝트 보드

5. Add a column을 클릭해 Backlog, WIP, Done이라는 세 가지 세로단을 추가한다.

▲ 그림 1.11 깃허브 프로젝트 보드상의 세로단

6. Backlog 세로단의 + 아이콘을 클릭해 Create first working blog 및 Connect CI/CD pipeline 두 항목을 추가한다.

▲ 그림 1.12 깃허브의 Backlog 항목

7. 작업을 시작하기 위해 Create first working blog 항목을 Backlog에서 WIP로 옮 긴다.

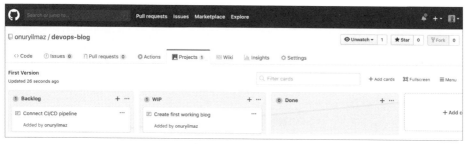

▲ **그림 1.13** 깃허브의 WIP 항목

깃허브 저장소를 설정하면 프로젝트 보드에 **Backlog** 항목을 추가하고 계획을 시작할 수 있다. 다음 절에서는 요구사항 계획과 이슈를 활용해 데브옵스 사례에 따라 소프트웨어를 생성할 것이다.

생성 단계

상세한 계획 단계가 수행됨에 따라 소프트웨어 개발을 시작할 수 있도록 **Backlog**에 각팀에 할당될 항목이 준비돼 있다. 이 단계를 그림 1.14와 같이 블랙박스로 모델링해 요구사항과 릴리스 날짜를 계획 단계에서 입력받고, 다음 단계에서 검증할 소스 코드를 생성한다.

▲ **그림 1.14** 데브옵스 툴체인의 단계 생성

최신의 소프트웨어 애플리케이션은 지리적으로 분산된 개발 팀에 의해 명확한 의사소통 채널을 활용해 만들어진다. 실제로 분산된 버전 관리 시스템에 존재하는 모든 소스 코드, 구성 및 중요한 데이터는 깃 저장소를 통해 유지된다. 깃허브, 깃랩, 비트버킷Bitbucket처럼 널리 알려진 도구들은 소스 코드를 안전하게 관리하기 위해 깃 저장소를 제공하며, 개발자들은 가능한 한 자주 저장소에 변경사항을 적용한다.

다양한 조직에 속한 다양한 시간대의 사람들에 의해 개발되고 있는 쿠버네티스와 같은 오픈소스 프로젝트의 경우, 약 2,000여 명의 기여자contributor에 의한 74,000건 이상의 커밋이 존재한다.

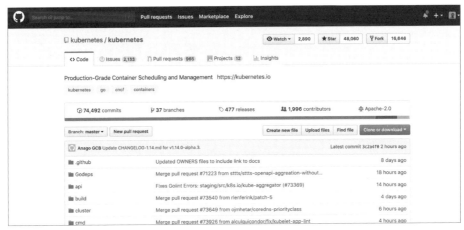

▲ **그림 1.15** 깃허브의 쿠버네티스 코드

데브옵스에서의 생성 단계는 협업을 통한 작업들이 단일 소스 코드로 변환되는 단계이기도 하다. 팀 간의 명확한 의사소통과 투명성을 확보하는 것이 중요하며, 잘 알려진 깃 저장소들은 이러한 요구사항들을 달성할 수 있도록 돕는다. 그림 1.16에서 활성 브랜치를 확인하면 쿠버네티스 저장소에 대한 활성 브랜치가 7개 존재하고 있음을 알 수 있다. 즉, 하나 이상의 주 소스 코드 복사본이 작업 진행 중에 있음을 나타내며, 이후의 일부 커밋들은 이러한 브랜치들의 일부가 될 수 있다.

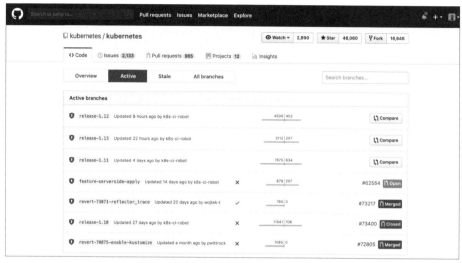

▲ 그림 1.16 깃허브의 쿠버네티스에 대한 활성화된 브랜치

다음 실습에서는 데브옵스 블로그의 소스 코드가 이전 절에서 생성된 깃허브 저장소에 업로드될 것이다.

실습 2: 데브옵스 블로그 만들기

이번 실습에서는 데브옵스 블로그의 소스 코드를 생성하고, '실습 1: 깃허브에서 저장소와 프로젝트 보드 만들기'에서 생성한 깃허브 저장소에서 이를 관리하게 할 것이다.

 이번 실습용 코드 파일들은 https://github.com/TrainingByPackt/Introduction-to-DevOps-with-Kubernetes/tree/master/Lesson01에서 찾을 수 있다.

실습을 성공적으로 완료하기 위해서는 다음의 단계들을 수행해야 한다.

1. Lesson01의 코드를 컴퓨터에 다운로드하고 터미널에서 연다.

```
$ ls Lesson01
```

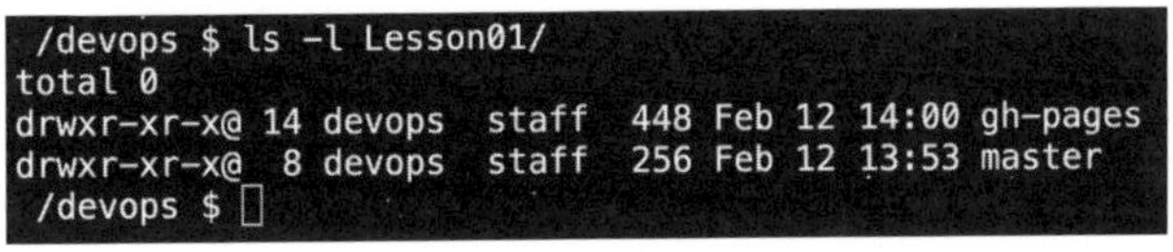

```
/devops $ ls -l Lesson01/
total 0
drwxr-xr-x@ 14 devops   staff    448 Feb 12 14:00 gh-pages
drwxr-xr-x@  8 devops   staff    256 Feb 12 13:53 master
/devops $ []
```

▲ 그림 1.17 Lesson01 폴더의 내용

2. master 폴더로 이동한 뒤 다음의 커맨드를 수행해 master 폴더에 있는 파일들을 깃허브에 커밋한다.

```
$ cd Lesson01/master
$ git init && git add -A && git commit -m "first commit"
$ git remote add origin https://github.com/<USERNAME>/devops-blog.git
$ git push -u origin master
```

```
/devops $ git init && git add -A &&  git commit -m "first commit"
Initialized empty Git repository in /Users/i313226/Downloads/Lesson01/master/.git/
[master (root-commit) 4b4e477] first commit
 6 files changed, 71 insertions(+)
 create mode 100755 .gitignore
 create mode 100755 .travis.yml
 create mode 100755 README.md
 create mode 100755 config.toml
 create mode 100755 content/_index.md
 create mode 100755 content/post/2019-02-01-kubernetes-deployment.md
/devops $
/devops $ git remote add origin https://github.com/onuryilmaz/devops-blog.git
/devops $
/devops $ git push -u origin master
Enumerating objects: 10, done.
Counting objects: 100% (10/10), done.
Delta compression using up to 8 threads
Compressing objects: 100% (7/7), done.
Writing objects: 100% (10/10), 1.38 KiB | 1.38 MiB/s, done.
Total 10 (delta 0), reused 0 (delta 0)
To https://github.com/onuryilmaz/devops-blog.git
 * [new branch]      master -> master
Branch 'master' set up to track remote branch 'master' from 'origin'.
/devops $ []
```

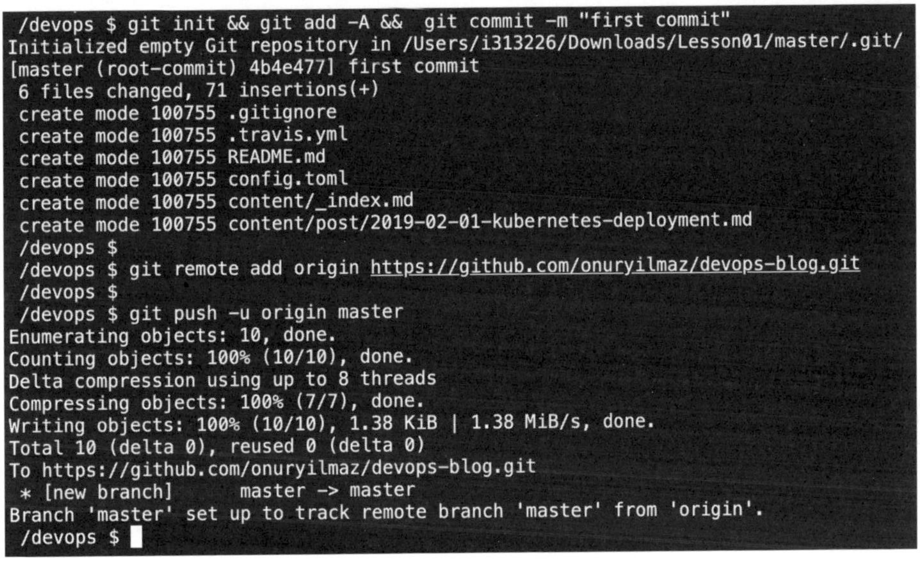

▲ 그림 1.18 마스터 브랜치를 깃허브에 커밋하기

3. gh-pages 폴더로 이동한 뒤, 다음 커맨드들을 하나씩 수행해 gh-pages 폴더 내의 파일들을 깃허브에 커밋한다.

```
$ cd ../gh-pages
$ git init && git checkout --orphan gh-pages
$ git add -A && git commit -m "first commit" --quiet
$ git push https://GitHub.com/<USERNAME>/devops-blog.git gh-pages
```

```
/devops $ cd ../gh-pages
/devops $ git init && git checkout --orphan gh-pages
Initialized empty Git repository in /devops/Lesson01/gh-pages/.git/
Switched to a new branch 'gh-pages'
/devops $ git add -A && git commit -m "first commit" --quiet
/devops $
/devops $ git push https://github.com/onuryilmaz/devops-blog.git gh-pages
Enumerating objects: 72, done.
Counting objects: 100% (72/72), done.
Delta compression using up to 8 threads
Compressing objects: 100% (63/63), done.
Writing objects: 100% (72/72), 1.12 MiB | 765.00 KiB/s, done.
Total 72 (delta 15), reused 0 (delta 0)
remote: Resolving deltas: 100% (15/15), done.
remote:
remote: Create a pull request for 'gh-pages' on GitHub by visiting:
remote:        https://github.com/onuryilmaz/devops-blog/pull/new/gh-pages
remote:
To https://github.com/onuryilmaz/devops-blog.git
 * [new branch]      gh-pages -> gh-pages
/devops $
```

▲ 그림 1.19 gh-pages 브랜치를 깃허브에 커밋하기

4. 브라우저로 깃허브 저장소를 열고 그 안에 코드를 포함한 2개의 브랜치가 존재
    하는지 확인한다.

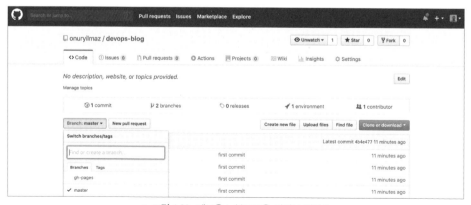

▲ 그림 1.20 데브옵스 블로그용 깃허브 저장소

이번 실습에서는 데브옵스 블로그의 소스 코드를 생성하고 깃 저장소에 푸시할 것이다. 다음 단계인 검증에서는 변경사항을 수락하거나 유효성 검사를 수행하기 위한 위한 요구 사항에 중점을 둔다.

검증 단계

데브옵스 소프트웨어 개발 문화에서의 검증 단계는 소스 코드의 변경사항을 승인 또는 거부하는 자동 및 수동 테스트를 기반으로 한다. 수동 검증에서는 다른 개발자의 코드 변경사항을 검토하고, 오픈된 환경에서 토론한다. 자동화된 테스트는 정적 코드 분석에서 종단 간 시나리오 테스트까지 다양한 단계로 구성된다. 개발 브랜치부터 릴리스 브랜치에 이르기까지 커밋 집합들의 평가를 위한 조건 집합이 전달되고 코드 리뷰가 완료되면 수락으로 이어진다.

블랙박스 모델로서 검증은 1) 생성 단계의 소스 코드에 대한 잠재적인 변경사항을 확인하고, 2) 수락된 소스 코드를 생성하며, 3) 다음 단계인 패키지로 제공할 준비를 수행한다.

▲ **그림 1.21** 데브옵스 툴체인의 검증 단계

일반적으로 커밋 집합은 PR^{pull request} 단위로 묶어서 사용한다. 개발자가 PR을 보냈다는 것은 해당 PR 내의 커밋을 다른 개발자가 검토할 준비가 됐음을 나타낸다. 이때 새로운 변경사항을 포함해 테스트를 실행할 수 있다. 쿠버네티스 저장소의 경우 약 1,000여 개의 오픈된 PR과 44,000여 개의 완료된^{closed} PR이 존재한다. 오픈된 항목들은 여전히 토론 중이거나 승인을 기다리고 있는 반면, 완료된 PR은 승인돼 기존 소스 코드에 병합^{merge}되거나 완전히 거부돼 폐기되는 두 가지 경우가 존재한다.

▲ 그림 1.22 깃허브 쿠버네티스 저장소의 PR들

변경사항에 대한 자동화된 테스트는 트래비스^{Travis} CI, 젠킨스^{Jenkins}, 깃랩 CI/CD 같은 지속적인 통합 및 테스트 시스템에 의해 수행된다. 이러한 시스템상에서 새로운 PR의 소스 코드를 검색하거나 테스트 작업을 실행할 수 있다. 또한 테스트 단계 중 하나라도 실패하면 상태를 PR로 되돌리고 소스 코드의 병합은 거부된다. 통합에 성공한 예로서 다음의 PR #73854는 16가지 항목을 모두 통과했음을 알 수 있다.

```
🔀 Merged    Fix linting in cmd/kubemark package #73854
             k8s-ci-robot merged 1 commit into kubernetes:master from RajatVaryani:master 3 days ago

             ✕  k8s-ci-robot merged commit 40a4c1f into kubernetes:master 3 days ago        Hide details

                16 checks passed

                ✓  cla/linuxfoundation RajatVaryani authorized                              Details

                ✓  pull-kubernetes-bazel-build Job succeeded.                               Details

                ✓  pull-kubernetes-bazel-test Job succeeded.                                Details

                ✓  pull-kubernetes-cross Skipped

                ✓  pull-kubernetes-e2e-gce Job succeeded.                                   Details

                ✓  pull-kubernetes-e2e-gce-100-performance Job succeeded.                   Details

                ✓  pull-kubernetes-e2e-gce-device-plugin-gpu Job succeeded.                 Details

                ✓  pull-kubernetes-godeps Skipped

                ✓  pull-kubernetes-integration Job succeeded.                               Details
```

▲ 그림 1.23 깃허브 쿠버네티스 저장소의 PR 체크 예

안타깝게도 다음의 PR #73953은 일부 테스트에서 실패해 문제를 해결하기 전까지는 병합될 수 없다.

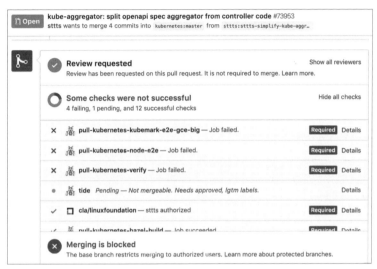

▲ 그림 1.24 깃허브 쿠버네티스 저장소의 PR 체크 예

자동화된 테스트에 의한 검증은 모든 PR에 대해 로컬 환경에서 빌드와 테스트를 수행하는 부담을 없애고 리뷰에 걸리는 시간을 줄여준다. 이러한 자동화 도구 없이 5년 이내에 44,000여 개에 달하는 PR을 병합하는 것은 불가능에 가깝다. 다르게 말하자면, 클라우드 환경에서 애플리케이션을 실행 가능하게 하는 컨테이너 오케스트레이션 도구는 이번 절에서 설명한 자유로운 리뷰 환경과 자동화된 변경사항 검증 환경 덕분에 만들어질 수 있었다. 다음 실습에서는 클라우드 기반 CI/CD 시스템인 트래비스 CI를 데브옵스 블로그에 연결하는 방법을 소개한다.

 트래비스 CI 계정이 없다면 연습을 시작하기 전에 계정을 생성해야 한다. 트래비스 CI는 무료 서비스이며 https://travis-ci.org/에서 기존 깃허브 계정을 사용해 등록할 수 있다.

실습 3: CI/CD 시스템에 데브옵스 블로그 연결하기

이번 실습에서는 자동화된 테스트와 빌드를 수행하기 위해 데브옵스 블로그를 CI/CD 시스템에 연결한다. 또한 CI/CD 기능의 제공을 위해 무료 클라우드 서비스인 트래비스 CI를 사용할 것이다.

실습을 성공적으로 완료하기 위해서는 다음의 단계들을 수행해야 한다.

1. 깃허브를 열고 프로필 사진을 클릭한 뒤, Settings > Developer settings > Personal access tokens 순서로 선택한다.

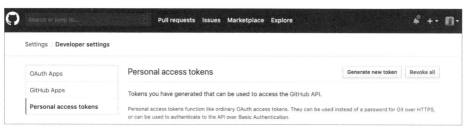

▲ 그림 1.25 깃허브의 개인용 액세스 토큰

2. Generarate new token을 클릭한 뒤, Token description 항목에 travis-devops-blog를 입력하고 repo 범위^{scope}가 선택돼 있는지 확인한다.

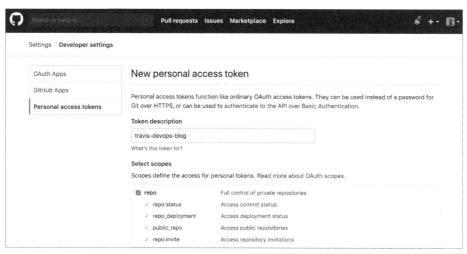

▲ 그림 1.26 깃허브에서 개인용 액세스 토큰 생성

3. Generate new token을 클릭하면 새 토큰 페이지로 리다이렉션된다.

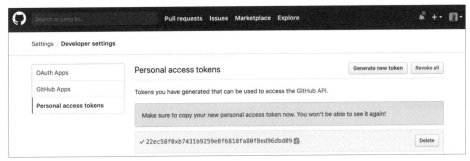

▲ 그림 1.27 깃허브의 개인용 액세스 토큰 페이지

4. 체크 표시로 시작하는 토큰을 복사한다. 다음 단계에서 트래비스 CI 설정에 이용할 것이다.

5. 트래비스 CI(https://travis-ci.org/)를 연 뒤 왼쪽 메뉴 항목의 My Repositories 옆에 있는 + 아이콘을 클릭해 devops-blog를 검색한다.

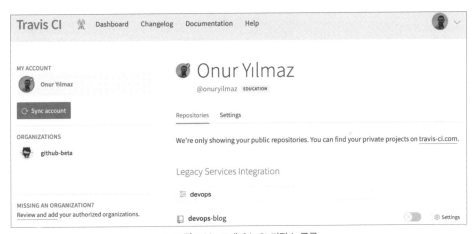

▲ 그림 1.28 트래비스 CI 저장소 목록

6. 슬라이더 버튼을 클릭해 **devops-blog**를 활성화한다.

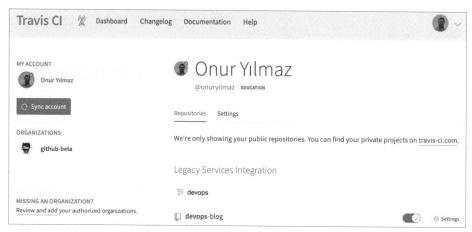

▲ **그림 1.29** 트래비스 CI에서 새로운 저장소 활성화하기

7. devops-blog를 클릭한 뒤 리다이렉션된 페이지에서 메뉴의 More options >
Settings 순서로 선택한다.

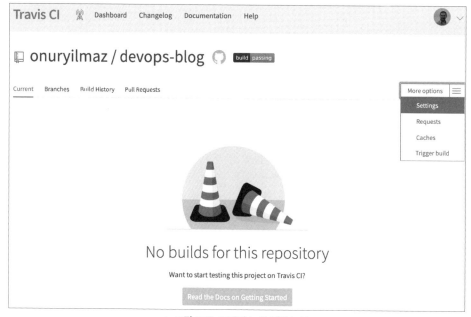

▲ **그림 1.30** 트래비스 CI 저장소 뷰

8. 화면 위쪽의 General 섹션에서 Build pushed branches와 Build pushed pull requests를 표시할 것인지 설정할 수 있다. 추가로 아래쪽에 있는 Environment Variables 섹션의 name에 GITHUB_TOKEN을, value에 앞의 4단계에서 복사한 액세스 토큰을 넣는다.

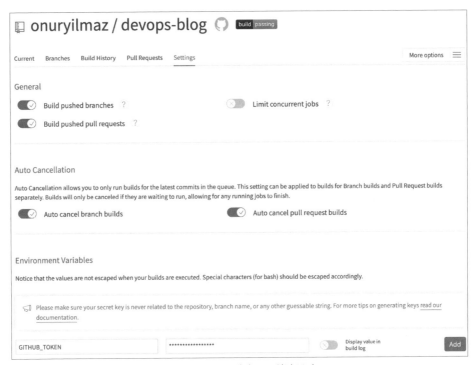

▲ 그림 1.31 트래비스 CI 설정 보기

이번 실습을 통해 데브옵스 블로그의 지속적인 통합이 가능해졌다. 다음 절에서는 검증이 완료된 릴리스 브랜치의 변경사항을 패키징해 최종 사용자에게 전달할 것이다.

패키지 생성 단계

패키지 생성은 데브옵스 툴체인 개발 파트의 마지막 단계다. 이 단계에서는 검증 및 승인된 소스 코드의 변경사항을 수집하고 최종 사용자를 위한 패키지를 생성한다.

▲ **그림 1.32** 데브옵스 툴체인의 패키지 단계

최근의 클라우드 기반 애플리케이션의 경우, 최종 제품을 패키징하고 제공하기 위한 두 가지 대표적인 방법이 존재한다. 첫 번째는 로컬 시스템에 클라이언트 혹은 온프레미스 on-premise 애플리케이션을 설치하는 것이다. 이때 애플리케이션의 실행 파일은 깃허브의 릴리스 또는 깃랩 아티팩트 섹션을 통해 제공된다. 두 번째로 쿠버네티스 같은 클라우드 시스템 위에서 동작하는 컨테이너화된 애플리케이션을 들 수 있다. 이러한 애플리케이션 들은 컨테이너로 패키징되고 **도커 허브**Docker Hub, **구글 클라우드 플랫폼 컨테이너 레지스트리** Google Cloud Platform Container Registry, **깃랩 레지스트리**GitLab Registry 같은 컨테이너 레지스트리 시 스템에 의해 관리된다. 예를 들어, 로컬 환경에서 사용 가능한 쿠버네티스 솔루션인 **미니 쿠베**Minikube의 릴리스는 깃허브를 통해 사용 가능하다.

▲ **그림 1.33** 깃허브의 미니쿠베 패키지

사용자들이 미니쿠베를 다운로드하고 로컬 시스템에 설치할 수 있도록 깃허브 릴리스 섹션에 실행 파일 목록이 존재한다. kubernetes-dashboard는 쿠버네티스 클러스터의 공식 대시보드이며, 클러스터에 설치될 것이다. 즉, kubernetes-dashboard는 컨테이너화된 애플리케이션이고 해당 버전은 다음과 같이 Google Cloud Platform – Container Registry 에서 확인할 수 있다.

▲ **그림 1.34** GCP의 kubernetes-dashboard 릴리스

다양한 형식으로 제공되는 이러한 패키지 아티팩트들을 활용해 운영 팀의 작업이 수행된다. 다음 절에서는 첫 번째 작업으로서 '아티팩트 릴리스'를 소개할 것이다.

릴리스 단계

릴리스는 데브옵스 툴체인의 운영 파트에서 수행되는 첫 단계다. 이 단계에서는 이전 단계의 패키징 및 버저닝된 애플리케이션들이 최종 사용자에게 제공될 서비스에 배치된다.

▲ **그림 1.35** 데브옵스 툴체인의 릴리스 단계

최신 클라우드 네이티브 애플리케이션은 다운타임, 타깃팅, 인프라 비용이라는 세 가지 중요 특성을 고려해 최종 사용자 혹은 클라우드 시스템에 제공된다.

- **다운타임**downtime: 애플리케이션이 가동되지 않는 시간을 뜻한다. 이 동안은 애플리케이션의 인스턴스가 사용자 요청을 처리하지 않는다.
- **타깃팅**targeting: 지리적 위치 및 사용 중인 장치와 같은 특정 항목을 기반으로 고객을 분류하고 대상을 지정한다.
- **인프라 비용**infrastructure cost: 애플리케이션이 수백, 수천만의 사용자를 대응할 수 있도록 확장 가능해야 하므로 인프라 비용 및 투자는 시스템 제공 시 고려해야 할 필수적인 특성이다.

위의 특성들은 비즈니스 요구사항에 의해 경우에 따라 조정해야 할 수 있다. 예를 들어 은행 업무 애플리케이션의 경우 다운타임을 허용하지 않는 경우가 일반적인 반면, 높은 인프라 비용은 수용 가능한 경우가 있을 수 있다. 하지만 마케팅 스타트업에 있어서는 인프라 비용의 급격한 증가 없이 대상 유저들을 분류하는 일이 중요할 수 있다. 적절한 배포 전략과 자동화를 통해 클라우드 환경에 클라우드 네이티브 사상에 기반한 마이크로서비스를 안정적으로 배포 및 업데이트함으로써 위의 예를 수용할 수 있다. 다음 실습에서는 GitHub Pages에 데브옵스 블로그의 첫 릴리스를 수행한다. GitHub Pages는 깃허브 저장소에 직접 웹사이트를 호스팅하는 서비스로, 깃허브에서 제공한다.

실습 4: 데브옵스 블로그 릴리스하기

이번 실습에서는 GitHub Pages를 사용해 전 세계에 데브옵스 블로그를 릴리스할 것이다. 실습을 성공적으로 완료하기 위해서는 다음의 단계들을 수행해야 한다.

1. 깃허브에서 devops-blog 저장소를 열고 Settings를 클릭한다.

▲ 그림 1.36 깃허브의 devops-blog 저장소 Settings 페이지

2. 깃허브 페이지가 보일 때까지 아래로 스크롤한 뒤 Source 섹션에서 gh-pages branch를 선택하고 Save를 클릭한다.

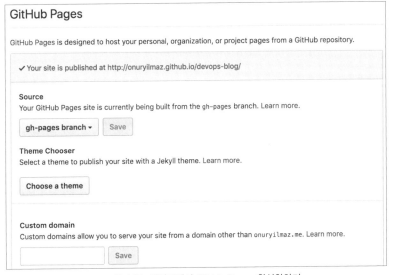

▲ 그림 1.37 깃허브에서 GitHub Pages 활성화하기

사용자 이름에 맞는 하위 도메인을 변환하고 가져오는 데 몇 분 정도 걸릴 수 있다. 깃허브에서 404 오류가 발생하면 몇 분 후 다시 시도한다.

3. 브라우저에서 http://⟨USERNAME⟩.github.io/devops-blog를 연다.

▲ 그림 1.38 데브옵스 블로그가 가동 중임을 알 수 있다.

4. 실습 1에서 만든 프로젝트 보드를 열어 Create the first working blog 항목을 Done으로 변경한다.

▲ 그림 1.39 깃허브의 완료 항목

이번 실습을 통해 데브옵스 블로그의 첫 번째 버전이 전 세계에 배포될 것이다.

구성 단계

구성 단계에서는 릴리스된 애플리케이션에 요구되는 모든 사용자 지정 구성^{custom configuration}을 관리하는 데 중점을 둔다.

▲ **그림 1.40** 데브옵스 툴체인의 구성 단계

최신 클라우드 네이티브 애플리케이션의 구성은 애플리케이션의 런타임 구성과 인프라 구성 정의의 두 부분으로 이뤄진다. 이러한 구성은 모두 깃 저장소에서 코드로 생성되고 관리, 추적된다. 이 접근 방식은 강화된 데브옵스 문화를 기반으로 모든 팀에게 요구사항에 대한 가시성을 높이는 효과가 있다. 예를 들어 PostgreSQL 데이터베이스의 복제본에 대한 요구사항이 존재하는 경우, 이 내용은 저장소의 해당 구성 파일에 선언하게 한다. 이렇게 하면 운영 팀들뿐만 아니라 개발자들도 런타임 요구사항을 쉽게 알 수 있게 된다. 이는 팀 간의 장벽을 없애고 지식을 민주적으로 배포하는 동시에 애플리케이션의 품질 향상으로 이어진다. 개발 팀과 테스트 팀은 이러한 요구사항에 기반해 테스트 환경을 만들 수 있고, 결과적으로 좀 더 신뢰할 수 있는 소프트웨어 시스템이 탄생한다. 다음 절에서는 고객의 요구사항에 따라 구성된 소프트웨어 애플리케이션을 모니터링하고 평가 지표를 수집할 것이다.

모니터링 단계

모니터링은 데브옵스 툴체인의 마지막 단계이면서, 툴체인의 첫 번째 단계인 계획의 입력으로서의 의미를 갖는 단계이기도 하다. 릴리스된 애플리케이션을 이용해 계획 단계에서 중요한 비즈니스 성과 지표를 제공한다.

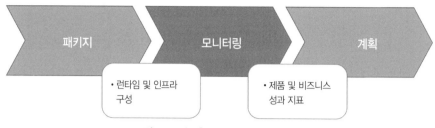

▲ **그림 1.41** 데브옵스 툴체인의 모니터링 단계

클라우드 네이티브 애플리케이션의 경우, 모니터링을 통해 핵심 성과 지표를 추적하고 목표치와의 비교를 통해 애플리케이션의 상태를 나타낸다. 이 외에도 모니터링은 프로덕션 환경의 문제를 찾아 적극적으로 해결하는 데 효과를 발휘한다.

데브옵스 툴체인의 프레임워크 내에서 모니터링은 이전 단계 변경사항들의 영향을 보여주는 유일한 단계다. 즉, 새롭게 개발하고 검증, 패키징, 릴리스 및 구성을 변경하는 등 일련의 작업들이 프로덕션 시스템에 어떠한 영향을 미치는지 알 수 있다. 클라우드 네이티브 모니터링은 다음의 세 가지 중요한 관점에서 고려해야 한다.

- **로깅**logging: 로그를 수집, 저장하고, 검색 가능하게 만드는 것으로 장기적인 관점에서 문제를 해결할 수 있다.
- **오류 추적**error tracking: 작동 중인 시스템에서 발생한 오류에 대한 주요 세부 사항을 수신하고 수집한다. 이런 오류들은 잘못된 구성, 사용자의 예상치 못한 행동이나 악의적인 행동 등으로 인해 나타날 수 있다.
- **클러스터 모니터링**cluster monitoring: 마스터 및 작업자 노드의 상태와 실행 중인 애플리케이션, 그리고 확장성 정보를 기반으로 클러스터들의 상태를 추적한다.

모니터링 단계에서는 데브옵스 툴체인의 7단계가 전부 실제 예제를 통해 제공된다. 다음의 활동에서는 어떻게 데브옵스 문화가 파이프라인으로 변환되는지 확인하기 위해 클라우드 환경에 자동화된 파이프라인을 구성할 것이다.

활동 1: 데브옵스 블로그용 CI/CD 파이프라인

이번 활동의 목표는 데브옵스 블로그를 검증하고 패키징, 구성, 릴리스까지 수행하는 자동화된 파이프라인을 만드는 것이다. 이제까지는 데브옵스 블로그가 로컬에서 생성됐고, HTML 파일들은 gh-pages 브랜치에 업로드됐다. GitHub Pages는 이 브랜치의 페이지들을 호스팅하고 블로그를 외부에 공개할 것이다. 블로그를 소스 코드로부터 자동으로 검증하고 생성, 구성해야 하기 때문에 새로운 게시물이 추가되면 파이프라인이 가동 중인 웹사이트를 업데이트할 것이다.

이번 활동을 수행하려면 1장의 이전 실습들을 모두 완료해야 한다. 깃허브 저장소와 마스터 브랜치의 소스 코드, 그리고 트래비스 CI는 자동화를 달성하기 위해 파이프라인과 함께 활용할 것이다. 완료되면 트래비스 CI에서 실행되고 성공적으로 프로세스를 수행할 수 있는 완전한 파이프라인을 확보하게 될 것이다.

▲ **그림 1.42** 트래비스 CI에서 성공적으로 실행 중인 파이프라인

의도한 대로 블로그가 가동되고 있어야 한다.

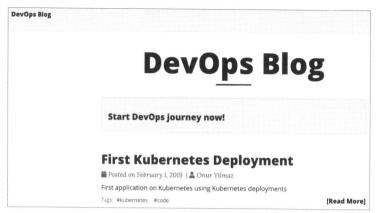

▲ 그림 1.43 데브옵스 블로그

새 게시물이 소스 코드의 content/post 폴더에 추가되면, 파이프라인이 자동으로 실행되고 웹사이트가 새 게시물과 함께 업데이트된다.

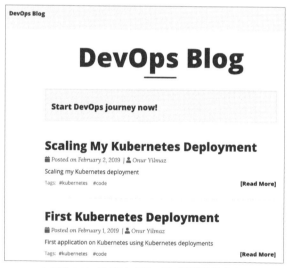

▲ 그림 1.44 데브옵스 블로그의 자동화된 업데이트

이 작업을 완료하기 위해 다음의 단계들을 수행한다.

1. 저장소의 마스터 브랜치에 .travis.yml이라는 이름의 파일을 트래비스 CI 정의를 포함시켜 작성한다.

2. .travis.yml 파일을 master 브랜치에 커밋한다.

3. master 브랜치에 트래비스 CI 빌드를 트리거한다.

4. content/post 폴더에 새 게시물을 추가한다. 블로그 콘텐츠의 예로서 2019-02-02-kubernetes-scale.md 파일을 사용한다.

5. 트래비스 CI가 새로운 내용으로 빌드를 트리거할 때까지 기다린다.

6. 빌드가 완료되면 브라우저에서 블로그에 새로운 콘텐츠가 등록됐는지 확인한다.

7. '실습 1: 깃허브에서 저장소와 프로젝트 보드 만들기'에서 만든 프로젝트 보드에서 Connect CI/CD pipeline 항목을 Done으로 이동시킨다.

> ⓘ 이번 활동의 해결 방법은 327페이지에서 확인할 수 있다.

▎요약

1장에서는 기존의 소프트웨어 개발 방법론을 설명하고 그 한계를 명시했다. 정확히 말하면, 기존의 방법론이 왜 개발과 운영 간의 협력을 장려하지 못했으며 궁극적으로 실패한 이유를 설명한 뒤 데브옵스 문화로 전환하게 된 동기를 다뤘다.

다음으로 데브옵스 툴체인을 자세히 설명했다. 툴체인의 각 단계는 처음에는 블랙박스로 설명했고, 이후 클라우드 네이티브에 기반한 최신의 구현 방식을 소개했다. 또한 데브옵스 툴체인의 각 단계들이 협업을 증진하고 성공적인 소프트웨어 프로젝트를 만드는 것을 목표로 함을 언급했다. 체인을 통해 데브옵스 블로그 애플리케이션 계획부터 생성, 릴리스까지 수행했으며, 이번 장의 끝부분에서는 실습을 통해 CI/CD 파이프라인을 사용해 이를 자동화했다.

1장에서 소개한 데브옵스 툴체인과 사례들은 쿠버네티스 내부에서 구현할 뒷장에서 다시 다룰 것이다. 2장에서는 컨테이너 오케스트레이션과 쿠버네티스의 기본 요소인 클라우드 네이티브 기술과 마이크로서비스 및 컨테이너의 기본에 대해 소개한다.

마이크로서비스와
컨테이너 소개

학습 목표

2장을 끝까지 학습하면 다음을 수행할 수 있다.

- 마이크로서비스 아키텍처의 기본 개념을 요약할 수 있다.

- 도커의 기본 개념을 설명할 수 있다.

- 도커 컨테이너를 빌드 및 릴리스할 수 있다.

- 도커 컨테이너를 이용해 볼륨과 포트를 실행 및 공유할 수 있다.

2장에서는 마이크로서비스와 컨테이너화를 소개할 것이다.

▌소개

마이크로서비스는 근래 소프트웨어 개발 및 아키텍처 분야에서 각광받고 있는 트렌드 중 하나다. 최근의 애플리케이션들은 마이크로서비스 아키텍처상에서 느슨하게 결합된 loosely-coupled 서비스들의 묶음으로 설계된다. 작게 쪼개진 '마이크로'서비스들은 독립적으로 개발되고, 이를 통해 개별 비즈니스 기능에 집중할 수 있게 하는 데 중점을 두고 있다. 고객과 다중의 백엔드 서비스를 위한 웹 프론트엔드 영역이 존재하는 은행의 애플리케이션을 상상해보자. 먼저 프론트엔드와 백엔드 서비스는 독립적으로 실행되고, 프론트엔드는 디스커버리 서비스 discovery service 를 통해 백엔드의 IP 주소를 찾아 질의를 보낸다. 또한 각 서비스들은 비즈니스 기능에 초점을 맞추고 다른 서비스에 직접 의존하지 않는다. 이 아키텍처는 좀 더 빠른 개발 및 버그 수정, 고객 대응 능력의 제공을 가능하게 한다. 따라서 경쟁력 있는 조직에서 마이크로서비스 아키텍처를 수용하는 것은 당연한 수순이 돼가고 있다.

과거에는 한 덩어리의 거대한 애플리케이션, 이른바 일체형 아키텍처 monolithic architecture 가 일반적인 접근 방식이었다. 일체형 아키텍처상에서 애플리케이션의 모든 기능은 단일 프로세스로 패키징돼 단일 바이너리로 고객에게 제공됐다. 이 방식은 쉬운 구축과 배포, 업데이트를 제공했지만, 수평 확장이 어렵다는 단점이 있었다. 예를 들어, 어떤 조직에서 일체형 애플리케이션으로 구성되고 고가의 서버에 설치돼 데이터 센터에서 작동되는 인적자원관리 시스템을 구입했다고 가정해보자. 몇 달에 걸쳐 모든 기능이 제대로 작동한다는 사실은 확인했지만, 급여 지급 서비스의 응답 속도는 이 조직의 요구사항에 의해 수정된 복잡한 연산 때문에 만족스럽지 않다는 사실 또한 알게 됐다. 이 경우, 가장 직접적인 해결책은 추가로 고가의 서버를 구입하고 인적자원관리 시스템 전체를 2개의 인스턴스에 나눠서 실행하는 것이다. 다만 이렇게 하면 급여 지급 서비스의 속도는 빨라지지만 비용이 많이 든다. 이는 전체 시스템의 업그레이드를 의미하므로 현재의 2배 이상의 비용이 발생할 수 있다. 이 사례는 일체형 아키텍처의 대표적인 문제를 보여준다. 즉, 사용 수준에 따른 적절한 확장성을 제공할 수 없기 때문에 일체형 아키텍처는 장기적으로 실패할 가능성이 크다.

반면 마이크로서비스 아키텍처는 각 비즈니스 기능을 별도의 독립적인 서비스로서 배치하는 과정을 통해 '콕 집어서' 급여 지급 서비스의 복제본 수를 빠르게 늘릴 수 있다. 이보다 더 뛰어난 점은 사용 수준에 맞춘 자동 확장이 가능하다는 점이다(마이크로서비스 아키텍처가 서버의 모든 리소스를 사용하고 있지 않은 경우에 한해서 가능하다). 마이크로서비스의 확장성은 과거의 일체형 아키텍처에 비해 오늘날, 그리고 미래의 성공적인 애플리케이션을 위한 궁극적인 해답을 제공한다.

마이크로서비스의 아키텍처 스타일에 기존의 방법론과 도구를 사용한다면 이 새로운 아키텍처가 지닌 장점을 최대한 이끌어낼 수 없다. 마이크로서비스 아키텍처의 최적화를 달성하기 위해 개발과 빌드, 테스트, 그리고 런타임 환경에 극적인 변화가 수반돼야 한다. 10여 년 전에는 애플리케이션을 물리 서버에서 실행하는 것이 유일한 방법이었다. 최근의 애플리케이션들은 이제 '마이크로'서비스이기 때문에 동일한 호스트에서 여러 서비스를 실행할 수 있게 됐다.

그러나 이런 방식은 의존관계에 있는 라이브러리와 충돌하거나 동일한 호스트 내 애플리케이션의 문제가 도미노 효과를 유발하는 등 위험을 동반하기도 한다. 가상화(동일한 물리 서버에 여러 개의 가상 서버, 또는 가상 머신VM, virtual machine을 생성하는 방식)를 통해 이 문제를 해결할 수 있다. 가상화는 이미 잘 정립돼 널리 사용되고 있는 기술이며, AWS, 구글 클라우드Google Cloud, 애저Azure, 알리바바 클라우드Alibaba Cloud 같은 클라우드 공급자가 제공하는 기본 서비스이기도 하다. 확장성이 요구되고 다수의 마이크로서비스를 포함하는 복잡한 애플리케이션에서는 좀 더 높은 수준의 가상화를 필요로 한다. 컨테이너화containerization 기술은 마이크로서비스 구현을 위한 사실상의 런타임 표준으로서 높은 수준의 가상화를 제공한다.

경량 런타임 환경: 가상 머신VM은 운영체제를 런타임 환경으로 사용해 물리 서버를 분할한다. 마이크로서비스의 범위를 고려할 경우, 마이크로서비스 하나에 가상 머신VM 하나를 할당해 사용한다면 고액의 인프라 비용이 발생할 것이다. 또한 운영체제 측면에서 봤을 때, 일반적으로 애플리케이션마다 이를 실행하기 위한 별도의 운영체제는 필요치 않다.

이런 배경을 바탕으로 마이크로서비스에 필요한 확장성을 달성하기 위해 가상화는 한 단계 더 애플리케이션 가까이 이동하게 된다. 컨테이너화는 다수의 컨테이너가 서로 간섭하지 않고 동일한 운영체제를 공유할 수 있게 하는 운영체제 수준의 가상화에 중점을 두고 있다. 그림 2.1을 통해 VM과 컨테이너가 인프라의 최상위 계층에 구성되는 것을 알 수 있다. 컨테이너에서 동작하는 각 마이크로서비스들은 독립된 환경을 생성함으로써 오버헤드를 줄이고 확장성을 극대화한다. 가벼운 런타임 환경을 갖춘 컨테이너는 마이크로서비스 애플리케이션을 실행하는 환경으로서 가상 머신에 비해 좀 더 적합한 선택지가 될 것이다.

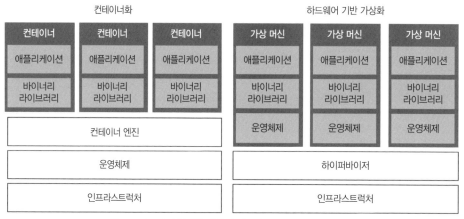

▲ **그림 2.1** 인프라의 최상위 계층에 위치한 가상 머신과 컨테이너 계층

빌드 및 실행 속도: 하이퍼바이저는 물리 서버에서 가상 머신을 기동하며, 머신을 기동하고 운영체제 전체를 시작하는 데 몇 분 정도 소요될 수 있다. 이 문제를 해결하기 위해 사용하지 않는 가상 머신의 초기화를 통해 시간을 일부 단축할 수 있지만 이 경우 추가 비용이 발생한다. 반면, 컨테이너 환경의 마이크로서비스는 오버헤드가 적어 몇 초 정도면 운영체제 내에서 기동이 가능하다. 최근의 IT 서비스는 사용량이 급증해도 반응 속도가 떨어지지 않는 것이 당연하게 여겨지므로, 일반적으로 몇 분이나 기다리는 것은 허용하기 어렵다. 따라서 이런 성능 문제를 고려하면 확장 가능한 실행 환경과 신뢰성, 견고한 애플리케이션이라는 면에서 더 나은 선택지가 될 것이다.

마이크로서비스 아키텍처는 다중 서비스의 설계와 운영에 초점을 맞추고 있지만, 어떤 런타임을 선택할 것인가까지 관여하지는 않는다. 컨테이너는 최근의 애플리케이션 확장성과 안정성, 응답성에 대한 요구사항을 고려했을 때 가장 적합한 런타임 환경이다. 만약 0부터 마이크로서비스를 구축할 생각이라면 컨테이너를 선택하는 것을 추천한다. 혹시 모든 마이크로서비스를 컨테이너 대신 AWS 인스턴스상에서 운영하고 있는 넷플릭스처럼 이미 잘 정립된 시스템을 사용할 수 있다면 그 또한 좋은 선택지가 될 수 있겠다. 컨테이너 런타임은 CRI^{Container Runtime Interface} 기준으로 표준화돼 있기 때문에, 쿠버네티스 같은 컨테이너 오케스트레이터가 도커 엔진^{Docker Engine}, CRI-O, 카타 컨테이너^{Kata Containers} 등의 오픈소스 라이선스를 가진 다양한 런타임을 지원할 수 있다.

도커 엔진: 2013년에 시작돼 현재는 도커사^{Docker Inc.}가 지원하고 있다. 가장 널리 도입돼 온 잘 알려진 성숙한 환경으로서, 이미 많은 사용자와 조직에서 검증을 거친 바 있다. 현재 컨테이너화를 검토 중에 있고 다양한 클라우드 제공자와 쿠버네티스의 지원을 필요로 한다면 도커는 현시점에서 최상의 선택지다.

CRI-O: CNCF^{Cloud Native Computing Foundation}가 후원하며 2016년 쿠버네티스에 특화된 경량의 런타임 환경으로서 공개됐다. 기본 사양으로 오픈시프트^{OpenShift}의 쿠버네티스 엔진을 지원한다. 도커에 비해 일부 보안 기능이 빠져 있다.

카타 컨테이너: 2017년에 공개된 후 인텔에서 지원하고 있는 가장 젊은 런타임 환경이다. 많은 보안 기능을 제공하지만, 이로 인해 시스템의 전반적인 성능이 저하된다는 단점이 있다. 또한 쿠버네티스에서 사용 가능하며 추가 보안 기능 제공을 통해 적용을 검토하는 기업에게 신뢰감을 제공한다.

이 장에서는 쿠버네티스가 지원하며 가장 성숙하고 인기 있는 컨테이너 런타임인 도커에 중점을 두고 다음의 순서에 따라 설명할 것이다.

1. 'Hello World' 컨테이너를 사용해 도커를 소개한다.
2. 컨테이너 이미지와 이미지 저장소^{image repository}에 대해 설명한다.

3. 호스트 시스템과 컨테이너 사이에 데이터를 공유하는 방법을 설명한다.

4. 도커 컨테이너에서 데이터베이스 연결을 통해 워드프레스^{WordPress} 블로그를 실행해본다.

▌ 도커 소개

도커는 리눅스 컨테이너를 기반으로 하는 오픈소스 기반 컨테이너 런타임 시스템이다. 리눅스 컨테이너는 네임스페이스^{namespace}와 컨트롤 그룹^{cgroup}, 계층화된 파일시스템 등 리눅스 커널이 갖고 있는 기능을 사용한다.

- **네임스페이스**: 네임스페이스는 분리된 환경을 생성해 각 애플리케이션을 호스트 및 다른 애플리케이션들과 격리시킨다.

- **컨트롤 그룹**: 메모리, 처리 능력 등 특정 리소스에 대해 애플리케이션의 사용량을 제한한다.

- **계층화된 파일시스템**: 계층화된 파일시스템은 재사용 가능한 계층들로 구성돼 루트 파일시스템의 기반을 형성한다. 이는 또한 컨테이너를 경량화하는 데 핵심이 되는 기술이다.

네임스페이스와 컨트롤 그룹 기능을 기반으로 각 컨테이너들은 서로 격리되고 제한된 리소스를 할당받게 된다. 계층화된 파일시스템은 컨테이너 내부에서 공유 및 패키징된 형태로 구성된다. 다음 세 가지 항목은 도커가 인기 있는 이유인 동시에, 만약 도입을 검토하는 입장이라면 중요한 평가 포인트다.

- **속도**: 도커 기반의 컨테이너는 가볍고, 도커 엔진은 데이터 센터뿐만 아니라 개발자의 노트북에서도 신속하게 동작한다. 따라서 디버그 및 테스트 후 새 버전을 릴리스하는 데 필요한 시간을 단축할 수 있다.

- **생태계**: 도커 생태계는 도커를 처음 경험하는 사용자도 쉽게 컨테이너화된 애플리케이션을 빌드하고 실행할 수 있는 환경을 제공한다. 몇 분이면 도커 허브

Docker Hub 레지스트리에서 원하는 서비스의 도커 이미지를 찾고, 다운로드해 실행할 수 있다. 도커 허브는 무료로 사용 가능한 도커 컨테이너 레지스트리로서, 애플의 앱스토어, 안드로이드의 구글 플레이와 비슷한 간편한 사용자 경험을 제공한다.

- **사용 편의성**usability: 도커는 개발자는 물론, 품질 팀, 운영 담당자를 포함한 다양한 관계자들이 컨테이너를 쉽게 실행할 수 있게 한다. 사용하기 쉬운 클라이언트 프로그램과 API를 제공함으로써 자바java의 모토인 '한번 작성하면 어디서든 실행 가능'을 현실로 만들었다.

위에서 설명한 도커의 속도, 그리고 생동감 넘치는 생태계와 사용 편의성이 컨테이너 런타임 환경 중에서도 도커를 첫 번째로 꼽는 이유다. 도커에 대해 좀 더 깊이 알아가기 위해서는 다음에 다룰 기본 개념들을 숙지할 필요가 있다.

 실습을 시작하기 전에 먼저 도커 엔진을 로컬 환경에 설치해야 한다. 도커 웹사이트(https://www.docker.com/products/docker-desktop)에서 로컬 운영체제에 맞는 도커 데스크톱(Docker Desktop)을 다운로드해 설치하자.

도커의 기본 개념

이번 절에서는 도커 관련 기술 블로그나 튜토리얼에서 자주 언급되는 도커의 기본 개념을 소개할 것이다. 그림 2.2를 통해 도커의 운영체제 부분에서부터 컨테이너에 이르기까지의 기본 개념을 시각화했다.

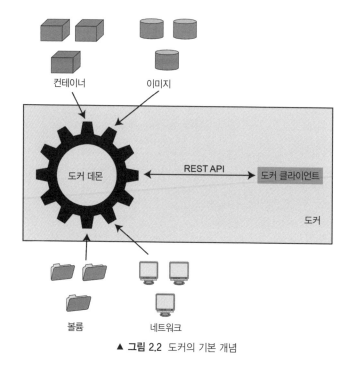

▲ **그림 2.2** 도커의 기본 개념

도커 엔진

도커 엔진^{Docker Engine}은 컨테이너가 실행되는 운영체제의 최상단 계층에 위치한다. 또한 데몬 서비스와 통신하기 위해 호스트 시스템에서 동작하는 **도커 데몬**^{Docker Daemon}**과 도커 클라이언트**^{Docker Client}로 구성된다.

도커 데몬

도커 데몬은 호스트 시스템에서 동작하면서 컨테이너와 외부 시스템들과의 상호작용을 관리한다. 다음 커맨드를 실행해 로컬 환경에 도커 데몬이 동작하고 있는지 확인해보자.

```
ps aux |grep docker
```

```
/devops $ ps aux |grep docker
   1 root      0:00 dockerd --host=unix:///var/run/docker.sock --host=tcp://0.0.0.0:2375
  20 root      0:01 containerd --config /var/run/docker/containerd/containerd.toml --log-level info
/devops $
```

▲ **그림 2.3** docker로 필터링된 프로세스 상태 출력 화면

출력 결과가 나타나지 않는다면 운영체제 커맨드를 통해 데몬을 재시작해 다시 한번 상
태를 확인해보자. 만약 프로세스가 정상 작동 중이라면 그림 2.3과 같이 데몬이 현재 작
동 중이며 도커 클라이언트로부터 액세스 가능함을 확인할 수 있다.

도커 클라이언트

도커 클라이언트는 도커 데몬과의 상호작용에 사용되는 도구이며, 기본적으로 터미널의
도커 커맨드를 통해 액세스할 수 있다. 도커가 실행 중인 시스템에서 다음의 커맨드를 사
용해 버전 및 API 정보를 확인할 수 있다.

---

docker version

```
/devops $ docker version
Client: Docker Engine - Community
 Version:           18.09.3
 API version:       1.39
 Go version:        go1.10.8
 Git commit:        774a1f4
 Built:             Thu Feb 28 06:32:01 2019
 OS/Arch:           linux/amd64
 Experimental:      false

Server: Docker Engine - Community
 Engine:
  Version:          18.09.3
  API version:      1.39 (minimum version 1.12)
  Go version:       go1.10.8
  Git commit:       774a1f4
  Built:            Thu Feb 28 06:40:51 2019
  OS/Arch:          linux/amd64
  Experimental:     false
/devops $
```

▲ **그림 2.4** docker version 커맨드의 출력 화면

docker version 커맨드의 결과로서, 클라이언트 및 서버 버전과 함께 각각에 해당하는 API 버전과 런타임 환경에 대한 추가 정보가 표시된다. 이 커맨드는 예상치 못한 클라이언트와 데몬 간의 API 불일치가 발생할 경우 유용하게 사용할 수 있다.

도커 이미지

도커 이미지는 읽기 전용 패키지로, 필요에 따라 운영체제 라이브러리 및 애플리케이션의 요구사항을 포함할 수 있다. 도커 이미지는 기본 이미지base image 위에 계층을 추가하는 작업을 정의하기 위해 Dockerfile이라는 설정 파일을 사용한다. Dockerfile은 도커 이미지가 빌드될 때 사용되며, Dockerfile에 지정된 각 단계는 기본 이미지 위에서 실행된다. 공식적인, 혹은 커뮤니티에서 관리하는 이미지는 도커 레지스트리에 저장되도록 설계됐으며 도커 허브는 공식적인 레지스트리를 의미한다. 예를 들면, 우분투Ubuntu 이미지는 도커 레지스트리에서 다음과 같이 확인할 수 있다.

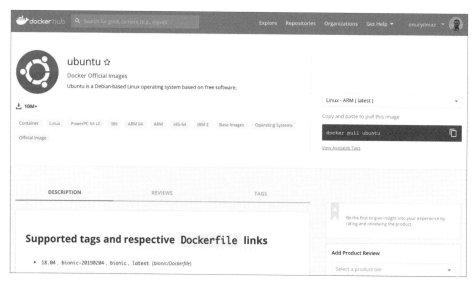

▲ **그림 2.5** 도커 허브의 공식적인 우분투 도커 이미지

우분투용 도커 레지스트리 페이지에는 사용 가능한 모든 버전의 이미지와 우분투 이미지를 사용해 컨테이너를 빠르게 시작하기quick-start 위한 정보가 나열돼 있다. 몇 초에서 몇

분 안에 도커 레지스트리에서 도커 이미지를 다운로드할 수 있는데, 이는 또한 도커가 인기 있는 이유 중 하나이기도 하다.

도커 컨테이너

도커 컨테이너는 애플리케이션의 실행 환경으로 구성되고, 인스턴스로서 실행 중인 도커 이미지를 의미한다. 또한 동일한 도커 이미지로 다수의 인스턴스를 실행할 수 있다. 즉, 다중^{multiple} 도커 컨테이너라고 할 수 있겠다. 추가로, 컨테이너는 두 가지 필수 기능을 갖고 있다. 우선 도커 이미지는 읽기 전용이므로 도커 컨테이너는 읽기 및 쓰기가 가능한 추가 파일시스템 계층을 포함하고 있다. 또한 호스트 시스템 및 외부에서 컨테이너에 접근할 수 있도록 네트워크 인터페이스가 사용 가능한 IP와 함께 컨테이너에 연결된다. 도커 이미지를 레지스트리에서 가져오는 과정과 가져온 이미지를 사용해 컨테이너를 실행하는 흐름은 그림 2.6에서 확인할 수 있다.

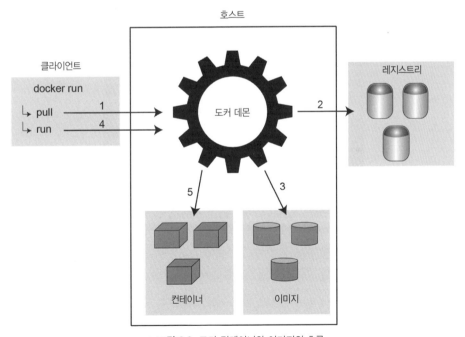

▲ **그림 2.6** 도커 컨테이너와 이미지의 흐름

다음 실습에서는 앞에서 이야기한 개념을 바탕으로, 도커 환경에서 'Hello World' 컨테이너를 실행하고 관리해볼 것이다.

실습 5: 도커 'Hello World' 컨테이너 만들기

이번 실습에서는 도커 엔진에서 'Hello World' 컨테이너를 만들고 관리하는 것을 목표로 한다.

실습을 성공적으로 완료하기 위해서는 다음의 단계들을 수행해야 한다.

1. 다음의 커맨드를 실행해 도커가 예상대로 동작하는지 확인해보자.

```
docker version
```

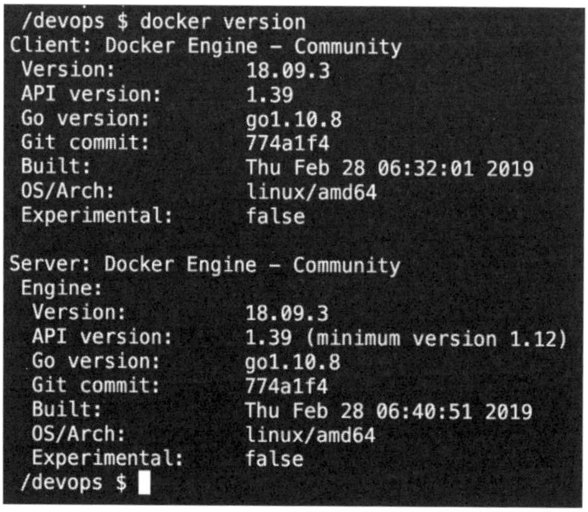

▲ **그림 2.7** docker version 커맨드의 출력 화면

먼저, 작동에 문제가 없도록 하기 위해 API 버전이 클라이언트와 서버 측 모두 동일한지 확인해보자. 그림 2.7에서 클라이언트와 서버 측 모두 18.09.3으로 버전이 동일하고, API 버전 또한 1.39로 동일함을 알 수 있다. 이는 곧 도커 엔진이 작동 중임을 나타낸다.

2. 다음 커맨드를 실행해 hello-world 컨테이너를 생성해보자.

```
docker run hello-world
```

```
/devops $ docker run hello-world
Unable to find image 'hello-world:latest' locally
latest: Pulling from library/hello-world
1b930d010525: Pull complete
Digest: sha256:2557e3c07ed1e38f26e389462d03ed943586f744621577a99efb77324b0fe535
Status: Downloaded newer image for hello-world:latest

Hello from Docker!
This message shows that your installation appears to be working correctly.

To generate this message, Docker took the following steps:
 1. The Docker client contacted the Docker daemon.
 2. The Docker daemon pulled the "hello-world" image from the Docker Hub.
    (amd64)
 3. The Docker daemon created a new container from that image which runs the
    executable that produces the output you are currently reading.
 4. The Docker daemon streamed that output to the Docker client, which sent it
    to your terminal.

To try something more ambitious, you can run an Ubuntu container with:
 $ docker run -it ubuntu bash

Share images, automate workflows, and more with a free Docker ID:
 https://hub.docker.com/

For more examples and ideas, visit:
 https://docs.docker.com/get-started/

/devops $ █
```

▲ **그림 2.8** docker run hello-world 커맨드의 출력 화면

그림 2.8에서 첫 번째 줄은 'hello-world:latest' 파일을 로컬 환경에서 찾을 수 없음을 나타내고, 따라서 이 컨테이너 이미지가 로컬 환경에서 사용된 적이 없음을 유추할 수 있다. 그다음 줄은 도커 이미지가 'latest: Pulling from library/hello-world'가 가리키는 레지스트리로부터 다운로드됐음을 나타낸다. 다운로드가 완료되면, 컨테이너가 기동되고 첫 번째 출력으로서 'Hello from Docker!' 메시지를 보여준다. 위의 단계들은 컨테이너의 기동 메시지 출력 이후에 보이는 출력의 4단계에서 설명하고 있다.

3. 다음의 커맨드를 실행해 도커 프로세스의 상태를 확인해보자.

```
docker ps
```

▲ **그림 2.9** 도커 ps 커맨드의 출력 화면

hello-world 컨테이너가 시작하고 바로 종료됐기 때문에, 현재는 출력할 컨테이너 목록이 없다. 같은 커맨드를 --all 플래그와 함께 사용해 모든 컨테이너를 표시하게 하면, hello-world 컨테이너가 나타날 것이다.

```
docker ps --all
```

▲ **그림 2.10** docker ps --all 커맨드의 출력 화면

컨테이너 목록이 성공적으로 출력되고, ID가 b06d40f39b58인 컨테이너의 상태 항목을 통해 3분 전에 종료됐음(Exited(0))을 알 수 있다.

이번 실습에서는 간단한 도커 컨테이너를 사용해 이를 실행해보고, 상태를 확인하는 방법을 소개했다. 또한 도커 이미지가 어떻게 도커 레지스트리에서 자동으로 다운로드되고 로컬에서 재사용할 준비가 되는지 확인했다. 다음 절에서는 어떻게 애플리케이션이 도커 컨테이너로서 빌드, 릴리스되는지 알기 위해 어떻게 컨테이너를 빌드하고 도커 레지스트리에 게시하는지 설명할 것이다.

도커 이미지 빌드하기

도커 이미지는 의존관계를 포함한 애플리케이션으로 구성되고 대규모의 수평 확장이 가능하다. 또한 경량 아키텍처$^{lightweight\ architecture}$를 기반으로 하므로 클라우드 기반의 서버 및 데이터 센터에서 실행하기에 적합하다. 도커 이미지는 Dockerfile에 정의된 단계에 의해 만들어지며, 각각의 커맨드를 통해 이전의 계층 위에 추가로 계층을 생성한다. 이 계층화된 이미지 디자인은 도커 이미지를 경량화하고 빠르게 시작할 수 있게 하는 탁월한 기능이다. 계층화된 도커 이미지의 기본 기술은 UFS$^{union\ file\ system}$다. UFS는 쌓을 수 있는 파일 혹은 디렉토리 계층의 집합이라고 할 수 있다. 각 계층은 트리 구조상에서 부모 계층까지 추적 가능하므로 각기 다른 브랜치가 동일한 루트를 공유할 수가 있다. 즉, 각기 다른 두 컨테이너 이미지의 우분투 기본 이미지가 18.10으로 동일한 경우 이 기본 이미지는 두 번 복제되지 않는다. 도커 엔진은 이 두 컨테이너를 실행하기 위해 기본 이미지를 재사용할 것이다. 다음 절에서는 Dockerfile을 사용해 어떻게 컨테이너를 정의하는지, 그리고 어떻게 레지스트리에 릴리스하는지 알아보자.

Dockerfile

Dockerfile은 순차적으로 도커 이미지를 작성하는 데 필요한 커맨드들로 구성된다. 도커 엔진은 Dockerfile 형식의 텍스트 파일을 사용해 도커 이미지를 생성하는데, 이 파일은 다음의 커맨드를 포함해 정의된 단계들의 집합으로 구성된다.

- FROM: 시작 단계로서 어떤 이미지를 기반으로 컨테이너를 구성할 것인지 선택한다.
- ADD: 호스트 시스템에서 컨테이너의 파일시스템으로 파일을 전송하기 위한 커맨드
- ENV: 컨테이너에서 사용할 환경 변수
- RUN: 컨테이너에서 커맨드를 실행하기 위한 커맨드(예: 셸 커맨드 wget 실행)
- WORKDIR: 컨테이너의 커맨드를 실행하는 작업 디렉토리 경로
- CMD: 컨테이너가 시작될 때마다 실행할 커맨드

예제 Dockerfile은 다음의 스크립트를 사용해 웹 서버를 기동하는 구문을 담고 있다.

- 기본 이미지: ubuntu:18.10

- apt-get 저장소 업데이트, nodejs와 npm, 그리고 http-server를 설치하기 위한
  RUN 커맨드를 수행한다.

- WORKDIR은 이후 HTML 파일이 적재될 /usr/apps/hello-world/로 정의한다.

- 8080 포트를 사용해 http-server를 실행하기 위해 아래의 CMD 구문이 실행될 때,
  WORKDIR을 통해 정의된 경로인 /usr/apps/hello-world/에서 수행될 것이다.

```
FROM ubuntu:18.10
RUN apt-get update
RUN apt-get install -y nodejs npm
RUN npm install -g http-server

WORKDIR /usr/apps/hello-world/

CMD [ "http-server", "-p", "8080"]
```

도커 레지스트리

도커 레지스트리는 클라우드 네이티브한 방법으로 컨테이너를 빌드하고 전달하는 솔루
션이다. 도커 레지스트리는 도커 이미지에 대한 콘텐츠 전달 및 스토리지^{storage} 솔루션으
로, 태깅^{tagging}을 통해 필요에 맞는 버전의 제공이 가능하고, 동일한 도커 이미지의 여러
태그가 동일한 저장소에 보관된다. 또한 도커 레지스트리는 지속적인 전달 및 배포에 중
요한 역할을 한다. 수백 개의 인스턴스를 효율적으로 저장하고, 확장 가능한 방법으로 배
포함으로써 분산 클러스터상에서 이들을 실행할 수 있게 한다. 클라우드 레지스트리^{cloud}

registry는 추가로 스타트업 및 대기업 양측에서 활용 가능한 높은 수준의 보안 기능을 제공한다. 다양한 클라우드 레지스트리 서비스가 존재하지만, 그중에서도 가장 널리 사용되는 서비스는 다음과 같다.

- 도커 허브: https://hub.docker.com/
- Quay: https://quay.io/
- 아마존 엘라스틱 컨테이너 레지스트리: https://aws.amazon.com/ecr/
- 구글 컨테이너 레지스트리: https://cloud.google.com/container-registry/

다음 실습에서는 도커 이미지를 빌드하고 이를 도커 레지스트리에 푸시해볼 것이다. 이는 쿠버네티스 같은 클라우드 시스템에서 컨테이너화된 마이크로서비스를 실행하기 위한 전제 조건인 클라우드 네이티브 방식으로 이미지를 빌드하고 전달하는 방법을 보여줄 것이다.

 다음 실습에서 이미지를 레지스트리로 푸시하기 위해서는 도커 허브 계정이 필요하다. 도커 허브는 무료로 사용 가능하며, https://hub.docker.com/signup에서 가입할 수 있다.

실습 6: 도커 이미지 빌드하기 및 이를 도커 허브로 푸시하기

이번 실습에서는 웹 서버 컨테이너를 빌드해 도커 엔진에 푸시하는 것을 목표로 한다.

실습을 완료하기 위해서는 다음의 단계들을 수행해야 한다.

1. Dockerfile이라는 이름으로 텍스트 파일을 만든 후, 텍스트 에디터로 다음 내용을 입력한다.

```
FROM ubuntu:18.10

RUN apt-get update
RUN apt-get install -y nodejs npm
```

```
RUN npm install -g http-server
WORKDIR /usr/apps/hello-world/

CMD [ "http-server", "-p", "8080"]
```

 위에서 작성한 Dockerfile은 https://github.com/TrainingByPackt/Introduction-to-DevOps-with-Kubernetes/blob/master/Lesson02/Dockerfile에서 다운로드할 수 있다.

2. 도커 허브의 사용자명과 함께 다음 커맨드를 실행해 도커 이미지를 빌드해보자.

```
docker build -t <USERNAME>/webserver:latest .
```

```
Step 4/6 : RUN npm install -g http-server
 ---> Running in 0f396b76aec2
/usr/local/bin/http-server -> /usr/local/lib/node_modules/http-server/bin/http-server
/usr/local/bin/hs -> /usr/local/lib/node_modules/http-server/bin/http-server
+ http-server@0.11.1
added 26 packages from 28 contributors in 1.828s
Removing intermediate container 0f396b76aec2
 ---> af58852bddf1
Step 5/6 : WORKDIR /usr/apps/hello-world/
 ---> Running in ec186c8af514
Removing intermediate container ec186c8af514
 ---> 8fe41aafe5fd
Step 6/6 : CMD ["http-server", "-p", "8080"]
 ---> Running in c58344f16572
Removing intermediate container c58344f16572
 ---> 1e54f0e11db7
Successfully built 1e54f0e11db7
Successfully tagged onuryilmaz/webserver:latest
```

▲ **그림 2.11** docker build 커맨드의 출력 화면(실행 결과의 마지막 부분)

이미지 빌드 시에 다수의 라이브러리도 함께 설치하기 때문에 실행 결과가 길어질 것이다. 빌드가 끝나면, 수행 완료에 대한 출력으로서 빌드 성공 메시지(Successfully built 1e54f0e11db7)와 함께 태깅 성공 메시지(Successfully tagged onuryilmaz/webserver:latest)가 화면에 표시될 것이다.

3. 도커 허브에 웹 서버 이름으로 저장소를 생성해보자.

▲ **그림 2.12** 도커 허브의 저장소 뷰

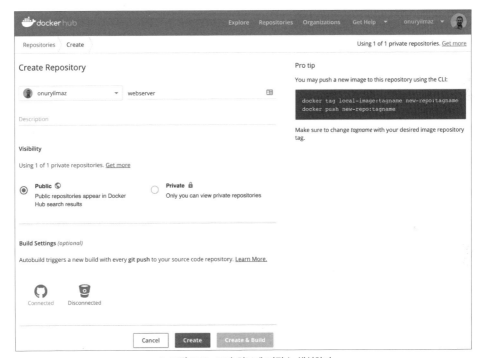

▲ **그림 2.13** 도커 허브에 저장소 생성하기

name 항목에 webserver를 입력하고, Visibility 항목은 Public을 선택하자. Create
버튼을 클릭하면 새로운 저장소 페이지로 리다이렉션될 것이다.

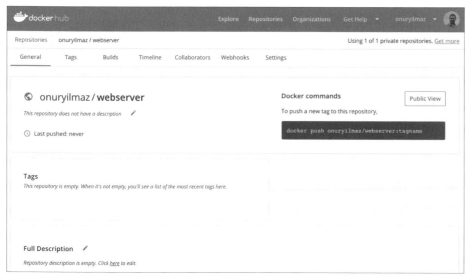

▲ 그림 2.14 도커 허브의 새로운 저장소

 만약 도커 허브 계정으로 도커 클라이언트를 처음 사용한다면, 터미널에서 docker login 커맨드를 사용해 로그인해야 한다.

4. 다음과 같이 이미지를 도커 허브 레지스트리로 푸시해보자.

```
docker push <USERNAME>/webserver
```

```
/devops $ docker push onuryilmaz/webserver
The push refers to repository [docker.io/onuryilmaz/webserver]
f3c7a67296fc: Pushed
aecb98836ce4: Pushed
c078b95af013: Pushed
907e8eef2e88: Pushed
ea19f72c880c: Mounted from library/ubuntu
aa01286a0869: Mounted from library/ubuntu
587d38c9e2dd: Mounted from library/ubuntu
ed787fb1c1c4: Mounted from library/ubuntu
latest: digest: sha256:5bfef3935a1c3a1dd3ce9332822cf6a998f3197bd59b938fd02975bc7fd406fc size: 1993
/devops $
```

▲ 그림 2.15 docker push 커맨드의 결과 출력 화면

성공적으로 완료되면 도커 이미지 내의 모든 계층이 업로드될 것이다. 최신의 버전(latest)으로 태깅된 새 이미지는 도커 허브 레지스트리의 Tags 섹션에서 확인할 수 있다.

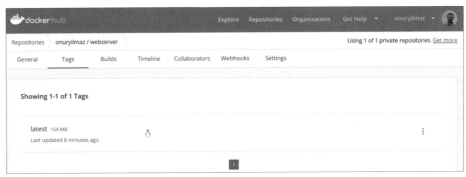

▲ 그림 2.16 도커 허브의 새로운 저장소의 태그 목록

이번 실습에서는 도커 이미지를 만들고, 도커 허브의 레지스트리에 이미지를 푸시해봤다. 다음 절에서는 클라우드에서 컨테이너를 관리하는 기본 사항을 소개하기 위해, 어떻게 도커 컨테이너를 실행하고 호스트 시스템에서 리소스를 공유하는지 알아볼 것이다.

도커 컨테이너 실행하기

도커 기반의 컨테이너는 실행 파일이 구동 가능하나 상태는 유지되지 않는 임시 환경으로 구성된다. 이는 컨테이너 내부에서 생성된 데이터는 동일한 컨테이너에서만 사용할 수 있기 때문인데, 부분적으로는 사실이라고 할 수 있다. 이에 대한 해결 방법으로서, 도커 엔진은 호스트 시스템과 컨테이너 간에 데이터를 공유할 수 있는 방법을 제공한다. 이를 이용하면 컨테이너 내부의 서비스는 호스트 시스템과 다른 컨테이너 사이를 오갈 수 있게 된다.

이번 절에서는 컨테이너가 어떻게 상태를 기록하는(스테이트풀stateful) 서비스로서 사용될 수 있는지를 확인하기 위해 볼륨 및 포트 매핑을 사용해 도커 컨테이너를 실행하는 방법을 알아볼 것이다. 컨테이너의 실행은 격리된 컨테이너로서 도커 이미지로 패키징된 프로세스를 실행하는 것으로 시작한다. 이는 docker run 커맨드에 의해 시작되거나, 로컬 및 원격 호스트 시스템에서 도커 API를 사용해 프로그래밍하는 방식의 두 가지 방법으로 수행할 수 있다. 도커 엔진은 단순히 프로세스를 실행하는 것 이상의 기능을 제공하는데, 그 예로서 컨테이너에 네트워크 및 볼륨을 연결하거나, 리소스에 대한 런타임 제약을 걸고, 리눅스 권한을 추가하는 것 등을 들 수 있다. 이번 절에서는 기본 기능으로 제공되는 **포트 매핑**port mapping과 **볼륨 매핑**volume mapping을 소개할 것이다.

포트 매핑: 도커 엔진을 사용하면 컨테이너를 외부 세계로 연결할 수 있다. 그러나 기본적으로 컨테이너에 들어오는 트래픽은 허용하지 않는다. 컨테이너에 들어오는 트래픽을 허용하기 위해 몇 가지 docker run 커맨드의 옵션이 제공된다. 첫 번째 옵션은 --publish-all=true 플래그를 사용하는 것으로, 컨테이너상에 노출된 모든 포트를 활성화한다. 해당 애플리케이션에서 사용될 포트를 EXPOSE 커맨드를 사용해 Dockerfile에 기록한 뒤, 실행 시에 --publish-all 플래그를 사용해 적용할 수 있다. 두 번째 옵션은 호스트 및 컨테이너 포트의 매핑을 위해 --publish 플래그를 명시적으로 사용하는 것이다. 예를 들어, --publish=8080:80과 같이 사용하면 그림 2.17과 같이 호스트의 포트 8080이 컨테이너의 포트 80에 매핑될 것이다. 마이크로서비스는 비즈니스 운영을 위해 구현되기 때문에, 이를 위한 API를 갖고 외부 세계로부터 접근 가능해야 한다. 이를 지원하기 위해, 도커 및 컨테이너 오케스트레이션 도구들은 실행 중인 컨테이너를 안정적으로 제공하는 한편, 네트워크 액세스도 가능하게 한다.

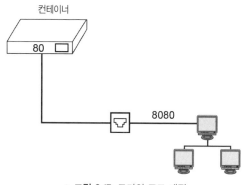

▲ **그림 2.17** 도커의 포트 매핑

볼륨 매핑: 도커는 컨테이너에 영구적인 데이터$^{persistent\ data}$를 갖지 못하도록 설계됐다. 컨테이너의 쓰기 가능한 계층에 저장된 데이터는 컨테이너가 중지되면 더는 사용할 수 없게 된다. 이 문제를 해결하기 위해 도커는 docker run 커맨드에 볼륨 마운트$^{volume\ mount}$ 옵션을 제공한다. docker run 커맨드에 --volume 플래그를 사용하면 호스트의 파일시스템에서 파일이나 폴더를 마운트할 수 있다. 예를 들어, --volume=/var/data::/db/data 플래그는 호스트 시스템의 /var/data 폴더를 컨테이너의 /db/data 폴더에 마운트한다. 마운트된 파일과 폴더는 컨테이너 내부에서 쓰기가 가능해지고, 컨테이너를 재시작할 때 재사용할 수 있도록 구성된다.

호스트 시스템에서 마운트된 볼륨과 메모리상의 임시 스토리지는 그림 2.18을 참고한다. 일시적인 비즈니스 운영을 위해 컨테이너를 고려할 수 있으며, 추가로 볼륨 기능을 활용한 컨테이너화를 통해 데이터베이스와 같은 스테이트풀 애플리케이션의 실행 및 관리 또한 가능하다.

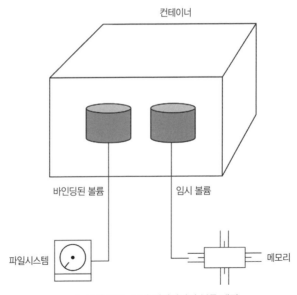

▲ **그림 2.18** 도커 컨테이너의 볼륨 매핑

다음 실습에서는 호스트의 볼륨 매핑 및 포트 공유 기능을 사용해 이전 실습에서 생성한 웹 서버 도커 이미지를 실행해볼 것이다. 이를 통해, 컨테이너가 대규모로 실행될 때 데이터와 네트워크를 관리하는 방법을 소개한다.

실습 7: 볼륨 매핑 및 포트 공유 기능을 사용한 도커 컨테이너 실행하기

이번 실습에서는 호스트의 볼륨 매핑과 포트 공유를 사용해 웹 서버 컨테이너를 실행하는 것을 목표로 한다.

실습을 완료하기 위해서는 다음의 단계들을 수행해야 한다.

1. index.html이라는 이름으로 텍스트 파일을 생성한 뒤, 다음 내용을 입력한다.

   이 파일은 Hello DevOps World 헤더를 포함한 간단한 HTML 구문으로 구성된다.

   ```html
   <html>
     <body>
       <h1> Hello DevOps World </h1>
     </body>
   </html>
   ```

    이번 실습에서 사용한 index.html 파일은 https://github.com/TrainingByPackt/Introduction-to-DevOps-with-Kubernetes/blob/master/Lesson02/index.html에서 확인할 수 있다.

2. 다음 커맨드를 사용해 컨테이너를 시작해보자.

   ```
   docker run -it \
   -p 8080:8080 \
   -v ${PWD}:/usr/apps/hello-world/ \
   <USERNAME>/webserver:latest
   ```

```
/devops $ docker run -it -p 8080:8080 -v $PWD:/usr/apps/hello-world/ onuryilmaz/webserver:latest
Starting up http-server, serving ./
Available on:
  http://127.0.0.1:8080
  http://172.18.0.2:8080
Hit CTRL-C to stop the server
```

▲ 그림 2.19 docker run 커맨드의 출력 화면

위의 커맨드를 통해 볼륨은 현재의 작업 경로($PWD)가 /usr/apps/hello-world/로 매핑되고, 해당 경로를 기준으로 컨테이너 내부에서 웹 서버가 실행되고 있다. 또한 호스트 시스템의 포트 8080이 컨테이너의 포트 8080에 매핑된다. 이는 호스트 시스템의 8080 포트를 통해 컨테이너에 접속할 수 있음을 나타낸다.

3. 다음과 같이 다른 터미널을 열어 실행 중인 컨테이너를 확인해보자.

```
docker ps
```

```
/devops $ docker ps
CONTAINER ID   IMAGE                      COMMAND                CREATED          STATUS          PORTS                    NAMES
2378ee1492dc   onuryilmaz/webserver:latest "http-server -p 8080"  About a minute ago  Up About a minute  0.0.0.0:8080->8080/tcp   unruffled_buck
/devops $
```

▲ 그림 2.20 docker ps 커맨드의 출력 화면

약 1분이면 게시된 포트와 함께 <USERNAME>/webserver의 인스턴스가 표시될 것이다.

4. 브라우저에서 다음과 같이 http://localhost:8080을 열어보자.

localhost:8080

← → C ⓘ localhost:8080

Hello DevOps World

▲ 그림 2.21 브라우저에서 웹 서버 확인하기

웹 서버가 작동 중이고 호스트의 포트 매핑을 통해 컨테이너에 접속할 수 있음을 알 수 있다. 또한 브라우저 화면에 1단계에서 작성된 파일이 표시되며, 이는 볼륨 매핑이 작동 중임을 나타낸다.

5. Ctrl + C 커맨드를 사용해 2단계에서 실행한 컨테이너를 중지시킨다.

이번 실습에서는 호스트 시스템에서 접속 가능한 스테이트풀 컨테이너를 실행하는 방법을 소개했다. 다음 실습에서는 도커 컨테이너와 워드프레스 블로그 인스턴스를 사용해 데이터베이스에 연결해보고, 실행 시 일관성을 보장하는 스테이트풀 데이터베이스 인스턴스를 만들어볼 것이다.

활동 2: 도커를 사용해 워드프레스 블로그와 데이터베이스 설치하기

이번 활동의 목적은 도커 컨테이너를 사용해 MySQL 데이터베이스와 워드프레스 블로그를 설치하고 관리하는 것이다. 워드프레스는 PHP를 기반으로 하는 무료 오픈소스 콘텐츠 관리 시스템이다. 워드프레스를 사용하려면 사용자 및 콘텐츠 관리를 위한 데이터 소스로서 MySQL 데이터베이스의 설치가 필요하다. 이번 활동에서 데이터베이스 컨테이너와 블로그 컨테이너는 휘발성으로 존재하지만, 영구 데이터는 호스트 시스템에 보관해야 한다. 또한 이 두 컨테이너는 도커의 기능을 활용해 서로 상호작용하도록 구성될 것이다.

 워드프레스는 인터넷상에서 가장 인기 있는 콘텐츠 관리 시스템으로, 2018년 4월 기준 상위 1000만여 개의 웹사이트 중 30.6%를 포함해 6천만 개 이상의 웹사이트에서 사용 중이다 (https://wordpress.org/에서 확인 가능하다).

MySQL은 1995년에 공개된 오픈소스 관계형 데이터베이스로서, 600만 회 이상 설치된 가장 널리 사용되는 데이터베이스 관리 시스템 중 하나다(https://www.mysql.com/에서 확인 가능하다).

이번 장의 이전 실습에서 도커 커맨드를 사용해 2개의 컨테이너를 실행하고 서로 통신하게 할 수 있음을 확인했다. 워드프레스 컨테이너가 성공적으로 시작되면 다음과 같이 설치 화면이 표시될 것이다.

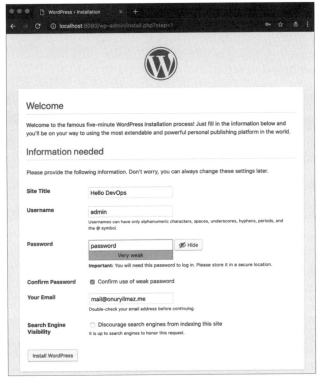

▲ **그림 2.22** 설치 단계에 따라 워드프레스 설치하기

설치하면 다음과 같이 새 블로그가 실행될 것이다.

▲ **그림 2.23** 워드프레스 블로그의 홈페이지

실습을 완료하기 위해서는 다음의 단계들을 수행해야 한다.

1. data라는 이름의 폴더를 생성한다. 이 폴더를 이용해 다음 단계에서 데이터베이스의 스테이트풀 상태를 유지하게 할 것이다.

2. 공식 도커 이미지를 사용해 다음 사양에 따라서 MySQL 컨테이너를 실행해보자.

   • 1단계에서 생성한 data 폴더를 데이터베이스 파일로 사용한다.

   • 포트 3306을 로컬 시스템에 게시한다.

   • MYSQL_ROOT_PASSWORD 환경 변수를 rootPassword로 설정한다.

   • MYSQL_DATABASE 환경 변수를 database로 설정한다.

   • MYSQL_USER 환경 변수를 user로 설정한다.

   • MYSQL_PASSWORD 환경 변수를 password로 설정한다.

   • mysql을 컨테이너 이름으로 사용한다.

   • 컨테이너 이미지는 mysql:5.7을 사용한다.

   MySQL 컨테이너에서 [Note] mysqld: ready for connections와 같은 로그 메시지가 출력될 때까지 기다리자.

3. 다음 사양을 사용해 워드프레스 컨테이너를 시작해보자.

   • 컨테이너의 80번 포트를 호스트 시스템의 8080번 포트에 게시한다.

   • db 이름으로 mysql 컨테이너를 연결한다.

   • WORDPRESS_DB_HOST 환경 변수를 db:3306으로 설정한다.

   • WORDPRESS_DB_NAME 환경 변수를 database로 설정한다 .

   • WORDPRESS_DB_USER 환경 변수를 user로 설정한다.

   • WORDPRESS_DB_PASSWORD 환경 변수를 password로 설정한다.

   • WordPress를 컨테이너 이름으로 사용한다.

   • 최신의(latest) 워드프레스 컨테이너 이미지를 사용한다.

4. 브라우저에서 http://localhost:8080을 열고, 워드프레스 설정 양식을 작성한다.

5. 브라우저에서 http://localhost:8080을 열어 새 블로그가 컨테이너에서 실행 중인지 확인해보자.

6. 실행 중인 컨테이너를 중지하고, data 폴더를 제거하자.

 이번 활동의 해결 방법은 333페이지에서 확인할 수 있다.

이번 활동에서는 도커를 사용해 어떻게 동일한 호스트에서 워드프레스 블로그와 데이터베이스를 운영하는지 소개했다. 이러한 단일 인스턴스의 블로그를 실행하는 기본적인 활동을 통해, 클라우드 환경에서 수백 개의 블로그와 데이터베이스를 실행하고 관리하는 일이 얼마나 어려운지 상상할 수 있었을 것이다. 예를 들어, 2개의 블로그 컨테이너가 동일한 HTTP 포트를 사용하고 동일한 호스트에서 실행 중이라면 이는 근본적인 문제가 될 수 있다. 또한 볼륨 매핑 중인 데이터베이스 컨테이너의 노드가 손상된 경우 어떤 문제가 발생할지 고려해야 한다. 이 경우 컨테이너는 다른 노드에서 다시 실행할 수 있지만 해당 노드에는 전혀 데이터가 없을 것이다. 이와 같은 운영상의 문제는 신뢰할 수 있고 확장 가능한 애플리케이션의 실행을 위해 이미 쿠버네티스에 의해 받아들여지고 있다. 좀 더 자세한 내용은 3장 '쿠버네티스 소개'에서 설명한다.

▮ 요약

2장에서는 먼저 마이크로서비스 아키텍처를 설명하고 이를 일체형 애플리케이션과 비교해 설명했다. 또한 클라우드 네이티브 환경에서 마이크로서비스를 실행하기 위한 개발과 구축, 테스트, 그리고 런타임 환경에 대한 기존의 방법론이 어떻게 실패할 수 있는지를 논의했다. 다음으로 컨테이너를 자세히 살펴보고, 왜 마이크로서비스를 위한 사실상의 솔루션이 됐는지 알아봤다. 이에 따라 컨테이너 런타임 환경을 제시하면서 함께 도커를 소개했다. 도커 엔진, 클라이언트, 이미지 및 컨테이너 용어를 비롯해 도커 컨테이너의 기본 개념을 다뤘다. 이론적 배경을 소개하고, 이에 따라서 도커 이미지를 빌드하고 이를 레지스트리에 저장해봤다. 마지막으로 호스트 시스템의 볼륨과 포트를 공유해 도커 컨테이너를 실행했다. 이번 장의 마지막 부분에서는 여러 개의 컨테이너가 어떻게 조화롭게 동작하는지 보여주기 위해, 도커 컨테이너를 사용해 상태가 저장되는(스테이트풀) MySQL 데이터베이스와 워드프레스 블로그를 생성했다.

이 과정에서 도커의 개념과 운영 면의 지식을 장 전체에 걸쳐 논의했고, 이는 쿠버네티스를 다루는 3장에서 다시 소개한다. 도커는 쿠버네티스의 기본 컨테이너 런타임이기 때문에, 2장에서 다룬 도커에 대한 기본적인 지식과 실습을 통한 경험은 3장에서도 중요하게 작용할 것이다.

쿠버네티스 소개

학습 목표

3장을 끝까지 학습하면 다음을 수행할 수 있다.

- 쿠버네티스 아키텍처의 각종 기능을 이해할 수 있다.
- 로컬 환경에 쿠버네티스 솔루션을 설치하고 클러스터를 만들 수 있다.
- 그래픽 및 커맨드라인 인터페이스$^{CLI, command-line interface}$를 사용해 쿠버네티스 클러스터에 액세스할 수 있다.
- 쿠버네티스의 빌딩 블록 개념을 알고 작업을 수행할 수 있다.
- 쿠버네티스 클러스터에 실제 애플리케이션을 설치할 수 있다.

3장에서는 쿠버네티스를 소개할 것이다. 쿠버네티스의 역사와 아키텍처, 그리고 앞으로 여러 장에 걸쳐 등장할 쿠버네티스의 주요 개념들을 다룰 것이다.

▌ 소개

컨테이너에서 마이크로서비스 애플리케이션을 실행함으로써 확장성, 안정성, 견고성과 관련된 문제들을 해결할 수 있다. 반면, 단점 또한 존재한다. 2장에서는 데이터베이스 및 블로그 애플리케이션이 도커 컨테이너에서 실행됐다. 만약 다수의 서버에서 여러 데이터 베이스와 블로그를 실행하고자 한다면, 추가로 고려해야 할 과제들이 나타날 것이다. 먼저, 데이터베이스와 블로그 인스턴스 간의 통신이 가능하도록 네트워크를 구성해야 한다. 여기에 데이터베이스 인스턴스의 스토리지는 데이터가 유실되지 않도록 구성돼야 할 것이다. 게다가, 애플리케이션과 하드웨어 수준에서 오류를 처리할 수 있는 방법이 요구될 것이다. 쿠버네티스는 이러한 모든 문제를 해결하고 한 발 더 나아가, 컨테이너에서 마이크로서비스 애플리케이션을 확장 가능하고 신뢰할 수 있으며 견고한 방법으로 실행하기 위한 해결책이 될 것이다. 3장에서는 우선 쿠버네티스의 역사와 아키텍처를 제시한다. 다음으로 쿠버네티스 클러스터에 액세스하는 방법을 다뤄본 뒤, 마지막으로 쿠버네티스 개념과 리소스를 소개할 것이다.

쿠버네티스란 무엇인가?

쿠버네티스는 그리스어로 선장을 의미한다. 실제로 선박들이 해외로 엄청난 숫자의 컨테이너를 운반하고 있다는 점을 감안하면, 데이터 센터의 바다에서 컨테이너를 관리한다는 의미로 탁월한 비유라고 할 수 있다. 쿠버네티스는 개발자 커뮤니티나 소스 코드 등에서 'k'와 's' 사이에 8개의 문자가 존재한다는 의미로 k8s라고 줄여서 표현하기도 한다. 쿠버네티스는 2014년, 구글의 후원으로 시작된 오픈소스 프로젝트다. 약 15년간, 검색 또는 지메일Gmail을 포함한 거의 대부분의 구글 제품들을 컨테이너를 사용해 관리해온 축적된 경험의 결과물이기도 하다.

기술적인 측면에서 보면 쿠버네티스는 컨테이너의 실행 및 관리를 목적으로 하는 플랫폼이다. 쿠버네티스는 쿠버네티스 클러스터 위에 컨테이너들의 집합으로 정의된 마이크로서비스 애플리케이션의 실행을 가능하게 한다. 또한 확장성 및 고가용성을 제공하기 위해 컨테이너의 전체 수명주기에 중점을 둔다. 쿠버네티스를 사용하면, 데이터베이스 애플리케이션의 인스턴스 수와 외부 서비스와의 상호작용을 위한 포인트를 정의할 수 있다. 또한 수동 혹은 사용 수준에 따라 복제된 컨테이너의 수를 추가하거나 줄일 수 있으며, 새 업데이트를 배포하거나 고객의 요청을 리다이렉션할 수 있다. 쿠버네티스는 높은 수준의 유연성과 안정성을 지니고 복잡한 클라우드 네이티브 애플리케이션들을 정의 및 관리하기 위한 빌딩 블록을 제공한다.

현재 시장에는 메소스^Mesos, 도커 스웜^Docker Swarm, 아마존 엘라스틱 컨테이너 서비스^Amazon Elastic Container Service, 쿠버네티스 같은 다양한 컨테이너 오케스트레이션 도구가 존재한다. 이러한 모든 도구는 활발한 커뮤니티를 갖고 있으며, 많은 조직이 이들을 채택해 사용 중이다. 그러나 쿠버네티스는 다양한 도구 중에서도 구글의 지원 및 깃허브^GitHub, 고대디^GoDaddy, 워크데이^Workday를 비롯한 다수의 성공 사례들과 시장에서의 인기 등, 다른 도구들과 차별화된다.

또한 깃허브에 76,000개 이상의 커밋과 사용자로부터 거의 50,000여 개의 별점을 획득한 쿠버네티스는 그림 3.1에서 알 수 있듯이 가장 인기 있는 오픈소스 저장소다. 업계에서의 엄청난 인기와 빠른 적용은 쿠버네티스가 사실상의 표준 컨테이너 관리 솔루션으로 자리 잡게 만들었다.

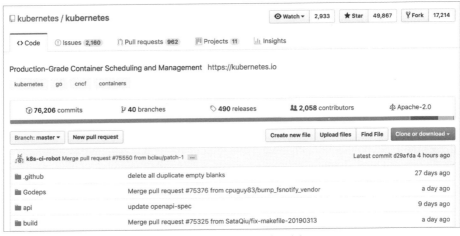

▲ **그림 3.1** 쿠버네티스 깃허브 저장소

다음 절에서는 어떻게 쿠버네티스가 컨테이너상의 마이크로서비스를 관리하는지 전반적인 개념을 파악하기 위해 쿠버네티스 아키텍처를 다룰 것이다.

▌ 쿠버네티스 아키텍처

쿠버네티스는 서비스를 제공할 준비가 끝난 컨테이너 애플리케이션을 강건하고 안정적으로 실행할 수 있게 해주는 다양한 컴포넌트들로 구성된 정교한 플랫폼이다. 쿠버네티스가 어떻게 작동하고 왜 그렇게 성공했는지 이해하기 위해서는 아키텍처와 디자인을 먼저 이해하는 것이 중요하다. 쿠버네티스는 클라우드 또는 온프레미스 시스템상의 클러스터에서 애플리케이션을 실행하도록 디자인됐다. 가상, 혹은 물리 서버 인스턴스들은 이러한 클러스터상에서 공유 네트워크와 함께 사용되는 것으로 조화롭게 작동한다. 이는 모든 쿠버네티스 컴포넌트와 사용자 애플리케이션이 구성 및 실행되는 실제 환경에 해당한다.

하나의 쿠버네티스 클러스터상에 존재하는 서버들은 기본적으로 **마스터**master와 **노드**node라는 두 가지 역할을 할당받는다. 마스터 역할을 할당받은 서버는 쿠버네티스 중앙의 관리 센터로서, 컴포넌트들을 실행하게 된다. 쿠버네티스는 고가용성을 실현하기 위해 둘 이상의 마스터 서버를 가질 수 있으며, 마스터 서버는 쿠버네티스 API 서버와 키/값 저장소key/value store, 그리고 스케줄러 및 컨트롤러의 실행을 담당한다. 이러한 컴포넌트는 외부 환경과 상호작용하고, 클러스터 혹은 사용자 요청의 변화를 기반으로 결정을 내리는 쿠버네티스의 두뇌를 형성한다. 클러스터의 다른 서버에는 노드로서의 역할이 할당되고 컨테이너를 사용해 워크로드를 실행한다. 노드 서버는 마스터로부터 정의된 워크로드를 수신하고, 그에 따라 컨테이너를 작성하거나 갱신 또는 삭제하는 역할을 수행할 것이다. 또한 노드는 컨테이너에 필요한 네트워크와 스토리지를 형성하고, 노드 간에 트래픽을 전송한다.

마스터와 노드 컴포넌트들을 포함하는 쿠버네티스는 쿠버네티스 API를 통해 제공된 애플리케이션의 원하는 상태를 기반으로 작동한다. 그 예로서, JSON 또는 YAML을 사용한 선언적인 워크로드 정의를 마스터 서버의 쿠버네티스 API에 전송할 수 있다. 마스터 컴포넌트들은 필요한 스토리지와 네트워크, 컴퓨팅 리소스 등의 정의들을 좀 더 다양하게 적용할 수 있도록 지원하고, 이 정의들은 실행을 위해 노드로 전송된다. 노드 인스턴스는 컨테이너화된 애플리케이션을 실행하고, 상태를 지속적으로 점검하는 동작을 통해 정의된 계획을 실행한다. 결론적으로, 쿠버네티스 클러스터는 실제 상태를 변경하고 테스트하는 동작을 통해 JSON이나 YAML에 정의된 상태로의 변경을 시도한다. 다음 절에서는 그림 3.2와 같이 마스터 서버와 노드 서버의 컴포넌트를 자세히 설명할 것이다.

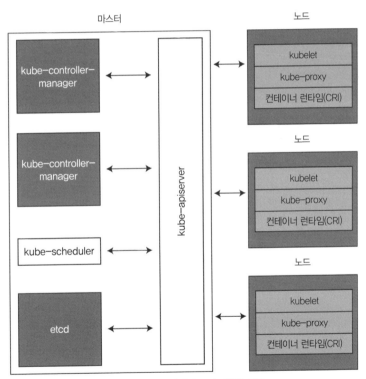

▲ **그림 3.2** 쿠버네티스 아키텍처 개요

마스터 컴포넌트

쿠버네티스의 마스터 컴포넌트, 혹은 **컨트롤 플레인**^{control plane}으로 불리는 이 영역은 API 운영부터 인증, 스케줄 및 네트워킹 등의 기능을 제공하는 서비스들의 집합을 뜻한다. 이러한 컴포넌트들은 단일 서버, 혹은 여러 서버에 분산시켜 설치할 수 있다. 컨트롤 플레인 컴포넌트들과 그들 간의 상호작용은 다음과 같다.

etcd

etcd는 쿠버네티스의 데이터 저장소로서 모든 구성 및 런타임 정보, 그리고 상태가 저장된다. 실제 상태와 희망하는 리소스의 상태 정보는 마스터 컴포넌트 중에서 유일한 스테이트풀 컴포넌트인 etcd에 저장된다. etcd는 코어OS^{CoreOS}에서 개발한 오픈소스 키/값 저장소이자, 쿠버네티스를 신뢰할 수 있게 만드는 중요한 컴포넌트 중 하나다. etcd는 다수의 마스터 서버에 설치될 수 있으며, 또한 쿠버네티스 클러스터의 내부까지 접근할 수 있다.

kube-apiserver

kube-apiserver는 사용자와의 상호작용과 상태 정보의 교환을 위한 쿠버네티스 클러스터의 중앙 관리형 인터페이스다. REST API 서버로서 데이터를 보내고 받을 수 있다. 모든 워크로드 정의가 이 API 서버로 전송되고, etcd의 데이터 저장을 처리한다. 쿠버네티스는 API 동작에 기반한 플랫폼이므로, kube-apiserver는 컨트롤 플레인에서 가장 중요한 컴포넌트라고 할 수 있다.

kube-controller-manager

kube-controller-manager는 리소스의 수명주기를 관리하기 위한 쿠버네티스의 일반적인 패턴이다. 변경사항이 발생하면 컨트롤러가 새로운 정보를 찾아낸다. 그런 다음, 원하는 상태로 변경하기 위해 필요한 사항을 구현할 것이다. 예를 들면, 사용자에 의해 애플리케이션이 확장^{scale up}됐을 때 데이터는 kube-apiserver로 전송되고 etcd에 저장된다. 해당 리소스의 컨트롤러 매니저는 추가 인스턴스들을 생성한다. kube-controller-manager는 쿠버네티스의 리소스들을 관리하는 컨트롤러의 집합으로 구성된다.

kube-scheduler

kube-scheduler는 용량과 요구사항, 인프라 환경 등을 고려해 워크로드 컨테이너들을 노드에 할당한다. 할당되지 않은 워크로드들을 조사하고, 이를 할당할 적절한 노드들을 찾는 동작을 반복적으로 수행할 것이다.

cloud-controller-manager

쿠버네티스는 필수 인터페이스를 구현한 모든 클라우드 제공자에 설치할 수 있도록 설계됐다. AWS, 구글 클라우드^{Google Cloud}, 애저, 알리바바 클라우드, 또는 온프레미스상의 오픈스택^{OpenStack} 환경에서 쿠버네티스를 실행할 수 있다. cloud-controller-manager는 쿠버네티스의 리소스들을 클라우드 제공업체의 환경에 연결하기 위한 브리지 기능의 묶음이라고 할 수 있다. 예로서, 이 컨트롤러 매니저는 클라우드 환경을 기반으로 스토리지 및 네트워크 요구사항을 관리한다. cloud-controller-manager의 도움으로 쿠버네티스상에서 동작하는 애플리케이션들은 휴대성과 견고성을 가질 수 있다.

노드 컴포넌트

노드 컴포넌트는 쿠버네티스에서 워크로드를 실행하는 역할을 담당한다. 따라서 이들은 노드에 할당된 워크로드의 컨테이너, 네트워킹 및 스토리지 작업을 관리해야 한다. 노드 컴포넌트의 소개와 함께 컨트롤 플레인과 싱호작용을 아래에서 설명하고 있다.

컨테이너 런타임

컨테이너 런타임은 노드 서버에서 워크로드를 컨테이너로 실행하기 위해 필요하다. 이는 **컨테이너 런타임 인터페이스**^{CRI, Container Runtime Interface}와 **도커**^{Docker}, rkt, runc 같은 쿠버네티스 환경에서 지원하는 컨테이너 런타임을 통해 구현될 것이다. 컨테이너 런타임의 주요 기능은 정의된 상태에 따라 쿠버네티스상에서 컨테이너를 시작하고, 삭제하거나 상태를 확인하는 것이다.

kubelet

kubelet은 컨트롤 플레인에서 정보를 수집하고 노드의 리소스를 관리하는 서버에서 실행되는 기본 서비스다. kubelet은 컨트롤 플레인과 통신해 정의된 상태 정보를 얻고, 컨테이너 런타임에 커맨드를 보내 현재 상태를 정의된 상태로 변환할 것이다.

kube-proxy

kube-proxy는 노드 서버에서 네트워크 영역을 담당하는 서비스다. 컨테이너와 호스트 시스템은 네트워크 측면에서 격리돼 있기 때문에 요청을 컨테이너로 전달하고 외부로부터 접근할 수 있도록 돕는 서비스가 필요한데, kube-proxy가 이 부분을 담당한다.

다음 실습에서는 로컬 환경에 쿠버네티스 솔루션이 설치되고, 클러스터의 시작과 함께 모든 마스터 및 노드의 컴포넌트가 실제로 표시될 것이다.

 다음 실습에서는 로컬 환경에서 사용 가능한 공식 쿠버네티스 솔루션인 미니쿠베(minikube)를 사용해볼 것이다. 가상 머신(VM)을 사용해 모든 쿠버네티스 클러스터를 실행할 것이므로 버추얼박스(VirtualBox) 같은 하이퍼바이저가 설치돼 있어야 한다.
• https://kubernetes.io/docs/tasks/tools/install-minikube/#install-a-hypervisor

실습 8: 로컬 쿠버네티스 클러스터 설치 및 실행하기

이번 실습에서는 로컬 쿠버네티스 솔루션을 설치 및 실행해보고 모든 마스터와 노드 컴포넌트를 확인할 것이다.

실습을 완료하기 위해서는 다음의 단계들을 수행해야 한다.

1. 로컬 터미널에서 커맨드를 실행해 사용 중인 운영체제에 맞는 미니쿠베를 다운로드한다.

```
# 리눅스
curl -Lo minikube https://storage.googleapis.com/minikube/releases/latest/
minikube-linux-amd64
# 맥OS
curl -Lo minikube https://storage.googleapis.com/minikube/releases/latest/
minikube-darwin-amd64
```

2. minikube 실행 파일을 다운로드한 뒤에 다음 경로로 이동한다.

```
chmod +x minikube
sudo mv minikube /usr/local/bin
```

3. 다음의 커맨드를 실행해 미니쿠베 클러스터를 시작해보자.

```
minikube start
```

```
/devops $ minikube start
minikube v0.35.0 on darwin (amd64)
Creating virtualbox VM (CPUs=2, Memory=2048MB, Disk=20000MB) ...
Downloading Minikube ISO ...
184.42 MB / 184.42 MB [============================================] 100.00% 0s
"minikube" IP address is 192.168.99.100
Configuring Docker as the container runtime ...
Preparing Kubernetes environment ...
Downloading kubeadm v1.13.4
Downloading kubelet v1.13.4
Pulling images required by Kubernetes v1.13.4 ...
Launching Kubernetes v1.13.4 using kubeadm ...
Waiting for pods: apiserver proxy etcd scheduler controller addon-manager dns
Configuring cluster permissions ...
Verifying component health .....
kubectl is now configured to use "minikube"
Done! Thank you for using minikube!
/devops $
```

▲ **그림 3.3** 미니쿠베 클러스터 시작하기

이 커맨드를 사용하면 미니쿠베 ISO 파일의 다운로드 상태에서 알 수 있듯이 VM 이미지가 먼저 다운로드된다. 그리고 나면 쿠버네티스 환경이 VM 내부에 구성될 것이다. 또한 필요한 모든 이미지와 도구가 VM 내에 다운로드되고 단일 노드 클러스터가 시작될 것이다.

4. 상태를 확인하고 클러스터가 실행될 때까지 기다리자.

```
/devops $ minikube status
host: Running
kubelet: Running
apiserver: Running
kubectl: Correctly Configured: pointing to minikube-vm at 192.168.99.100
/devops $
```

▲ **그림 3.4** 미니쿠베 상태 출력하기

5. 다음 커맨드를 통해 SSH로 미니쿠베 VM에 연결해보자.

```
minikube ssh
```

▲ **그림 3.5** 미니쿠베 VM에 액세스하기

이 커맨드를 사용하면 앞의 3단계에서 기동시킨 VM에서 커맨드를 수행할 수 있다.

6. 실행 중인 도커 컨테이너를 나열해 마스터 컴포넌트를 확인하자.

```
docker ps --format 'table {{.Image}}\t{{.Command}}'
```

```
$ docker ps --format 'table {{.Image}}\t{{.Command}}'
IMAGE                                       COMMAND
gcr.io/k8s-minikube/storage-provisioner     "/storage-provisioner"
k8s.gcr.io/pause:3.1                        "/pause"
fadcc5d2b066                                "/usr/local/bin/kube…"
k8s.gcr.io/pause:3.1                        "/pause"
f59dcacceff4                                "/coredns -conf /etc…"
f59dcacceff4                                "/coredns -conf /etc…"
k8s.gcr.io/pause:3.1                        "/pause"
k8s.gcr.io/pause:3.1                        "/pause"
k8s.gcr.io/kube-addon-manager               "/opt/kube-addons.sh"
dd862b749309                                "kube-scheduler --ad…"
3cab8e1b9802                                "etcd --advertise-cl…"
40a817357014                                "kube-controller-man…"
fc3801f0fc54                                "kube-apiserver --au…"
k8s.gcr.io/pause:3.1                        "/pause"
k8s.gcr.io/pause:3.1                        "/pause"
k8s.gcr.io/pause:3.1                        "/pause"
k8s.gcr.io/pause:3.1                        "/pause"
k8s.gcr.io/pause:3.1                        "/pause"
$
```

▲ **그림 3.6** 미니쿠베에서 실행 중인 컨테이너 확인하기

이 커맨드를 사용하면 모든 도커 컨테이너가 이미지 및 커맨드 항목과 함께 나열된다. 여기서 다음과 같이 마스터 컴포넌트를 확인할 수 있을 것이다.

컴포넌트	이미지	커맨드
etcd	3cab8e1b9802	etcd --advertise-cl...
kube-apiserver	fc3801f0fc54	kube-apiserver --au...
kube-controller-manager	40a817357014	kube-controller-man...
kube-scheduler	dd862b749309	kube-scheduler --ad...

▲ **그림 3.7** 마스터 컴포넌트와 해당하는 커맨드 확인하기

마스터 컴포넌트가 하나 누락돼 있는데, cloud-controller-manager가 바로 그것이다. 이는 미니쿠베가 AWS 또는 구글 클라우드 플랫폼^{Google Cloud Platform} 같은 클라우드 환경에서 실행되지 않았기 때문에, 예상된 결과라고 할 수 있다.

7. 실행 중인 프로세스를 나열해 노드 컴포넌트를 점검해보자.

```
pgrep -a kubelet && pgrep -a kube-proxy
```

```
$ pgrep -a kubelet && pgrep -a kube-proxy
3000 /usr/bin/kubelet --kubeconfig=/etc/kubernetes/kubelet.conf --hostname-override=minikube --cluster-domain=cluster.local --authori
zation-mode=Webhook --client-ca-file=/var/lib/minikube/certs/ca.crt --fail-swap-on=false --pod-manifest-path=/etc/kubernetes/manifest
s --allow-privileged=true --cluster-dns=10.96.0.10 --cgroup-driver=cgroupfs --container-runtime=docker --bootstrap-kubeconfig=/etc/ku
bernetes/bootstrap-kubelet.conf
4316 /usr/local/bin/kube-proxy --config=/var/lib/kube-proxy/config.conf --hostname-override=minikube
$
```

▲ **그림 3.8** 노드 컴포넌트 실행하기

도커와 이미 상호작용 중이기 때문에, 컨테이너 런타임이 시스템상에서 동작하고 있음을 예상할 수 있다. 또한 노드에서 kubelet 및 kube-proxy가 실행 중임을 알 수 있으며 모든 필수 마스터와 노드 컴포넌트가 단일 노드 로컬 클러스터에서 실행 중이다.

8. Ctrl + C를 입력해 5단계에서 액세스한 터미널에서 빠져나오자.

이번 실습에서는 단일 노드의 로컬 쿠버네티스 클러스터를 시작하는 방법을 소개했다. 또한 모든 마스터 및 노드 컴포넌트를 확인하고, 이를 통해 문제없이 작동할 것인지 예상할 수 있었다. 다음 절에서는 쿠버네티스 클러스터에 액세스해 클러스터의 상태를 확인하고, 워크로드를 클러스터로 전송해볼 것이다.

쿠버네티스 클러스터 액세스하기

쿠버네티스 클러스터에 액세스하는 것은 클라우드 네이티브 애플리케이션을 설치 및 운영하는 데 있어 중요한 단계다. 이번 절에서는 쿠버네티스 클러스터에 접근하기 위해 기본적인 두 가지 방법을 살펴볼 것이다. 첫 번째 방법으로 웹 기반의 쿠버네티스 사용자 인터페이스인 **쿠버네티스 대시보드**Kubernetes Dashboard를 소개한다. 두 번째 방법으로는 쿠버네티스 API에 액세스하기 위한 **쿠버네티스 CLI**, 즉 kubectl을 사용해볼 것이다. 쿠버네티스가 제공하는 다양한 API를 사용해 복잡한 클라우드 네이티브 애플리케이션을 설치 및 운영할 수 있다. 이는 RESTful API로 설계됐으며, 클라이언트 라이브러리는 물론, kubectl, **테라폼**Terraform, **앤서블**Ansible 같은 도구를 사용해 프로그래밍 방식으로 사용할 수 있다.

쿠버네티스 대시보드는 클러스터 내의 컨테이너화된 웹 애플리케이션을 통해서도 실행 가능한 공식 사용자 인터페이스다. 대시보드를 사용해 애플리케이션을 배포하고, 실행 중인 애플리케이션의 문제를 해결하고, 쿠버네티스 리소스의 상태를 확인할 수 있다. 또한 애플리케이션을 확장scale up 또는 축소scale down하거나, 인스턴스를 다시 시작하는 등 기본적인 클러스터의 관리와 운영 작업을 수행할 수 있다. 애플리케이션과 전체 클러스터의 상태를 쉽게 점검할 수 있는 매우 친숙한 도구다. 다음 실습에서는 대시보드에 액세스하고 애플리케이션의 상태를 모니터링하는 방법을 알아볼 것이다.

실습 9: 쿠버네티스 대시보드에서 애플리케이션의 상태 확인하기

이번 실습에서는 쿠버네티스 대시보드에 액세스해 실행 중인 애플리케이션의 상태를 확인할 것이다. 실습을 완료하기 위해서는 다음의 단계들을 수행해야 한다.

1. 터미널에서 다음 커맨드를 실행해 미니쿠베에서 실행 중인 클러스터의 쿠버네티스 대시보드에 액세스해보자.

```
minikube dashboard
```

```
/devops $ minikube dashboard
   Enabling dashboard ...
🤔 Verifying dashboard health ...
🚀 Launching proxy ...
🤔 Verifying proxy health ...
🎉 Opening http://127.0.0.1:51267/api/v1/namespaces/kube-system/services/http:kubernetes-dashboard:/proxy/ in your default browser.
```

▲ **그림 3.9** minikube dashboard 커맨드 수행 화면

위의 출력 화면은 대시보드가 사용 가능하며, 로컬 프록시가 시작됐음을 나타낸다.

2. 첫 단계에서 출력된 주소로 자동으로 이동하지 않는다면, 직접 주소를 입력해 페이지를 열어보자.

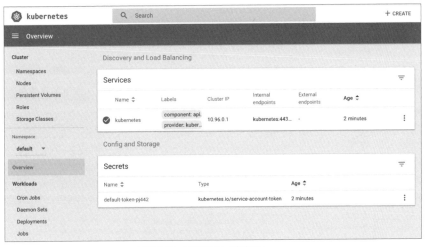

▲ **그림 3.10** 쿠버네티스 대시보드

3. default를 클릭하고, 드롭다운에서 kube-system 네임스페이스를 선택하자.

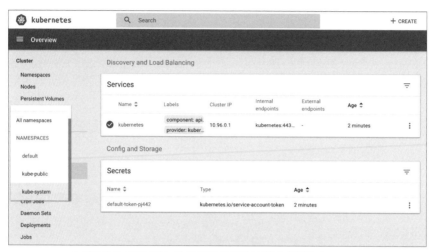

▲ 그림 3.11 쿠버네티스 대시보드에서 네임스페이스 변경하기

4. Pods 섹션이 보일 때까지 아래로 스크롤해 kube-apiserver-minikube를 클릭하자.

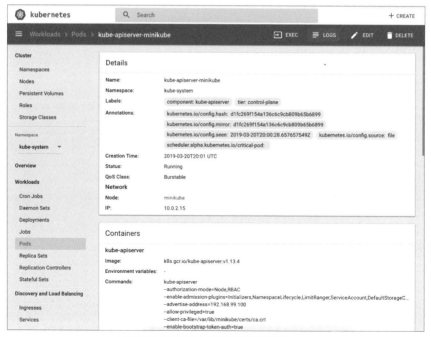

▲ 그림 3.12 쿠버네티스 대시보드의 파드 뷰

파드 뷰에는 컨테이너, 환경 변수, 커맨드 및 파드의 상태 정보를 포함해 kube-apiserver-minikube 파드의 모든 세부사항이 표시된다.

5. 파드 뷰 안의 헤더 메뉴에서 Logs를 클릭하자.

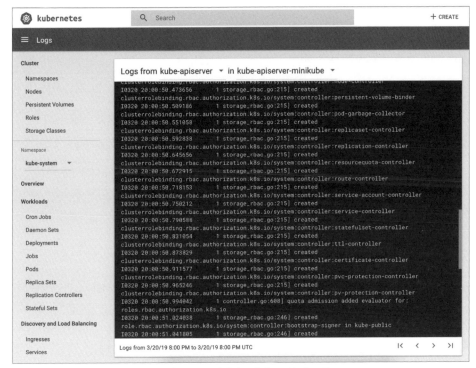

▲ 그림 3.13 쿠버네티스 대시보드의 파드 로그

이 화면에서는 애플리케이션이 로컬에서 실행 중인 것처럼 파드의 로그 스트림이 실시간으로 표시된다. 이를 통해 간단하게 애플리케이션의 상태를 검사하고 오류를 해결할 수 있다.

6. Ctrl + C를 눌러 1단계에서 시작한 프록시를 중지한다.

이번 실습에서는 쿠버네티스 대시보드에 액세스하고 실행 중인 애플리케이션의 로그를 확인하는 단계를 소개했다. 대시보드는 간편한 사용자 친화적인 도구이지만, 항상 프로그래밍 방식으로 쿠버네티스 API에 액세스해야 한다. 그래서 쿠버네티스는 쿠버네티스

API와 상호작용할 수 있는 오픈소스 공식 CLI 도구, kubectl을 제공한다. 이는 로컬 시스템에 설치할 수 있는 CLI 도구로서, 자격 증명을 사용해 모든 클러스터에 액세스할 수 있다. kubectl은 리소스 가져오기, 삭제, 편집과 같은 기본적인 작업뿐만 아니라, 클러스터 관리 및 문제 해결을 위한 작업까지 수행할 수 있는 강력한 도구다.

예를 들면, kubectl을 사용해 애플리케이션을 배포하거나 로그를 확인할 수 있으며, 로컬 시스템의 포트에 액세스하기 위한 프록시를 생성할 수 있다. 또한 노드를 예약 불가unschedulable 상태로 표시하거나, 리소스(CPU/메모리/스토리지) 사용 수준을 확인하는 등의 작업을 kubectl을 사용해 수행할 수 있다.

다음 실습에서는 kubectl과 클러스터 관리 커맨드를 살펴볼 것이다. kubectl은 쿠버네티스 클러스터 및 클라우드 네이티브 애플리케이션을 사용하고 관리하는 데 없어서는 안 되는 도구이므로, kubectl을 직접 만져보고 매일의 워크로드에 적용하는 것이 중요하다.

실습 10: kubectl을 사용해 클러스터 관리 수행하기

이번 실습에서는 kubectl을 사용해 쿠버네티스 API에 액세스하고, 클러스터 관리 커맨드를 실행해보는 것을 목표로 한다.

실습을 완료하기 위해서는 다음의 단계들을 수행해야 한다.

1. 로컬 터미널에서 다음 커맨드를 실행해 운영체제에 맞는 kubectl 실행 파일을 다운로드한다.

```
# 리눅스
curl -LO https://storage.googleapis.com/kubernetes-release/release/v1.13.0/
bin/linux/amd64/kubectl

# 맥OS
curl -LO https://storage.googleapis.com/kubernetes-release/release/v1.13.0/
bin/darwin/amd64/kubectl
```

2. 다운로드한 kubectl을 실행 가능하도록 변경한 뒤 다음의 경로로 옮기자.

```
chmod +x kubectl
sudo mv kubectl /usr/local/bin
```

3. 다음 커맨드를 통해 kubectl config를 확인해보자.

```
kubectl config current-context
```

▲ **그림 3.14** kubectl config의 current-context 출력 화면

출력된 결과를 통해 kubectl 컨텍스트가 올바르게 미니쿠베 클러스터에 구성됐음을 알 수 있다.

4. 다음 커맨드를 사용해 cluster-info를 확인해보자.

```
kubectl cluster-info
```

▲ **그림 3.15** kubectl cluster-info 출력 화면

이 출력에는 주 클러스터 컴포넌트와 해당하는 IP 주소가 나열된다. 위의 결과를 통해 잘못된 클러스터 컴포넌트가 있는지 여부를 확인하는 데 도움을 받을 수 있다.

5. 다음 커맨드를 사용해 클라이언트와 서버 버전을 가져오자.

```
kubectl version
```

```
/devops $ kubectl version
Client Version: version.Info{Major:"1", Minor:"13", GitVersion:"v1.13.0", GitCommit:"ddf47ac13c1a9483ea035a79cd7c10005ff21
a6d", GitTreeState:"clean", BuildDate:"2018-12-03T21:04:45Z", GoVersion:"go1.11.2", Compiler:"gc", Platform:"darwin/amd64"
}
Server Version: version.Info{Major:"1", Minor:"13", GitVersion:"v1.13.4", GitCommit:"c27b913fddd1a6c480c229191a087698aa92f
0b1", GitTreeState:"clean", BuildDate:"2019-02-28T13:30:26Z", GoVersion:"go1.11.5", Compiler:"gc", Platform:"linux/amd64"}
/devops $ 
```

▲ 그림 3.16 kubectl version 커맨드의 결과 출력 화면

이 커맨드는 쿠버네티스 API 서버와 kubectl 클라이언트의 버전을 나열하며,
API 요청과 응답 사이에 불일치가 존재하는지 확인할 때 유용하게 사용할 수
있다.

다음 커맨드를 사용해 지원되는 API 리소스를 가져와 보자.

```
kubectl api-resources -o name
```

```
/devops $ kubectl api-resources -o name
bindings
componentstatuses
configmaps
endpoints
events
limitranges
namespaces
nodes
persistentvolumeclaims
persistentvolumes
pods
podtemplates
replicationcontrollers
resourcequotas
secrets
serviceaccounts
services
mutatingwebhookconfigurations.admissionregistration.k8s.io
validatingwebhookconfigurations.admissionregistration.k8s.io
customresourcedefinitions.apiextensions.k8s.io
apiservices.apiregistration.k8s.io
controllerrevisions.apps
daemonsets.apps
deployments.apps
replicasets.apps
statefulsets.apps
tokenreviews.authentication.k8s.io
localsubjectaccessreviews.authorization.k8s.io
selfsubjectaccessreviews.authorization.k8s.io
selfsubjectrulesreviews.authorization.k8s.io
subjectaccessreviews.authorization.k8s.io
horizontalpodautoscalers.autoscaling
cronjobs.batch
jobs.batch
certificatesigningrequests.certificates.k8s.io
leases.coordination.k8s.io
events.events.k8s.io
daemonsets.extensions
deployments.extensions
ingresses.extensions
networkpolicies.extensions
podsecuritypolicies.extensions
replicasets.extensions
networkpolicies.networking.k8s.io
poddisruptionbudgets.policy
podsecuritypolicies.policy
clusterrolebindings.rbac.authorization.k8s.io
clusterroles.rbac.authorization.k8s.io
rolebindings.rbac.authorization.k8s.io
roles.rbac.authorization.k8s.io
priorityclasses.scheduling.k8s.io
storageclasses.storage.k8s.io
volumeattachments.storage.k8s.io
/devops $ 
```

▲ 그림 3.17 kubectl api-resources 커맨드의 출력 화면

그림 3.17의 긴 목록은 실행 중인 미니쿠베 쿠버네티스 클러스터가 지원하는 모든 리소스를 보여준다. 다음 절에서는 이 목록의 핵심 빌딩 블록 리소스를 소개할 것이다. 또한 이 책 전체에서 이 리소스들 대부분은 명시적으로, 때로는 묵시적으로 사용되거나 논의될 것이다.

이번 실습에서는 kubectl을 구성하고 사용하는 과정을 통해 쿠버네티스 API와 상호작용하는 방법을 살펴봤다. 대시보드와 kubectl은 일상적인 업무를 편리하게 하고, 작업을 자동화하기 위한 데브옵스 도구모음^{toolset}의 필수 요소라고 할 수 있다. 따라서 kubectl을 활용하고 별칭^{alias}과 바로가기를 생성해 사용자 환경에 통합하는 것을 추천한다. 다음 절에서 쿠버네티스는 워크로드를 관리하는 데 사용될 것이며, 첫 번째 쿠버네티스 리소스는 복잡한 클라우드 네이티브 애플리케이션의 빌딩 블록으로서 소개될 것이다.

쿠버네티스 기본 리소스

쿠버네티스는 확장 가능하고 강건한 클라우드 네이티브 애플리케이션의 수명주기 관리를 제공하기 위해 강력한 추상화를 제공한다. 마스터와 노드 컴포넌트는 이전 장에서 설명한 대로, 지속적인 동작을 통해 쿠버네티스 API와 클라이언트 도구의 사용자에 의해 정의된 워크로드의 상태를 유지할 수 있게 한다. 이번 절에서는 아직 소개하지 않은 쿠버네티스의 개념과 리소스를 기본 개념과 실제 사례를 통해 설명할 것이다.

파드

파드는 쿠버네티스 연산 객체의 빌딩 블록이다. 파드는 긴밀하게 결합돼 하나의 애플리케이션으로 취급되는 컨테이너들로 이뤄져 있다. 동일한 파드에 존재하는 컨테이너들은 볼륨과 네트워크 인터페이스를 공유하기 때문에 항상 동일한 노드에서 예약된다. 따라서 파드는 함께 작동하고 함께 확장 및 축소하는 등, 수명주기를 공유하는 캡슐화된 컨테이너의 집합이라고 할 수 있다.

파드는 단 하나의 컨테이너와 관련된 메타데이터 및 런타임 환경으로 정의할 수 있다. 다음의 파드 정의에 따르면, my-first-pod라는 이름의 파드가 표시될 것이다. 단일 컨테이너에서 busybox 도커 이미지를 사용해 Hello DevOps!를 출력하는 커맨드가 수행된다.

```
apiVersion: v1
kind: Pod
metadata:
  name: my-first-pod
spec:
  containers:
  - name: main
    image: busybox
    command: ['sh', '-c', 'echo Hello DevOps! && sleep 3600']
```

이 파드 정의를 제공하면, 쿠버네티스는 해당 파드를 클러스터의 노드에 할당한다. 각 노드에서 실행되는 kubelet 서비스는 정의된 요구사항을 참고해 컨테이너를 만들고, 컨테이너 런타임과의 상호작용을 통해 지속적으로 상태를 확인한다. 또한 파드 내에는 함께 작동하고 리소스를 공유해야 하는 컨테이너가 2개 이상 존재할 수 있다.

다음의 파드 정의에서는 2개의 컨테이너가 볼륨을 공유하도록 정의되고 있다. 또한 다음의 파드는 파일의 제공을 위해 하나의 main 컨테이너로서 nginx를 갖는 패턴을 따르고 있으며, 제공된 파일을 준비 및 관리하기 위한 sidecar 컨테이너인 debian을 갖고 있다.

```
apiVersion: v1
kind: Pod
metadata:
  name: multiple-containers
spec:
  volumes:
  - name: shared
    emptyDir: {}
  containers:
  - name: main
    image: nginx
```

```
  volumeMounts:
  - name: shared
    mountPath: /usr/share/nginx/html
- name: sidecar
  image: debian
  volumeMounts:
  - name: shared
    mountPath: /shared
  command: ["/bin/sh"]
  args: ["-c", "echo Hello from the sidecar container > /shared/index.html
&& sleep 3600"]
```

이번 파드 정의에 따르면, 비어 있는 볼륨은 shared라는 이름으로 정의돼 각기 다른 경로의 두 컨테이너로 마운트된다. debian 컨테이너는 이 볼륨의 index.html에 'Hello from the sidecar container'를 기록하는 반면에, nginx 컨테이너는 이 볼륨을 사용해 내용을 제공한다(그림 3.18 참조).

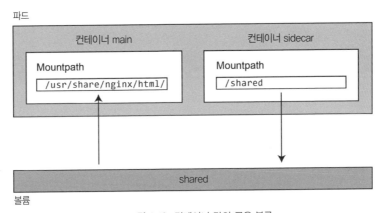

▲ **그림 3.18** 컨테이너 간의 공유 볼륨

파드는 쿠버네티스 리소스의 기본이 되는 중요한 빌딩 블록이기 때문에, 일반적으로 레플리카셋, 디플로이먼트, 스테이트풀셋 같은 더 높은 수준의 리소스로 관리된다. 다음 절에서는 이러한 상위 수준의 리소스와 함께 어떻게 이러한 리소스를 좀 더 정교하게 확장하고 수명주기의 관리 요구사항을 충족시킬 수 있는지 살펴볼 것이다.

레플리카셋

레플리카셋^{replication set}은 클러스터에서 실행 중인 복제본 파드의 집합을 유지 관리하는 쿠버네티스 리소스다. 쿠버네티스는 고가용성을 실현하고 지원할 수 있도록 설계됐다. 따라서 레플리카셋에 정의된 인스턴스와 동일한 파드 인스턴스가 클러스터에서 실행돼야 한다. 파드와 마찬가지로 레플리카셋은 디플로이먼트와 같은 수명주기 관리 리소스의 빌딩 블록이다. 다른 상위 수준의 리소스와 함께 리소스의 확대, 축소, 혹은 새 버전의 애플리케이션을 배포하는 데 사용된다. 레플리카셋의 정의는 파드의 사양을 캡슐화하고 있기 때문에 파드 정의와 유사하다.

```yaml
apiVersion: apps/v1
kind: ReplicaSet
metadata:
  name: high-available-hello
spec:
  replicas: 3
  selector:
    matchLabels:
      app: hello
  template:
    metadata:
      labels:
        app: hello
    spec:
      containers:
      - name: main
        image: busybox
        command: ['sh', '-c', 'echo Hello DevOps! && sleep 3600']
```

이번 레플리카셋 정의에 따르면, my-first-pod와 동일한 파드 사양이 사용됐음을 알 수 있다. 이 정의에서 replicas, matchLabels라는 두 가지 항목을 확인해보자.

replicas 항목은 클러스터에서 실행해야 하는 원하는 파드 수를 나타낸다. kube-controller-manager 내의 쿠버네티스 컨트롤러는 이 요청을 수행하기 위해 파드를 생성하고 관리한다.

matchLabels 항목은 복제해야 할 파드와 일치하는 레이블의 집합을 정의한다. 쿠버네티스의 레이블은 그룹화를 위해 쿠버네티스 리소스에 부착된 시맨틱 태그^{semantic tag}다. 컨트롤러는 이러한 레이블을 사용해 리소스 그룹을 대상으로 지정하거나 이를 관리한다. 예를 들어, 앞의 예시에서 레플리카셋 컨트롤러는 matchLabels와 함께 언급돼 있기 때문에, app:hello라는 레이블을 가진 파드의 수를 확인할 것이다.

레플리카셋은 클러스터 내에서 쿠버네티스 애플리케이션의 장애에 대한 가용성과 복원력을 높일 수 있게 돕는 기본적인 리소스라고 할 수 있다. 다음의 리소스를 설명할 때 레플리카셋은 더 높은 수준의 수명주기 요구사항을 달성하는 데 사용될 것이다.

디플로이먼트

디플로이먼트^{deployment}는 컨테이너 애플리케이션을 대규모로 좀 더 쉽게 관리할 수 있게 하는 가장 강력한 쿠버네티스 리소스 중 하나다. 사양은 파드 정의가 캡슐화돼 있는 레플리카셋과 유사하다.

```
apiVersion: apps/v1
kind: Deployment
metadata:
  name: my-first-deployment
  labels:
    app: nginx
spec:
  replicas: 3
  selector:
    matchLabels:
      app: nginx
  template:
    metadata:
      labels:
        app: nginx
    spec:
      containers:
      - name: nginx
```

```
image: nginx:1.7.9
ports:
- containerPort: 80
```

레플리카셋의 정의와 비슷해 보이지만, 디플로이먼트 리소스의 힘은 디플로이먼트 컨트롤러^{deployment controller}의 기능에서 비롯된다. 디플로이먼트를 생성하거나 사양에서 필드를 변경함으로써, 다음과 같이 수명주기를 관리할 수 있다.

- **새 애플리케이션 롤아웃**: 디플로이먼트가 쿠버네티스 API로 전송되면, 레플리카셋이 정의되고 애플리케이션이 클러스터로 배포된다.
- **실행 중인 애플리케이션에 대한 업데이트 롤아웃**: 디플로이먼트 사양을 변경하면, 이전 버전의 레플리카셋을 삭제하고 새 레플리카셋을 생성해 이러한 변경사항이 전파된다. 이 새로운 버전의 롤아웃은 전체의 %로 제어되고 관리되기 때문에, 다른 환경 변수를 파드 사양에 추가할 때 다운타임이 발생하지 않는다.
- **이전 버전으로 롤백**: 새로운 릴리스를 롤아웃하는 동안 문제가 발생하더라도, 디플로이먼트 컨트롤러는 기록을 저장하고 있으므로 언제든지 변경 내용을 롤백할 수 있다.
- **실행 중인 애플리케이션을 확장/축소**: 수동으로 확장 혹은 축소할 복제본의 수를 변경할 수 있다.

디플로이먼트는 복잡한 수명주기 작업을 가능하게 하는 상위의 쿠버네티스 리소스다. 이는 가장 일반적으로 사용되는 쿠버네티스 리소스로서 확장 가능하고 안정적이며, 고가용성의 워크로드를 배포하는 데 필수적이다. 다음 리소스에서는 쿠버네티스의 스테이트풀셋을 사용하는 데이터베이스와 같은 스테이트풀 애플리케이션을 다루는 방법을 설명할 것이다.

스테이트풀셋

쿠버네티스는 스테이트풀셋^{stateful set} 덕분에 상태가 저장되지 않는 임시 애플리케이션과 스테이트풀 애플리케이션에 모두 동일한 수준의 확장성과 견고성을 제공할 수 있다. 스테이트풀셋은 영구 볼륨persistent volume을 사용해 데이터베이스와 같은 데이터 지향data-oriented 애플리케이션의 높은 수준의 요구사항을 충족시킨다. 스테이트풀셋의 정의는 디플로이먼트와 유사하며, 다음과 같이 영구 볼륨을 생성하는 볼륨 클레임volume claim 부분을 포함한다.

```yaml
apiVersion: apps/v1beta2
kind: StatefulSet
metadata:
  name: my-first-statefulset
spec:
  selector:
    matchLabels:
      app: nginx
  serviceName: "nginx"
  replicas: 3
  template:
    metadata:
      labels:
        app: nginx
    spec:
      containers:
      - name: nginx
        image: nginx:1.7.9
        ports:
        - containerPort: 80
        volumeMounts:
        - name: www
          mountPath: /usr/share/nginx/html
  volumeClaimTemplates:
  - metadata:
      name: www
    spec:
      accessModes: [ "ReadWriteOnce" ]
      resources:
        requests:
          storage: 1Gi
```

my-first-statefulset이라는 이름의 영구 볼륨을 생성하고, www는 모든 파드의 인스턴스에 대해 생성돼 컨테이너 내부의 /usr/share/nginx/html에 마운트된다.

스테이트풀셋이 쿠버네티스 API로 전송되면, 컨트롤러는 정의된 볼륨을 이용해 정렬 파드를 생성한다. 스테이트풀셋은 파드가 다른 노드로 다시 예약될 때, 데이터 손실을 방지하는 스페셜 케어 기능을 제공한다. 이것은 그림 3.19에서 설명하고 있는 것처럼, 동일한 순서로 정렬된 볼륨이 동일하게 정렬된 파드에 바인딩되기 때문에 가능하다. 또한 스테이트풀셋이 축소되거나 삭제될 때, 이 파드에 연결된 볼륨은 시스템 내에 유지된다.

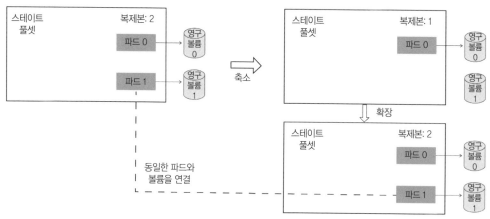

▲ **그림 3.19** 쿠버네티스의 스테이트풀셋과 볼륨 처리 방식

스테이트풀셋의 컨트롤러와 파드 및 볼륨의 순차적인 실행은 확장 가능하고 안정적인 방식으로 스테이트풀 애플리케이션을 쿠버네티스에서 실행할 수 있도록 돕는다. 파드, 레플리카셋, 디플로이먼트 및 스테이트풀셋의 모든 기본 리소스를 사용해 복잡한 클라우드 네이티브 애플리케이션을 쿠버네티스에 배포할 수 있다. 쿠버네티스 API 및 도구모음의 풍부한 기능을 사용하면 클라우드에서 이러한 애플리케이션의 운영 또한 가능하다. 다음 활동에서는 주요 리소스와 kubectl을 사용해 블로그 애플리케이션과 해당 데이터베이스가 쿠버네티스에 설치될 것이다.

활동 3: 쿠버네티스에 워드프레스 블로그 및 데이터베이스 설치하기

이번 활동의 목표는 쿠버네티스에서 MySQL 데이터베이스와 워드프레스 블로그를 클라우드 네이티브스럽게 설치하고 관리하는 것이다. 워드프레스는 PHP를 기반으로 한 무료 오픈소스 콘텐츠 관리 시스템이다. 사용자 및 콘텐츠 관리를 위한 데이터 소스로서 MySQL 데이터베이스가 필요하다. 이번 활동에서 데이터베이스와 블로그 컨테이너는 실제 시스템상에서 데이터를 유지하기 위해 상태를 유지stateful하도록 동작해야 한다.

스테이트풀셋 예제와 이전 kubectl 실습을 사용하면, 두 컨테이너가 실행 중이고 서로 통신하는 스테이트풀셋을 확인할 수 있을 것이다. 블로그가 쿠버네티스에서 실행될 것이기 때문에, kubectl의 포트 포워드port-forward 기능을 사용해 액세스해야 한다. 워드프레스 컨테이너의 초기화 성공과 함께, 다음과 같은 설정 화면을 볼 수 있을 것이다.

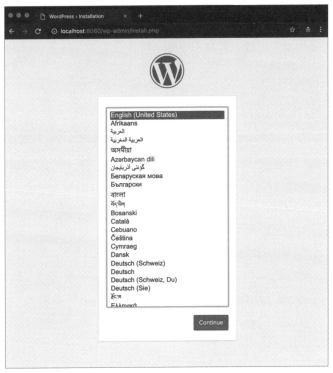

▲ 그림 3.20 설치 단계: 워드프레스 설치

설치가 끝나면 새 블로그 화면을 볼 수 있을 것이다.

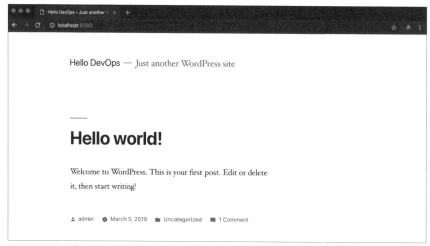

▲ 그림 3.21 홈페이지: 워드프레스 블로그

이번 활동을 완료하려면 다음 단계를 실행해야 한다.

1. 다음 사양을 참고해 wordpress-database.yaml 파일 내에 2개 컨테이너의 스테이트풀셋 정의를 생성한다.

   name 항목의 값을 wordpress-database로 하고, 복제본의 수는 1로 설정한다. 데이터베이스 컨테이너의 이름은 database로 하고, 컨테이너 이미지로는 mysql:5.7을 사용한다. 컨테이너를 3306 포트에 게시하고, data 볼륨을 /var/lib/mysql 경로에 마운트한다. 또한 다음과 같이 환경 변수를 설정한다.

변수명	값
MYSQL_ROOT_PASSWORD	rootPassword
MYSQL_DATABASE	database
MYSQL_USER	user
MYSQL_PASSWORD	password

   ▲ 그림 3.22 환경 변수

최신의 워드프레스 컨테이너 이미지를 사용해 blog라는 이름의 블로그 컨테이너를 만들고, 이 컨테이너를 80 포트에 게시한다. 또한 다음과 같이 환경 변수를 설정한다.

변수명	값
WORDPRESS_DB_HOST	127.0.0.1:3306
WORDPRESS_DB_NAME	database
WORDPRESS_DB_USER	user
WORDPRESS_DB_PASSWORD	password

▲ **그림 3.23** 환경 변수

data라는 이름의 1GB 스토리지를 가진 볼륨 클레임을 포함시킨다.

wordpress-database 스테이트풀셋을 쿠버네티스 클러스터에 배포해보자.

2. wordpress-database-0 파드의 상태를 확인하고 Ready 상태가 될 때까지 기다리자.

3. kubectl의 port-forward 커맨드를 사용해 블로그 컨테이너에서 로컬 시스템에 대한 프록시를 생성한다.

4. 브라우저에서 포워딩된 주소를 열고 워드프레스 설정 양식을 작성한다.

5. 브라우저에서 포워딩된 주소를 열고 새 블로그가 컨테이너에서 실행 중인지 확인한다.

6. 4단계에서 시작된 포트 포워딩을 중지하고, 스테이트풀셋을 삭제한다.

 이번 활동의 해결 방법은 337페이지에서 확인할 수 있다.

이번 활동을 통해 쿠버네티스 클러스터에서 워드프레스 블로그와 데이터베이스를 동작시켜봤다. 블로그와 데이터베이스의 경우, 스테이트풀셋만 정의해 클러스터로 전송했다. 스케줄링, 네트워킹 및 스토리지 작업은 쿠버네티스에서 불과 몇 초 만에 처리돼 블로그가 실행되는 것을 확인할 수 있었다. 또한 쿠버네티스는 항상 노드 오류를 확인하고, 데이터의 손실 없이 블로그와 데이터베이스를 다른 노드로 다시 예약할 수 있었다. 단일 블로그 인스턴스의 경우에도, 쿠버네티스 리소스와 컨트롤러가 확장 가능하고 안정적인 클라우드 네이티브 애플리케이션을 만드는 데 얼마나 강력한 기능을 갖고 있는지 보여준다.

▌ 요약

3장에서는 쿠버네티스의 특징과 함께 클라우드 네이티브 마이크로서비스 애플리케이션을 실행하기 위해 제공되는 필수 솔루션을 설명했다. 그런 다음, 쿠버네티스 아키텍처의 마스터와 노드 컴포넌트를 소개했다. 또한 쿠버네티스 로컬 솔루션을 설치해 쿠버네티스 아키텍처의 컴포넌트를 실제로 확인해봤다. 그리고 쿠버네티스 클러스터에 액세스해 워크로드를 보내고, 어떻게 쿠버네티스 대시보드와 CLI 도구를 사용해 실행 중인 애플리케이션의 문제를 해결할 수 있는지 소개했다.

마지막으로 파드, 레플리카셋, 디플로이먼트, 스테이트풀셋을 포함한 기본 쿠버네티스 리소스 집합을 설명했다. 또한 쿠버네티스가 이러한 리소스를 다루는 방법을 설명할 때 레이블의 중요성도 언급했다. 이 장의 마지막 부분에서는 잘 알려진 블로그 애플리케이션인 워드프레스가 스테이트풀셋으로 구성한 데이터베이스와 함께 쿠버네티스에 설치됐다.

3장에서 소개한 쿠버네티스의 기초를 바탕으로, 4장에서는 실제 제품 수준의 쿠버네티스 클러스터를 만들어 정교한 애플리케이션을 관리하는 방법을 다룰 것이다.

쿠버네티스 클러스터 만들기

학습 목표

4장을 끝까지 학습하면 다음을 수행할 수 있다.

- 신뢰할 수 있는 쿠버네티스 클러스터를 구축하기 위한 요구사항 및 과제를 분석할 수 있다.
- 쿠버네티스의 다양한 플랫폼 옵션을 설명할 수 있다.
- 최소한의 실행 가능한 쿠버네티스 클러스터를 만들 수 있다.
- 클라우드 환경에서 실제 제품 수준의 쿠버네티스 클러스터를 만들고 관리할 수 있다.

4장에서는 첫 쿠버네티스 클러스터를 만들고, 쿠버네티스의 플랫폼 옵션을 살펴볼 것이다.

소개

쿠버네티스는 개발자 참고북에서 온프레미스 베어 메탈 서버, 클라우드 플랫폼의 가상 머신에 이르기까지 다양한 환경에서 사용 가능한 유연한 플랫폼이다. 다양한 플랫폼에서 쿠버네티스를 설치하고 관리하는 데는 여러 분야의 지식과 노력이 필요하며, 이는 비즈니스 요구사항에 의해 크게 영향을 받는다. 따라서 쿠버네티스와 함께 데브옵스를 성공적으로 실현하기 위해서는 먼저 쿠버네티스 클러스터 설정 및 관리의 기본을 배우는 것이 중요하다. 3장에서는 쿠버네티스의 아키텍처와 빌딩 블록을 살펴봤다. 또한 쿠버네티스 클러스터 및 플랫폼 옵션을 좀 더 깊이 이해하기 위한 기반을 마련하기 위해 클러스터를 설치하고 액세스하는 방법을 살펴봤다. 이번 절에서는 우선 kubeadm을 이용해 사내의 수동 프로세스 세부 사항을 보여주기 위한 쿠버네티스 클러스터를 만들어본 다음, 쿠버네티스 플랫폼을 선택하기 위한 평가 기준을 살펴본다. 그 뒤, 다른 플랫폼을 살펴보고 실습을 통해 각각의 장단점을 알아볼 것이다. 마지막으로, 쿠버네티스 운영자가 직면하고 있는 상황이 얼마나 복잡한지 설명하기 위해 실제 제품 수준의 클러스터 관리 활동을 수행할 것이다.

수동으로 쿠버네티스 클러스터 설정하기

쿠버네티스는 상당히 정교한 시스템이다. 그러나 클러스터를 좀 더 쉽게 설정하고 관리할 수 있도록 개발자 경험에 의존하게 된다. kubeadm은 실용적이며 인증된 최소한의 클러스터를 빠르고 쉽게 만들 수 있는 공식 쿠버네티스 툴킷이다. 이 도구는 필요한 모든 마스터 및 노드 컴포넌트를 설치하는 데 사용할 수 있다. 다만, 클라우드에 종속되거나 대시보드처럼 애드온으로 제공되는 추가 기능들은 제외된다. kubeadm은 쿠버네티스 기반의 복잡한 솔루션에서 빌딩 블록으로 많이 사용된다. 또한 인프라를 프로비저닝할 수 없다는 점은 유의해야 한다. 반면, 고사양의 서버에서부터 라즈베리 파이^{Raspberry Pi}에 이르기까지 모든 플랫폼에서 실행 가능하다는 큰 장점이 있다.

쿠버네티스 클러스터를 만들기 위해서는 먼저 마스터를 초기화하고 나중에 모든 노드에 참가하는 것이 일반적인 접근 방식이다. 다음의 순서도를 참조해서 확인해보자.

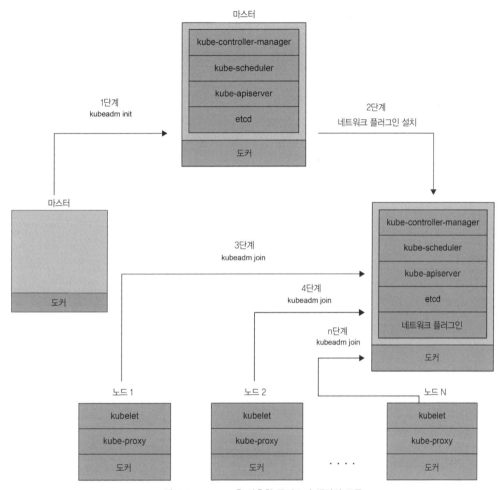

▲ **그림 4.1** kubeadm을 사용한 클러스터 생성의 흐름

그림 4.1의 첫 번째 단계에서 볼 수 있듯이, 마스터상에 완벽한 컨트롤 플레인이 실행된다. 필요에 따라 2단계에서는 네트워크 플러그인이 설치될 것이다. 마지막으로, 노드가 설치되면 그림 4.1에서처럼 3단계 및 4단계의 join 커맨드를 사용해 마스터에 자신을 등록한다. 다음 실습에서는 kubeadm을 사용해 수동으로 쿠버네티스 클러스터를 만드는 방

법을 알아볼 것이다. 또한 다음 절에서는 관리형, 혹은 턴키[turnkey] 방식의 자동화를 이용해 자동화나 추가적인 서비스 없이 어떻게 수행할 수 있는지 확인해본다.

실습 11: kubeadm을 사용해 쿠버네티스 클러스터 만들기

이번 실습에서는 kubeadm을 사용해 5 노드 쿠버네티스 클러스터를 만드는 것을 목표로 한다. 실습을 성공적으로 완료하기 위해서는 다음의 단계들을 수행해야 한다.

1. 브라우저에서 https://labs.play-with-k8s.com을 열고 이전 장의 깃허브 혹은 도커 자격 증명을 사용해 로그인한다.

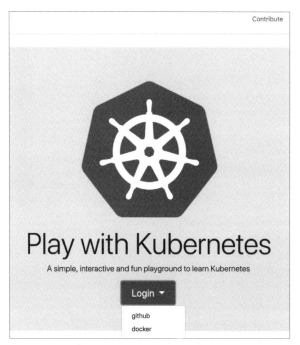

▲ **그림 4.2** Play with Kubernetes에 로그인하기

 labs.play-with-k8s.com은 쿠버네티스 클러스터 생성을 위해 도커가 무료로 제공하는 실습 콘텐츠 서비스다.

2. 다음의 단계를 완료해 labs.play-with-k8s.com의 브라우저 설정에서 팝업 및 리다이렉션을 활성화하자.

검색 주소창에서 자물쇠 아이콘을 클릭하고 Site settings를 선택한다.

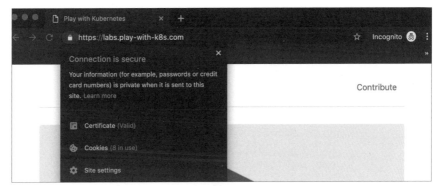

▲ 그림 4.3 크롬(Chrome) 브라우저의 웹사이트 설정 메뉴

Pop-ups and redirects 항목을 Allow로 설정한다.

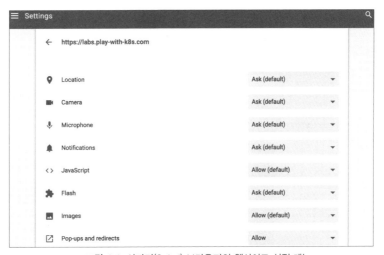

▲ 그림 4.4 사파리(Safari) 브라우저의 웹사이트 설정 메뉴

사파리 브라우저의 경우, 검색 주소창에 마우스 오른쪽 버튼을 클릭한 후, Settings for this Website를 선택하자. 다음으로 Allow for Pop-up Windows 항목을 선택한다.

Start 버튼을 클릭해서 세션을 만들자.

▲ **그림 4.5** Play with Kubernetes에서 세션 시작하기

3. **Add New Instance**를 클릭한 뒤 터미널이 로드될 때까지 기다리자.

▲ **그림 4.6** Play with Kubernetes에서 첫 번째 인스턴스 생성하기

4. 3단계에서 로드된 터미널에서 다음 커맨드를 사용해 node1을 마스터로 초기화
하자.

```
kubeadm init --apiserver-advertise-address $(hostname -i)
```

몇 분 안에 kubeadm은 모든 마스터 노드 컴포넌트를 다운로드하고 설치까지 완료
할 것이다.

▲ **그림 4.7** kubeadm init 커맨드의 출력 화면

5. 결과 화면에서 kubeadm join 커맨드를 복사해두고 다음 단계에서 사용하자.

   kubeadm init 커맨드의 출력 결과는 node1의 터미널에서 추적할 수 있다.

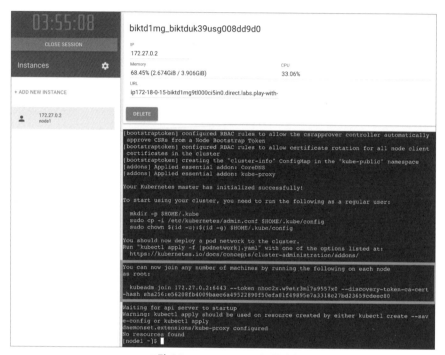

▲ **그림 4.8** kubeadm join 토큰 확인하기

6. 다음 커맨드를 사용해 클러스터 네트워크 설정을 초기화하자.

```
kubectl apply -n kube-system -f \
https://cloud.weave.works/k8s/net?k8s-version=$(kubectl version | base64|
tr -d '\n')
```

7. 네트워크의 설치 결과는 node1용 터미널에서 추적할 수 있다.

▲ 그림 4.9 클러스터 네트워크 설정

이 커맨드를 사용하면 쿠버네티스 클러스터의 마스터와 노드 간의 네트워크를 관리하는 플러그인이 설치된다.

8. Add New Instance를 클릭하고 node2에 터미널이 로드될 때까지 기다리자.

▲ 그림 4.10 Play with Kubernetes에서 두 번째 인스턴스 생성하기

9. 6단계에서 복사한 kubeadm join 커맨드를 사용해 클러스터에 node2를 등록하자.

 다음 커맨드는 샘플 토큰을 사용해 작성돼 있다. 6단계에서 생성한 토큰으로 수정해 사용하자.

```
kubeadm join 172.27.0.2:6443 --token nhoc2x.
w9etr3ml7s9557x0 --discovery-token-ca-cert-hash
sha256:e56208fb4009baec6a49522890f50efa81f49895e7a3318c27bd23659cdeec80
```

kubeadm join 커맨드의 출력은 node2용 터미널에서 추적할 수 있다.

▲ **그림 4.11** node2를 클러스터에 등록하기

이 커맨드를 사용하면 워커worker 노드가 초기화되고, 이 정보가 마스터 노드에서 실행 중인 API 서버에 등록된다.

10. 8단계, 9단계를 반복 수행해서 추가로 node3, node4, node5의 인스턴스를 생성해 클러스터에 등록하자.

▲ **그림 4.12** Play with Kubernetes에 등록된 다섯 인스턴스

11. node1에서 다음 커맨드를 실행한다.

```
kubectl get nodes
```

kubeadm get nodes 커맨드의 출력은 node1용 터미널에서 추적할 수 있다.

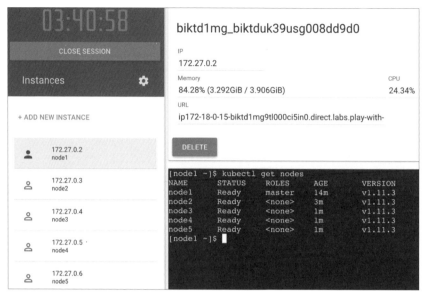

▲ **그림 4.13** 클러스터에 등록된 Ready 상태의 노드

해당 출력은 5개의 노드가 성공적으로 초기화되고 클러스터에 등록됐음을 나타낸다.

이 실습 환경에서와 같이 설정을 위한 인프라 요구사항을 직접 제공하는 한, kubeadm을 사용해 쿠버네티스 클러스터를 만드는 데 10~15분 정도가 소요된다.

12. CLOSE SESSION을 클릭해 실습 환경에서 모든 노드를 제거하자.

이번 실습에서는 수동으로 최소한의 실행 가능한 쿠버네티스 클러스터를 만드는 방법을 소개했다. kubeadm을 사용해 쿠버네티스 클러스터를 생성하는 것은 편리하지만 한편으로 문제도 있기 때문에, 제품 수준의 클러스터를 작성하려면 이를 먼저 해결해야 한다. 다음 절에서는 이러한 문제를 알아보고, 유형에 따라 솔루션을 제시할 것이다.

▌쿠버네티스 클러스터의 고려사항

쿠버네티스는 비즈니스와 운영상의 요구사항을 충족시키기 위해 다양한 플랫폼에서 실행될 수 있다. 하지만 플랫폼을 선택하기 전에 몇 가지 중요한 질문과 우려되는 사항에 대해 고민하고, 이를 명확히 정의할 필요가 있다. 이러한 우려되는 사항 중의 일부는 여러 주제에 걸쳐 중복해서 등장한다. 따라서 가장 적합한 제품을 선택하기 위한 워크플로우를 만드는 일은 만만치 않은 작업이 될 것이다. 일반적으로, 비즈니스 요구사항과 제약에 따라 솔루션의 유형과 기성 제품을 평가하는 것이 좋다. 요구사항을 분석하고 평가할 때는 다음 항목들을 고려한다.

개발 단계, 혹은 서비스 운영 단계에 따른 설정

쿠버네티스 플랫폼은 제품 단계의 워크로드를 처리할 준비가 돼 있다. 그러나 개발이나 테스트 단계에서는 1회성 클러스터를 사용하는 것을 추천한다. CI/CD 시스템은 쿠버네티스 클러스터를 몇 초 만에 준비할 수 있어야 하고, 이를 실현하기 위해 보안이나 노드의 탄력성, 혹은 고가용성 등의 일부 기능을 희생할 필요가 있다. 따라서 개발인지 운영인지 적용 단계에 따라 쿠버네티스 솔루션을 선택해야 한다. 개발 및 테스트 환경에서는 단일 노드의 로컬 솔루션을 사용할 수 있는 반면에, 운영 환경은 관리 측면의 고민을 포함한 더 복잡한 설치가 요구된다.

사내 혹은 관리형 서비스 선택

쿠버네티스 플랫폼은 자가 치유력과 견고성, 탄력성이 뛰어나다. 그러나 설치와 업그레이드, 관리를 수행하기 위해서는 인력이 필요하다. 쿠버네티스 클러스터의 자격 증명을 설치하고 제공하는 것뿐만 아니라, 전담 팀이 관리 서비스까지 수행하는 쿠버네티스 서비스 업체가 있다. 반면에, 쿠버네티스 클러스터를 온프레미스^{on-premise} 또는 클라우드 환경에 설치하고 사내의 조직이 관리하는 경우도 있다. 쿠버네티스 클러스터를 조직 내에서 관리해야 할지, 그 방법을 결정하는 것은 중요한 비즈니스 의사결정이다. 핵심 가치와 예산이라는 두 가지 측면에서 접근하고 분석해야 한다. 만일 쿠버네티스 클러스터를 사내에서 관리한다면, 제품과 서비스의 핵심 가치가 그만큼 높아질 것이고 이는 소중한 자산이 되어감을 의미한다. 반면, 조직이 쿠버네티스의 최종 사용자 역할만 하게 된다면 이는 추가적인 부담요소가 될 것이다. 두 번째 측면으로서 예산은 사내에서 관리하는 경우의 비용과 쿠버네티스 서비스 업체에게 제공받는 관리형 서비스^{managed service} 모두에 적용된다. 조직은 교육과 함께 사내 서비스^{in-house service} 팀에게 높은 수준의 투자를 해야 하는 반면, 관리형 서비스는 벤더에 종속됨은 물론, 지속적인 구독 비용을 감안해야 한다.

온프레미스 혹은 클라우드 인프라

쿠버네티스는 클라우드 제공업체와 온프레미스 시스템 모두에서 실행할 수 있다. 하이브리드 솔루션은 아직 성숙 단계에 진입하지 않았기 때문에 이 결정은 초기 비용에 영향을 줄 수 있다. 클라우드 제공업체와 온프레미스 시스템의 결정에 큰 영향을 미치는 두 가지 측면이 있다. 첫 번째는 클러스터 운영을 위해 사내 팀과 아웃소싱 서비스 중 하나를 선택하는 것이다. 두 번째로는 클러스터에서 실행될 현재, 혹은 예상되는 워크로드 레벨을 들 수 있다. 예를 들어, 쿠버네티스상에서 2개의 서비스만 실행 중이고 당분간 대규모 사용이 예상되지 않는 경우 AWS^{Amazon Web Services}, GCP^{Google Cloud Platform}, 애저 같은 클라우드 제공업체의 환경에서 작은 규모로 구성하는 것이 합리적이다. 그러나 쿠버네티스에서 높은 보안 수준이 요구되는 데이터에 접근하고 전담 팀을 보유할 계획이라면, 온프레미스 시스템을 보유하는 편이 좀 더 실현 가능한 솔루션이 될 수 있다. 클러스터 간에 쿠버네티스 워크로드를 이동할 수는 있지만, 온프레미스에서 클라우드 인프라로, 혹은 그 반대로 전환하기 위해서는 추가적인 노력과 투자가 필요하다.

바닐라 쿠버네티스 혹은 커스텀 솔루션

쿠버네티스 자체는 요구사항에 따라 사용자 정의가 가능한 애플리케이션이다. 스케줄러부터 사용자 정의 리소스 컨트롤러^{custom resource controller}, 시큐리티 핸들러^{security handler} 등을 플러그인을 사용해 확장 가능한 환경이다. 한편, 바닐라^{vanilla} 쿠버네티스와 같은 최신의 공식 릴리스만 사용할 수도 있다. 이 결정은 쿠버네티스를 사용자 요청에 따라 커스터마이징해서 제공하는 커스텀 제공업체 선택에 영향을 미칠 수 있다. 일부 제공업체는 API를 생성하고, 이를 서비스로 제공하기 위해 새로운 대시보드와 컨트롤러를 만들기 때문이다. 반면에 쿠버네티스 자체를 적극적으로 개발하고 기능을 추가하고자 한다면, 바닐라 쿠버네티스에 희망하는 풍미를 더해나가는 것을 추천한다.

위의 세 가지 고려사항은 쿠버네티스 플랫폼 솔루션을 선택하는 데 있어 필수적이므로, 사전에 분석하고 명확히 정의할 필요가 있다. 다음 절에서는 이러한 고려사항에 대응하기 위한 선택지에 대해 알아본다.

쿠버네티스 플랫폼 옵션

쿠버네티스는 참고북에서부터 클라우드 제공업체의 고사양 서버에 이르기까지, 거의 모든 종류의 인프라에서 실행할 수 있다. 쿠버네티스 서비스 제공업체로부터 완벽한 관리형 서비스로서의 쿠버네티스^{fully-managed Kubernetes as a service}를 사용하거나 데이터 센터의 베어 메탈 서버에 직접 관리할 클러스터를 생성할 수도 있다. 쿠버네티스 클러스터를 관리하는 데 어떤 옵션을 선택할지는 예산과 팀, 요구되는 유연성 수준에 따라 달라질 수 있다. 이번 절에서는 쿠버네티스 플랫폼 옵션을 로컬 시스템과 호스팅, 턴키 솔루션의 세 가지로 묶어서 설명한다. 각 플랫폼 옵션은 이전 절의 내용과 일부 예시 제품의 고려사항에 비추어 논의할 것이다.

로컬 머신 솔루션

로컬 클러스터를 만드는 것이 쿠버네티스를 시작하는 가장 간단한 방법이다. 이 솔루션의 기본 접근 방식은 동일한 컴퓨터에 마스터와 노드 컴포넌트들을 설치하는 것이다. 이로 인해 쿠버네티스 API와 함께 동일한 노드에서 실행되는 워커^{worker}를 갖게 된다. 이는 개발이나 테스트 환경에는 적합하나, 실제 서비스 제공을 위한 워크로드에는 권장되지 않는다. 또한 이 솔루션은 복잡한 설정과 요구사항은 고려하지 않기 때문에 운영을 전담하는 팀은 필요하지 않다. 즉, 최소한의 오버헤드로 바닐라 쿠버네티스를 사용하는 것에 중점을 두고 있기 때문에, 새로운 버전의 쿠버네티스를 테스트하는 데 유용하게 활용할 수 있다.

쿠버네티스 솔루션 중에서 주요 커뮤니티에서 관리되며 바로 사용 가능한 로컬 쿠버네티스 솔루션은 다음과 같다.

미니쿠베^{Minikube}: 쿠버네티스를 로컬에서 실행하는 공식적인 솔루션이며, kubernetes/minikube(https://github.com/kubernetes/minikube) 저장소에서 관리되고 있다. 미니쿠베는 공인된 안정화 버전의 쿠버네티스 릴리스를 사용하며 로컬 환경에서 사용 가능한 모든 쿠버네티스 기능을 지원한다. 미니쿠베의 사용법은 이미 실습 8에서 다룬 바 있으며, 간단한 방법을 통해 몇 초 정도면 클러스터를 생성할 수 있다.

도커 데스크톱^{Docker Desktop}: 도커 데스크톱은 로컬 개발 환경을 위한 도커의 툴박스다. 도커사에서 개발하고 관리하는 제품이며 https://www.docker.com/products/docker-desktop에서 다운로드할 수 있다. 도커 데스크톱을 사용해 단일 노드 쿠버네티스 클러스터를 만들 수 있다. 도커에서 실행되는 모든 마스터와 워커 컴포넌트들은 도커 컨테이너 위에서 동작하기 때문에, 쿠버네티스 클러스터의 생성과 실행을 매우 빠르게 수행할 수 있다.

MicroK8s: MicroK8s는 다양한 리눅스 버전을 패키지로 설치할 수 있는 리눅스 패키지다. 따라서 리눅스 애플리케이션을 설치하듯이 로컬 쿠버네티스 클러스터를 쉽게 실행할 수 있다. 또한 사용자의 요구사항을 반영하기 위한 업스트림 쿠버네티스 기능과 플러그인을 지원한다. 설치 설명서는 공식 웹사이트인 https://microk8s.io에서 확인할 수 있다. MicroK8s는 네이티브 리눅스 서비스를 사용해 쿠버네티스 마스터와 노드 컴포넌트를 실행하므로, 이를 위한 리눅스 환경이 필요하다.

호스팅 솔루션

이 쿠버네티스 솔루션은 클라우드 제공업체의 통제하에 실행되는 관리형 클러스터를 뜻한다. 사용자는 오직 클러스터 접속과 쿠버네티스 워크로드의 실행에만 관여할 수 있다. 이 솔루션을 사용하면 관리에 쏟는 노력과 확장성이라는 두 가지 중요한 이점을 얻을 수 있다. 쿠버네티스 클러스터를 만들고 운영하기 위해서는 서비스 운영 단계에서 확장성과 신뢰성을 보장하기 위해 설정과 운영을 수행한 경험이 필요하다. 따라서 만약 이를 전담하는 운영 팀이 없으며 신설할 계획 또한 없는 경우, 관리형 클러스터를 사용하는 것이 좋다. 또한 확장 가능한 클러스터의 경우 워커 노드를 유연하게 추가하고 제거할 수 있어야 한다. 클라우드 인프라 제공업체는 탄력적으로 시작, 종료되는 서버를 지원하기 때문에 쿠버네티스 클러스터를 관리하는 데 적합하다.

현재 시장을 선도하고 있는 쿠버네티스 솔루션은 GCP, AWS, 마이크로소프트 애저 같은 주요 클라우드 인프라 제공업체가 제공하는 솔루션이다. 이러한 업체들은 객체 저장소$^{object\ storage}$, 클라우드 접근 제어 서비스$^{identity\ service}$ 또는 컨테이너 레지스트리$^{container\ registry}$와 같이, 이미 제공하고 있는 클라우드 서비스와 통합된 쿠버네티스 솔루션을 제공하는 것을 목표로 한다. 제공되는 서비스 간의 중요한 차이점과 각 서비스의 주요 특징은 다음과 같다.

- GKE$^{Google\ Kubernetes\ Engine}$: 구글이 컨테이너 관리 시스템을 처음으로 작성했기 때문에 2014년에 시작된 GKE 또한 가장 오래된 쿠버네티스 서비스다. 따라서 GKE는 항상 업스트림 쿠버네티스 버전과 함께 가장 전문적인 기능들을 제공한다. 또한 관리 클러스터를 설정하고 운영하는 데 있어 가장 직관적인 쿠버네티스 솔루션 중 하나다.

 다른 GCP 애플리케이션과의 통합, 추가 설명서에 대해서는 GKE 웹사이트 https://cloud.google.com/kubernetes-engine/에서 확인할 수 있다.

- **AKS**^{Azure Kubernetes Service}: AKS는 애저 플랫폼상에서 제공되는 쿠버네티스 솔루션이다. 이 솔루션은 2017년에 시작됐고 애저 아이텐티티^{Azure Identity}를 비롯한 그 밖의 애저 서비스들과 잘 통합된 관리형 쿠버네티스 클러스터를 제공한다. 그러나 AKS에는 고가용성 컨트롤 플레인, 클러스터 자동 복구 등의 일부 필수 기능이 부족하다.

> AKS 문서는 애저 공식 웹사이트 https://azure.microsoft.com/en-us/services/kubernetes-service/에서 확인할 수 있다.

- **아마존 EKS**^{Amazon Elastic Kubernetes Service}: EKS는 AWS에서 제공하는 2018년에 공개된 서비스다. 다른 솔루션에 비해 합리적으로 복잡한 클러스터 생성 기능을 제공하며, 또한 워커 노드 관리 및 자동 복구 기능을 제공하지 않는다. 다시 말해, EKS는 관리형 컨트롤 플레인을 제공해 관리와 복구 기능을 자동화하고 있다. 그러나 노드를 운영하는 측면에서 보면 아직 기능이 부족하다.

> EKS 문서는 해당 웹사이트 https://aws.amazon.com/eks/에서 확인할 수 있다.

턴키 솔루션

턴키 솔루션은 클라우드 혹은 온프레미스 시스템에 배포된 쿠버네티스 클러스터에 몇 가지 커맨드를 제공한다. 사용자는 몇 번의 클릭 또는 커맨드라인 실행을 통해 선호하는 클라우드 환경, 혹은 데이터 센터에서 실행 중인 쿠버네티스 클러스터를 가질 수 있다. 호스팅 솔루션과 비교하면, 커스텀 기능과 인프라 옵션에 대해 더 높은 유연성을 제공한다. 컨트롤 플레인 컴포넌트와 노드의 설치, 관리는 턴키 솔루션의 애플리케이션을 통해 처리된다. 즉, 이러한 솔루션은 패키징된 쿠버네티스 운영 경험을 포함한 지식으로서 즉시 활용 가능하다.

턴키 솔루션은 주로 **코어OS**^{CoreOS}나 **헵티오**^{Heptio} 같은 클라우드 시스템의 개발, 관리 분야에서 특별한 경험을 갖춘 회사에서 제공한다. 이제 이러한 탁월한 기능을 갖춘 인기 있는 턴키 솔루션을 소개한다.

헵티오

헵티오는 쿠버네티스 제작자 두 명이 설립했으며, 쿠버네티스 클러스터를 설치하고 관리하는 도구모음을 제공한다. 이 서비스에는 진단 도구, 리버스 프록시^{reverse proxy} 구현과 재해 복구^{disaster recovery} 도구가 포함돼 있다. 턴키 쿠버네티스 솔루션, 즉 **HKS**^{Heptio Kubernetes Subscription}는 운영 환경에 업스트림 쿠버네티스를 설치하기 위한 서비스와 도구의 조합으로 이뤄진다.

코어OS 테크토닉

테크토닉^{Tectonic}은 코어OS가 제공하는 턴키 솔루션으로, 여러 클라우드 공급자와 온프레미스 시스템에서 실행되는 하이브리드 클러스터를 지원한다. 테크토닉은 업스트림 쿠버네티스와 함께 kube-controller-manager와 유사한 커스텀 리소스 컨트롤러 매니저 같은 쿠버네티스 기본 기능을 사용해 설계된 모든 추가 기능을 지원한다. 테크토닉의 주요 장점은 하이브리드 클러스터 지원과 벤더 록인^{vendor lock-in}의 제거에 있다.

 벤더 록인은 특정 업체가 제공하는 서비스에 대한 종속성을 의미하며, 종속된 상태에서 다른 업체로 전환하는 작업은 골치 아픈 일이 될 것이다. 클라우드 개발에서는 사용자가 특정 클라우드 제공업체에서만 작동하는 플랫폼 종속 솔루션을 개발하게 하면 마찬가지로 종속시킬 수 있다. 즉, AWS에만 존재하는 서비스를 사용하는 솔루션을 설계하는 경우, 이를 GCP로 이동하기 위해서는 아키텍처를 다시 설계해야 한다.

레드햇 오픈시프트

레드햇Red Hat은 회사로서는 쿠버네티스 프로젝트에서 두 번째로 큰 기여자다. 오픈시프트OpenShift는 레드햇에서 제공하는 멀티테넌시multi-tenancy, 개선된 네트워크와 함께 높은 수준의 자동화가 가능한 턴키 솔루션이다. 오픈시프트는 쿠버네티스 업스트림을 캡슐화하고, 추가적인 보안과 엔터프라이즈 기능을 갖춘 독창적인 버전을 제공한다. 또한 레드햇 클라우드에서 오픈시프트를 사용할 수 있을 뿐만 아니라 온프레미스 시스템도 설치가 가능하다.

쿠버네티스 솔루션 제공업체들과 해당 제품들은 마이크로서비스와 함께 클라우드 네이티브 세계의 최신 트렌드를 따르고 있다. 그러나 솔루션 유형으로 보면 각각의 특징은 크게 다르지 않다. 따라서 적절한 솔루션 유형을 선택할 때 참고할 수 있는 비교표를 그림 4.14에서 소개한다.

	로컬 머신 솔루션	호스팅 솔루션	턴키 솔루션
적합한 경우	• 로컬 개발 혹은 테스트용 • 쿠버네티스 솔루션의 평가 혹은 학습을 시작하는 경우	• 완벽한 관리형 환경 • 인프라의 세세한 설정이나 모니터링에 중점을 두지 않음 • SRE(site reliability engineering) 전담 조직이 존재하지 않음	• 시스템의 높은 반응성과 유연성이 요구되는 경우 • 프라이빗 클라우드 네트워크 혹은 온프레미스 환경 • 인프라 모니터링에 중점을 두는 경우 • SRE 전담 조직을 두고 있는 경우

▲ 그림 4.14 쿠버네티스 플랫폼 비교

다음 실습에서는 관리형 쿠버네티스 서비스 중 가장 진보된 개발자 경험을 제공하는 GKE에 쿠버네티스 클러스터를 생성할 것이다.

실습 12: GCP에서 관리형 클러스터 만들기

이번 실습에서는 GKE에 클러스터를 만들고 새 클러스터의 세부 정보를 확인할 것이다. 시작하기 전에 먼저 GCP에 사용자 등록을 마쳐야 한다.

 GCP를 처음 사용하는 경우라면 GCP 제품을 둘러보거나 맛보기를 위한 크레딧을 활성화할 수 있다. 크레딧을 다 소비한 뒤에 참고하기 위해 청구서 수신용 이메일 주소와 지불 방법을 지정해야 한다.

실습을 완료하기 위해서는 다음의 단계들을 수행해야 한다.

1. https://console.cloud.google.com에서 구글 계정으로 구글 클라우드 콘솔에 로그인한다.

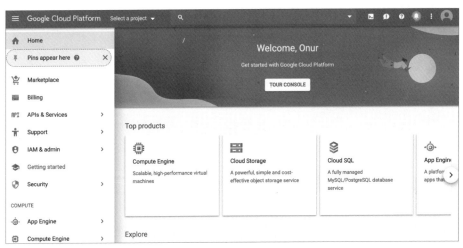

▲ 그림 4.15 구글 클라우드 콘솔

2. 헤더 메뉴에서 Select a project를 클릭한 뒤 나타나는 팝업 창에서 NEW PROJECT 를 클릭하자.

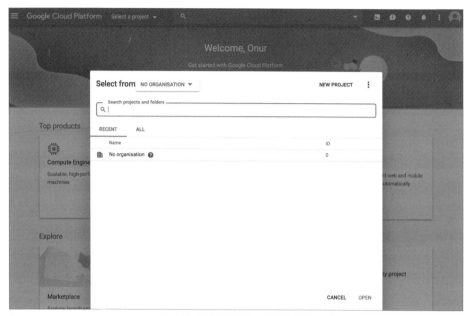

▲ **그림 4.16** 구글 클라우드 프로젝트 선택 화면

3. Project name 항목에 devops를 입력하고 회사나 학교 등 조직의 구성원인지 여부를 선택하자.

▲ **그림 4.17** 구글 클라우드 프로젝트 생성

4. Compute – Kubernetes Engine 메뉴에서 쿠버네티스 클러스터 뷰를 열어 쿠버네티스 엔진이 준비될 때까지 기다리자.

쿠버네티스 엔진의 상태는 Clusters의 메인 섹션에 표시된다.

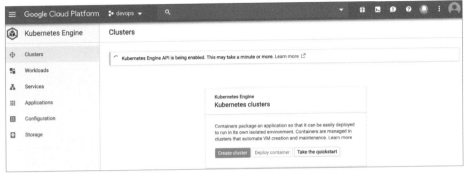

▲ **그림 4.18** 구글 클라우드 – 쿠버네티스 엔진: 준비 중

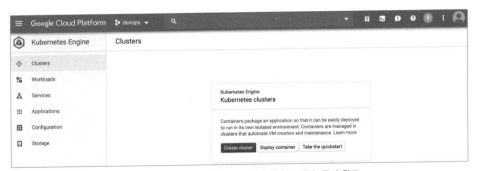

▲ **그림 4.19** 구글 클라우드 – 쿠버네티스 엔진: 준비 완료

> **ⓘ** GCP를 처음 사용하는 경우, 구글의 사용자 권한을 설정하고 쿠버네티스 API가 활성화되기까지 몇 분 정도 소요될 수 있다. 쿠버네티스 엔진 API가 활성화되면 쿠버네티스 클러스터 뷰에서 확인 가능하다. 이 과정에서 1분 이상 소요될 수 있다.

5. 다음과 같이 헤더 메뉴에서 Activate Cloud Shell을 클릭하자.

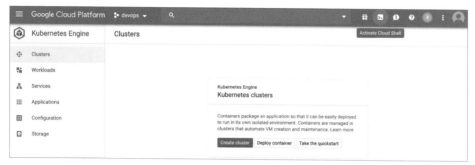

▲ 그림 4.20 클라우드 셸 메뉴 화면

6. 팝업이 나타나면 다음과 같이 START CLOUD SHELL을 클릭하자.

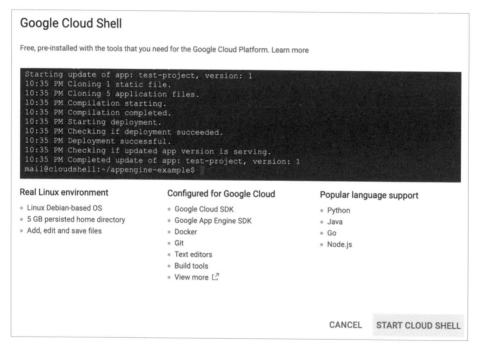

▲ 그림 4.21 클라우드 셸 세부 정보

7. 클라우드 셸에서 터미널이 시작될 때까지 기다리자.

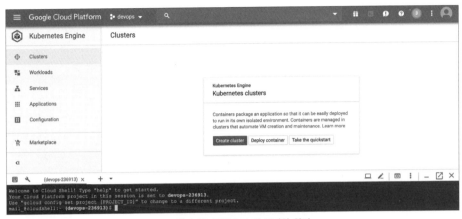

▲ 그림 4.22 클라우드 셸 초기화 화면

8. 클라우드 셸에서 다음 커맨드를 사용해 기본 영역^{default compute zone}을 설정하자.

```
gcloud config set compute/zone us-west1-a
```

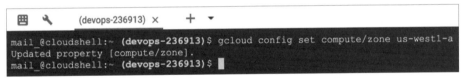

▲ 그림 4.23 구글 클라우드에서 기본 영역 설정하기

9. 클라우드 셸에서 다음 커맨드를 사용해 GKE 클러스터를 만들자.

```
gcloud container clusters create devops
```

새 클러스터의 생성 결과는 클라우드 셸에서 추적할 수 있다.

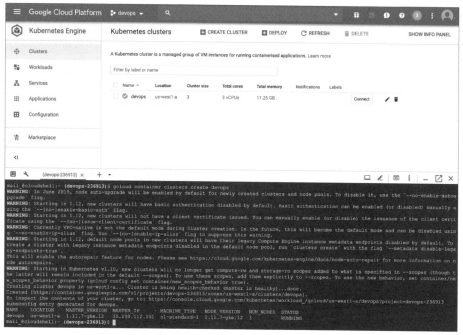

▲ **그림 4.24** 데브옵스 쿠버네티스 클러스터 생성

앞의 커맨드를 사용하면 GCP상의 관리형 서비스로서 컨트롤 플레인이 생성 및 시작될 것이다. 다음으로 이 프로젝트에서 3개의 쿠버네티스 노드가 가상 머신으로 제공되고, 노드 컴포넌트가 기본 설정으로 설치된다. 모든 마스터와 노드 컴포넌트가 생각대로 작동하는지 테스트한 뒤, 최종적으로 셸상의 kubectl에 대한 kubeconfig를 검색할 것이다. 또한 앞에서 확인한 뷰의 위쪽에 위치한 쿠버네티스 클러스터 테이블에서 클러스터의 세부 사항을 볼 수도 있다.

10. 클라우드 셸에서 다음 커맨드를 사용해 노드 정보를 가져오자.

```
kubectl get nodes
```

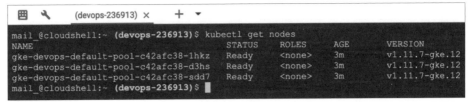

```
田  ✎        (devops-236913) ×    +  ▾

mail_@cloudshell:~ (devops-236913)$ kubectl get nodes
NAME                                    STATUS    ROLES     AGE     VERSION
gke-devops-default-pool-c42afc38-1hkz   Ready     <none>    3m      v1.11.7-gke.12
gke-devops-default-pool-c42afc38-d3hs   Ready     <none>    3m      v1.11.7-gke.12
gke-devops-default-pool-c42afc38-sdd7   Ready     <none>    3m      v1.11.7-gke.12
mail_@cloudshell:~ (devops-236913)$
```

▲ **그림 4.25** devops 쿠버네티스 클러스터의 노드 정보

예상한 대로 3개의 노드가 등록돼 있고 셋 다 Ready 상태임을 알 수 있다. 이는 GKE에서 3개의 워커 노드를 가진 관리형 쿠버네티스 클러스터를 성공적으로 생성했음을 나타낸다.

이번 실습을 통해 클라우드 환경에서 관리형 쿠버네티스 클러스터를 만드는 방법이 얼마나 간단한지 소개했다. 만약 완벽한 관리형 환경이 필요하고 세세한 인프라 설정과 모니터링에 중점을 두기를 원하지 않는 경우에 해당한다면, 관리형 쿠버네티스 클러스터를 사용하는 것을 추천한다. 다음의 활동에서는 이 관리형 클러스터에서 일부 운영 태스크를 수행해볼 것이다.

활동 4: 쿠버네티스 클러스터에서 실행 중인 애플리케이션을 마이그레이션하기

이번 활동은 GKE에 설치된 쿠버네티스 클러스터에서 운영 작업을 수행하는 것을 목표로 한다. 다운타임 없이 클러스터 노드를 업그레이드하기 위해 쿠버네티스와 함께 GCP의 기본 기능을 사용하게 될 것이다.

이 활동은 클러스터의 노드 수보다 많은 레플리카를 가진 샘플 애플리케이션을 설치하는 것으로 시작된다. 그런 다음 사용 가능 메모리를 늘린 새 워커 노드 집합을 만들고, 이 애플리케이션의 메모리 부족out-of-memory 문제를 해결하도록 할당할 것이다. 또한 다운타임 없이 애플리케이션의 마이그레이션 작업을 처리해야 한다.

실습 12에서 생성한 쿠버네티스 클러스터를 사용하면 n1-standard-1 유형의 노드를 3개 확보할 수 있다.

▲ 그림 4.26 마이그레이션 전의 devops 클러스터의 노드 풀(node pool)

샘플 애플리케이션은 이 노드들에서 실행될 것이다.

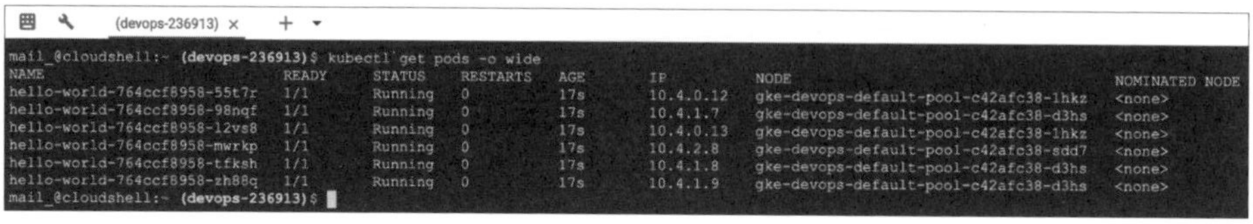

▲ 그림 4.27 마이그레이션 전에 실행 중인 샘플 애플리케이션

마이그레이션을 수행하고 나면 n1-highmem-2 유형의 노드 2개를 갖게 될 것이다.

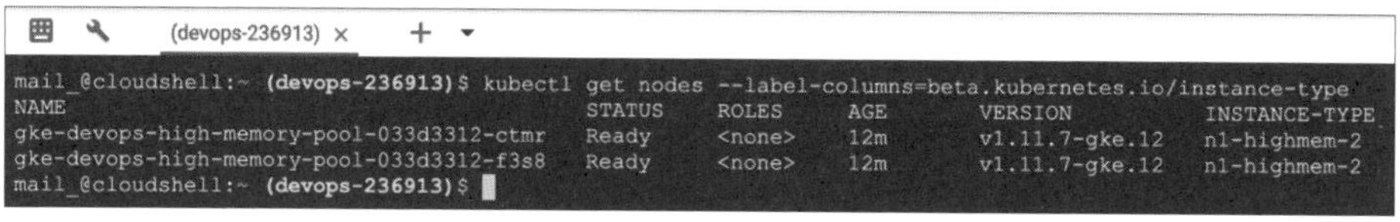

▲ 그림 4.28 마이그레이션 후의 devops 클러스터의 노드 풀

샘플 애플리케이션은 마이그레이션 후의 새로운 노드에서 실행될 것이다.

▲ 그림 4.29 마이그레이션 후 실행 중인 샘플 애플리케이션

이번 활동을 완료하기 위해서는 다음의 단계들을 수행해야 한다.

1. 클러스터에 6개의 복제본 위에서 실행되는 샘플 웹 애플리케이션을 실행한다.

2. 샘플 웹 애플리케이션과 해당 노드의 파드 상태를 확인한다.

3. GCP 환경에 더 큰 메모리를 가진 노드 풀을 생성한다.

4. 클러스터의 모든 노드가 Ready 상태가 될 때까지 기다리자.

5. 기본 노드 풀의 노드를 예약 불가 상태로 표시하고, 쿠버네티스가 기본 노드 풀에서부터 워크로드를 이동시키도록 한다.

6. 노드의 상태를 확인한다.

7. 샘플 애플리케이션의 파드가 새 노드로 이동했는지 확인한다.

8. 기본 노드 풀을 제거한다.

9. 기본 노드 풀의 노드가 클러스터에서 제거됐는지 확인해보자.

10. 이 책의 이후 장들, 혹은 향후에 이 쿠버네티스 클러스터를 사용할 계획이 없다면 쿠버네티스 클러스터를 제거한다.

 이번 활동의 해결 방법은 343페이지에서 확인할 수 있다.

이번 활동을 통해 쿠버네티스와 클라우드 제공자의 도구들을 사용해 어떻게 쿠버네티스 클러스터에서 운영 활동을 수행할 수 있는지 소개했다. 쿠버네티스는 클라우드 네이티브에 적합하며 마이크로서비스 지향적으로 설계됐기 때문에, 각종 도구와 아키텍처를 활용하는 것으로 애플리케이션을 고성능의 워커 노드로 마이그레이션할 수 있다. 관리형 환경을 사용하면 얻게 되는 이점은 하드웨어를 구입하거나 운영체제를 설치하고, 클러스터에 포함된 새 서버의 케이블을 연결할 필요가 없다는 사실을 통해 알 수 있다. 클라우드 제공자의 탄력성은 이번 활동의 샘플 애플리케이션에서 확인할 수 있듯이, 사용 레벨에 따라 수직 혹은 수평으로 쉽게 확장할 수 있도록 돕는다.

▌ 요약

4장에서는 공식 쿠버네티스 도구를 사용해 수동으로 쿠버네티스 클러스터를 작성해봤다. 기본적인 인프라가 작동하는 한, 검증된 최소한의 클러스터를 만드는 것이 편리함을 확인할 수 있었다. 다음으로, 경우에 따라 어떤 쿠버네티스 클러스터 옵션이 적합한지 판단하기 위한 가이드라인으로서 쿠버네티스 클러스터 구성에 대해 논의했다. 쿠버네티스 플랫폼 옵션에 대해서는 오픈소스와 함께 상용 제품의 예제를 이용해 자세히 소개했다. 마지막으로, 인프라의 모니터링과 관리를 고민하지 않고 클라우드에서 관리되는 관리형 클러스터를 만드는 방법을 살펴봤다. 또한 4장의 마지막 부분에서는 쿠버네티스 클러스터에서 수행되는 운영 활동을 설명하기 위해 관리형 클러스터 환경이 사용됐다.

쿠버네티스 클러스터의 설치와 관리는 데브옵스 도구모음의 필수 도구이기 때문에 4장에서 다룬 쿠버네티스 클러스터 고려사항과 플랫폼 유형, 실습에 대해서는 5장에서 한번 더 살펴볼 것이다.

05

쿠버네티스에 애플리케이션 배포하기

학습 목표

5장을 끝까지 학습하면 다음을 수행할 수 있다.

- 쿠버네티스의 다양한 기능을 사용해 각 객체들의 관리를 수행할 수 있다.
- 애플리케이션에 접속하기 위한 쿠버네티스 서비스를 생성하고 정의할 수 있다.
- 쿠버네티스의 패키지 매니저로 헬름Helm을 설치하고 사용할 수 있다.
- 공식 헬름 차트를 사용해 클러스터에 애플리케이션을 구성하고 설치할 수 있다.

5장에서는 쿠버네티스의 객체 관리에 대해 살펴보고, 객체 관리 기능을 사용해 쿠버네티스에 워드프레스 블로그를 배포할 것이다.

소개

쿠버네티스는 마이크로서비스 아키텍처 위에서 안정적이고 확장 가능한 클라우드 네이티브 애플리케이션을 관리할 수 있도록 설계됐다. 플랫폼으로서의 쿠버네티스는 애플리케이션을 배포하고 관리하는 데 필요한 모든 리소스와 API 엔드포인트, 도구들을 제공한다. 4장에서는 신뢰할 수 있는 쿠버네티스 클러스터를 구축하기 위한 요구사항을 분석하고, 쿠버네티스 플랫폼을 선택하기 위한 다양한 옵션을 소개했다. 또한 운영 관점에서 쿠버네티스 클러스터를 관리하는 방법을 배웠다. 5장에서는 쿠버네티스 클러스터에서 애플리케이션을 배포하고 관리하는 데 초점을 맞출 것이다. 우선 쿠버네티스의 객체 관리 기능을 살펴보고, 쿠버네티스에 애플리케이션을 배포하기 위한 옵션을 소개한다. 그런 다음, 마이크로서비스 애플리케이션에 접근하는 데 필수적인 쿠버네티스 리소스에 대해 알아본다. 실제로 서비스를 사용해 서로 연결하고 상호작용할 수 있는 여러 애플리케이션의 설치가 가능하다. 마지막으로, 쿠버네티스의 공식 패키지 매니저로서 애플리케이션의 배포와 관리에 사용되는 헬름^{Helm}에 대해 설명할 것이다. 또한 개체 관리 기능과 헬름 패키지 관리를 사용해 쿠버네티스에 워드프레스 블로그를 배포하는 활동을 수행하게 될 것이다.

쿠버네티스의 객체 관리

파드나 디플로이먼트 같은 쿠버네티스 리소스들은 kube-apiserver에 의해 etcd로 유지 및 관리된다. 컨트롤러 매니저와 스케줄러는 kube-apiserver와 상호작용해 확장, 혹은 스케줄링된 노드를 지정하기 위해 파드를 생성한다. 또한 kubectl 같은 클라이언트 도구에 의해 생성된 모든 API 요청은 etcd에 의해 유지 관리되는 클러스터의 상태에 반영된다. 리소스를 생성, 업데이트 및 삭제하는 것은 간단해 보이지만 쿠버네티 리소스를 관리하는 데 사용할 수 있는 다양한 방법이 존재한다. 이번 절에서는 쿠버네티스에서 객체 관리를 수행하기 위한 세 가지 기술을 설명할 것이다.

- **명령형 커맨드**^{imperative command}: 실행 중인 쿠버네티스 리소스상에서 kubectl 커맨드를 직접 실행하는 데 사용된다.

- **명령형 구성**^{imperative configuration}: 특정한 커맨드, 구성 파일과 함께 kubectl 커맨드를 실행하는 데 사용된다.

- **선언적 구성**^{declarative configuration}: 구성 파일을 사용해 kubectl 커맨드를 실행하고, 자동으로 kubectl이 필요한 조치를 감지하도록 하는 데 사용된다.

명령형 커맨드

쿠버네티스와 상호작용하는 가장 쉽고 직관적인 방법은 필수 커맨드와 함께 몇 가지 인수를 제공하는 것이다. 이 경우 kubectl 커맨드를 사용하면 구성 파일 없이 리소스를 작성하고 업데이트, 삭제할 수 있다.

다음의 kubectl 커맨드는 리소스를 생성하고 업데이트, 삭제하기 위해 필수적이다.

- kubectl run: 지정한 컨테이너 이미지, 환경 변수, 인수를 사용해 하나 혹은 여러 개의 컨테이너를 사용해 새 디플로이먼트를 생성한다. 예를 들어, 다음 커맨드는 nginx라는 이름으로 지정한 컨테이너 이미지로 5개의 복제본으로 구성된 디플로이먼트를 생성한다.

```
kubectl run nginx --image=nginx --replicas=5
```

- kubectl expose: 디플로이먼트 혹은 파드를 노출시키기 위한 새로운 서비스를 생성한다. 다음 커맨드는 8080 포트로 배포된 nginx를 80 포트로 노출시키는 서비스를 생성할 것이다.

```
kubectl expose deployment nginx --port=8080 --target-port=80
```

- kubectl scale: 디플로이먼트, 혹은 레플리카셋, 잡^{job}의 복제본 수를 변경한다.

예를 들어, 다음과 같이 nginx 디플로이먼트의 복제본 수를 10으로 늘릴 수 있다.

```
kubectl scale --replicas=10 deployment/nginx
```

- **kubectl annotate**: 쿠버네티스 리소스에서 주석annotation을 추가하거나 제거한다.
  예를 들어, nginx 디플로이먼트에 다음 커맨드를 사용하면 새로운 주석으로
  owner를, 그 값에 devops를 추가할 수 있다.

```
kubectl annotate deployment nginx owner="devops"
```

- **kubectl get**: 쿠버네티스 리소스의 기본적인 데이터를 검색하고, 결과를 사람이
  읽을 수 있는 YAML 또는 JSON 형태로 출력한다. 예를 들어, 다음 커맨드를 사
  용해 실행 중인 파드를 가져올 수 있다.

```
kubectl get pods
```

- **kubectl delete**: 쿠버네티스에서 삭제할 리소스의 유형, 이름과 함께 사용할 수
  있다. 예를 들어, 다음과 같이 nginx 디플로이먼트와 서비스를 삭제할 수 있다.

```
kubectl delete deployment/nginx service/nginx
```

명령형 커맨드는 배우고 기억하기가 쉽기 때문에, 리소스를 생성하고 갱신하거나 삭제하
는 데 있어 직관적이다. 그러나 이전의 상태 기록을 제공하지 않기 때문에 실제 서비스
환경에는 적합하지 않다. 상태 기록이 없기 때문에 명령형 커맨드를 사용해 이전 버전의
디플로이먼트로 롤백이 불가능하기 때문이다. 또한 제공되는 커맨드의 범위가 kubectl에
서 제공하는 커맨드라인 인수로 제한되기 때문에 복잡한 구성에는 적합하지 않다. 따라
서 명령형 커맨드는 기능 면에서는 쿠버네티스가 제공하는 다른 방법들처럼 강력하지만
쿠버네티스 클러스터에서의 테스트, 개발, 트러블슈팅으로 사용 범위가 한정된다.

명령형 구성

쿠버네티스 리소스는 kubectl 커맨드와 구성 파일을 사용해 관리할 수 있다. 구성 파일을 사용해 create 혹은 replace, delete와 같은 커맨드를 필수로 지정할 수 있다.

다음 kubectl 커맨드는 구성 파일을 사용해 리소스를 생성하고 갱신, 삭제할 때 필수적으로 사용해야 한다.

- kubectl create -f <파일 또는 URL>: 구성 파일 안에 정의된 리소스를 생성한다. 예를 들어, https://raw.githubusercontent.com/TrainingByPackt/Introduction-to-DevOps-with-Kubernetes/master/Lesson05/nginx-deployment-5-replicas.yaml에서 정의된 리소스가 다음 커맨드를 사용해 클러스터상에 생성될 것이다.

```
kubectl create -f https://raw.githubusercontent.com/TrainingByPackt/
Introduction-to-DevOps-with-Kubernetes/master/Lesson05/nginx-deployment-5-
replicas.yaml
```

- kubectl replace -f <파일 또는 URL>: 실행 중인 쿠버네티스 리소스를 구성 파일에 정의된 내용에 따라 업데이트한다. 다음 커맨드를 사용하면 nginx 디플로이먼트가 새로운 파일에 지정된 디플로이먼트로 변경될 것이다.

```
kubectl replace -f https://raw.githubusercontent.com/TrainingByPackt/
Introduction-to-DevOps-with-Kubernetes/master/Lesson05/nginx-deployment-10-
replicas.yaml
```

- kubectl delete -f <파일 또는 URL>: 구성 파일에 정의된 쿠버네티스 리소스를 삭제한다. 예를 들어, 다음 커맨드를 사용하면 파일 내에 nginx로 정의된 디플로이먼트가 클러스터에서 삭제될 것이다.

```
kubectl delete -f https://raw.githubusercontent.com/TrainingByPackt/
Introduction-to-DevOps-with-Kubernetes/master/Lesson05/nginx-deployment-10-
replicas.yaml
```

명령형 구성을 사용하면 kubectl은 구성 파일 내에 YAML 혹은 JSON 형식으로 정의된 리소스에 대해 지정된 작업을 수행한다. 이러한 파일들은 소스 코드 저장소에 저장될 것이다. 또한 구성 파일의 사용을 통해 높은 수준의 구성 옵션을 이용해 좀 더 복잡한 쿠버네티스 리소스를 가질 수 있다. 따라서 명령형 구성을 사용하는 것이 프로덕션 환경에 적합하다. 또한 annotate나 scale 같은 명령형 커맨드가 실행되는 경우에는 구성 파일을 최신의 상태로 유지하는 것이 중요하다.

예를 들어, kubectl create -f를 실행해 만든 구성 파일 내에 5개의 복제본을 사용한 디플로이먼트를 정의했다고 가정해보자. 그런 다음, 디플로이먼트를 10개의 복제본으로 확장하려면 kubectl scale 명령형 커맨드를 실행해야 한다. 이 경우 해당 시점에 구성 파일에 설정된 복제본의 수는 10이 아닐 것이다. 이는 파일에 커맨드 변경사항을 반영하지 않았기 때문으로, 그림 5.1과 같이 다음 설치 시 5개의 복제본을 가진 디플로이먼트가 수행된다. 따라서 구성 파일과 함께 명령형 커맨드를 사용할 때는 주의가 필요하다.

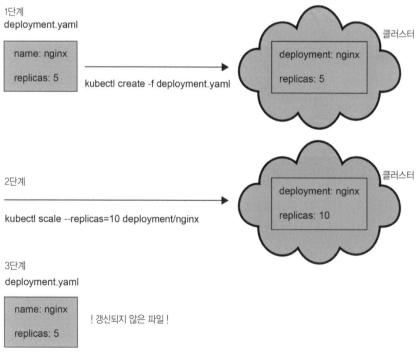

▲ **그림 5.1** 명령형 구성의 흐름

선언적 구성

쿠버네티스 리소스는 구성 파일 내에서 원하는 상태로 정의될 수 있으며 kubectl이 가진 자동화 기능을 통해 관리될 수 있다. 즉, 설정 파일을 사용하고 kubectl로 하여금 필요한 조치를 취하게 할 수 있다.

다음의 kubectl 커맨드는 선언적 구성을 통해 리소스를 관리하는 데 사용된다.

- kubectl apply -f <파일 또는 URL>: 구성 파일 내에 정의된 리소스를 생성하거나 업데이트한다. kubectl은 클러스터상에 실행 중인 리소스를 자동으로 확인하고, 파일로 제공된 구성 내용과 이를 비교한다. 만약 클러스터에 존재하지 않는다면 새 리소스를 생성할 수 있으며, 이미 존재한다면 새로운 리소스 정의에 따라 실행 중인 리소스를 업데이트할 수 있다. 리소스 업데이트는 컨테이너 이미지 혹은 레이블, 주석과 같은 필드값의 추가, 제거, 변경을 포함한다. 예를 들어, 다음 커맨드는 5개의 복제본을 생성하는 nginx 디플로이먼트를 생성한다.

```
kubectl apply -f https://raw.githubusercontent.com/TrainingByPackt/
Introduction-to-DevOps-with-Kubernetes/master/Lesson05/nginx-deployment-5-
replicas.yaml
```

만약 위의 커맨드가 실행된 뒤에 다음 커맨드를 실행하면 복제본의 수가 10으로 업데이트될 것이다.

```
kubectl apply -f https://raw.githubusercontent.com/TrainingByPackt/
Introduction-to-DevOps-with-Kubernetes/master/Lesson05/nginx-deployment-10-
replicas.yaml
```

kubectl apply 커맨드의 흐름은 그림 5.2와 같다.

- kubectl delete -f <파일 또는 URL>: 명령형 커맨드와 같은 방법으로 정의된 구성 파일의 내용에 따라 쿠버네티스 리소스를 삭제한다. 이는 선언적으로 구성 및 관리되는 리소스를 제거할 경우에 권장되는 방법이다.

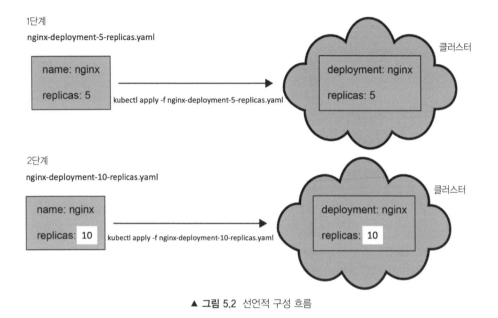

1단계

nginx-deployment-5-replicas.yaml

name: nginx

replicas: 5

kubectl apply -f nginx-deployment-5-replicas.yaml

클러스터

deployment: nginx

replicas: 5

2단계

nginx-deployment-10-replicas.yaml

name: nginx

replicas: 10

kubectl apply -f nginx-deployment-10-replicas.yaml

클러스터

deployment: nginx

replicas: 10

▲ **그림 5.2** 선언적 구성 흐름

선언적 구성을 사용하는 경우에는 주로 구성 파일의 유지 관리에 초점을 맞춘다. 클러스터에서의 리소스 생성 혹은 업데이트는 쿠버네티스 도구와 API에서 구현된 로직에 의해 관리된다. 이는 사람의 커맨드에 의존하지 않기 때문에, 분산된 팀과 **지속적인 통합과 배포**
CI/CD, Continuous Integration/Continuous Delivery 시스템이 존재하는 프로덕션 환경에 적합하다. 또한 선언적 구성은 다양한 파일에 정의된 여러 리소스를 적용할 수 있도록 폴더를 기준으로 안전하게 작동한다. 폴더 안에서 kubectl은 각 리소스를 개별적으로 인식해 필요한 작업을 결정하고 수행한다. 즉, 선언적 구성은 구성 파일에 정의된 원하는 상태를 유지하고 쿠버네티스의 클라이언트 도구를 사용해 이 상태를 쿠버네티스 클러스터에 반영하도록 지원한다.

쿠버네티스에서 지원하는 각각의 객체 관리 기능에는 장단점이 존재한다. 따라서 개발, 테스트, 트러블슈팅 단계에서 가장 적합한 방법을 선택하는 것이 중요하다. 다음 실습에서는 실제 상황을 가정한 예제를 이용해 이러한 세 가지 기능을 설명할 것이다.

다음 실습을 수행하려면 쿠버네티스 클러스터가 필요하다. 3장 '쿠버네티스 소개'에서 생성한 미니쿠베 클러스터 혹은 4장 '쿠버네티스 클러스터 만들기'에서 생성한 GKE 클러스터를 활용한다.

실습 13: kubectl을 사용해 애플리케이션 배포하기

이번 실습에서는 명령형 커맨드를 사용해 디플로이먼트를 생성하고, 이를 kubectl의 선언적 메서드로 관리하는 것을 목표로 한다. 실습을 성공적으로 완료하기 위해서는 다음의 단계들을 수행해야 한다.

1. 터미널에서 다음 커맨드를 실행해 nginx 디플로이먼트를 만들어보자.

```
kubectl run nginx --image=nginx --replicas=5
```

```
/devops $ kubectl run nginx --image=nginx --replicas=5
deployment "nginx" created
/devops $ █
```

▲ **그림 5.3** nginx 디플로이먼트 생성하기

위의 출력을 통해 nginx 디플로이먼트가 생성됐음을 알 수 있다.

2. 다음 커맨드를 통해 파드의 상태를 확인해보자.

```
kubectl get pods
```

```
/devops $ kubectl get pods
NAME                      READY   STATUS    RESTARTS   AGE
nginx-7db9fccd9b-d6z5b    1/1     Running   0          25s
nginx-7db9fccd9b-glfhk    1/1     Running   0          25s
nginx-7db9fccd9b-mlm8q    1/1     Running   0          25s
nginx-7db9fccd9b-mmgmw    1/1     Running   0          25s
nginx-7db9fccd9b-pdx8r    1/1     Running   0          25s
/devops $ █
```

▲ **그림 5.4** nginx 디플로이먼트에 포함된 파드 확인하기

이 출력 결과는 5개의 복제본을 포함한 디플로이먼트가 예상대로 클러스터에서 실행 중임을 나타낸다.

3. 다음 커맨드를 사용해 nginx 디플로이먼트를 내보내자.

```
kubectl get deployment nginx -o yaml --export > deployment.yaml
```

위의 커맨드를 사용하면 디플로이먼트 사양이 deployment라는 로컬 파일에 기록될 것이다.

4. 텍스트 편집기로 deployment.yaml 파일을 열어 다음과 같이 replicas 항목을 10으로 변경하자.

```
/devops $ cat deployment.yaml
apiVersion: extensions/v1beta1
kind: Deployment
metadata:
  annotations:
    deployment.kubernetes.io/revision: "1"
  creationTimestamp: null
  generation: 1
  labels:
    run: nginx
  name: nginx
  selfLink: /apis/extensions/v1beta1/namespaces/default/deployments/nginx
spec:
  progressDeadlineSeconds: 2147483647
  replicas: 10
  revisionHistoryLimit: 2147483647
  selector:
    matchLabels:
      run: nginx
  strategy:
    rollingUpdate:
      maxSurge: 1
      maxUnavailable: 1
    type: RollingUpdate
  template:
    metadata:
      creationTimestamp: null
      labels:
        run: nginx
    spec:
      containers:
      - image: nginx
        imagePullPolicy: Always
        name: nginx
        resources: {}
        terminationMessagePath: /dev/termination-log
        terminationMessagePolicy: File
      dnsPolicy: ClusterFirst
      restartPolicy: Always
      schedulerName: default-scheduler
      securityContext: {}
      terminationGracePeriodSeconds: 30
status: {}
/devops $ 
```

▲ 그림 5.5 디플로이먼트 사양

5. kubectl apply 커맨드를 사용해 변경사항을 배포한다.

```
kubectl apply -f deployment.yaml
```

```
/devops $ kubectl apply -f deployment.yaml
deployment.extensions/nginx configured
/devops $
```

▲ **그림 5.6** 디플로이먼트 변경사항 적용하기

6. 다음 커맨드를 사용해 파드의 상태를 확인해보자.

```
kubectl get pods
```

```
/devops $ kubectl get pods
NAME                      READY   STATUS    RESTARTS   AGE
nginx-7db9fccd9b-2vpd9    1/1     Running   0          43s
nginx-7db9fccd9b-8sjsr    1/1     Running   0          4m39s
nginx-7db9fccd9b-c6bkp    1/1     Running   0          4m39s
nginx-7db9fccd9b-j97z7    1/1     Running   0          43s
nginx-7db9fccd9b-jzglp    1/1     Running   0          43s
nginx-7db9fccd9b-k2fcd    1/1     Running   0          4m39s
nginx-7db9fccd9b-sf9gv    1/1     Running   0          4m39s
nginx-7db9fccd9b-vs56f    1/1     Running   0          4m39s
nginx-7db9fccd9b-w8vqn    1/1     Running   0          43s
nginx-7db9fccd9b-xgltr    1/1     Running   0          43s
/devops $
```

▲ **그림 5.7** nginx 디플로이먼트의 파드 확인하기

위의 출력 결과는 10개의 복제본을 포함한 디플로이먼트가 예상대로 클러스터에서 실행 중임을 나타낸다.

7. 다음 커맨드를 실행해 nginx 디플로이먼트를 삭제하자.

```
kubectl delete -f deployment.yaml
```

```
/devops $ kubectl delete -f deployment.yaml
deployment.extensions "nginx" deleted
/devops $
```

▲ **그림 5.8** nginx 디플로이먼트 삭제하기

이번 실습에서는 어떻게 명령형으로 쿠버네티스 리소스를 생성하는지, 생성된 리소스를 파일로 변환하고 선언적 구성으로 관리하는지 데모를 통해 알아봤다. 이러한 세 가지 객체 관리 방식은 일상적인 업무를 쿠버네티스로 수행할 때 유용하게 활용할 수 있다. 다음 절에서는 클러스터상의 여러 애플리케이션 간의 상호작용을 가능하게 하는 새로운 쿠버네티스 리소스를 소개할 것이다.

▌ 쿠버네티스의 서비스 디스커버리

쿠버네티스는 파드를 생성해 컨테이너화된 마이크로서비스 애플리케이션을 관리한다. 파드는 쿠버네티스의 빌딩 블록으로서, 여러 컨테이너가 함께 그룹화돼 동일한 네트워크 인터페이스를 공유한다. 모든 파드에 대해 쿠버네티스는 클러스터 내에 접근하기 위한 IP를 할당한다. 그러나 파드는 리소스의 성격상 일시적으로 존재한다. 즉, 파드가 다른 노드에 할당될 경우, 파드와 함께 할당받은 IP가 변경될 수 있다. 파드와 안정적으로 통신하기 위해 쿠버네티스는 **서비스**service라는 추상화 계층을 제공한다. 쿠버네티스 서비스는 클러스터 내의 다른 노드에서 실행될 수 있는 논리적인 파드의 집합을 그룹화하고, 다른 파드가 서비스를 통해 해당 파드와 통신할 수 있게 한다.

2개의 복제본을 포함하는 백엔드 디플로이먼트와 3개의 복제본을 포함하는 프론트엔드 디플로이먼트를 갖고 있다고 가정해보자. 프론트엔드 파드에서 백엔드 파드에 접근하기 위해서는 그림 5.9와 같이 백엔드의 IP를 프론트엔드에서 사용할 수 있어야 한다. 또한 일부 백엔드 인스턴스가 중단되면 해당 IP를 프론트엔드 구성에서 삭제해야 하기 때문에 이를 위한 상태 확인health check이 필요하다. 쿠버네티스는 백엔드 인스턴스 앞에 추상화 계층을 생성하고, 그림 5.10과 같이 프론트엔드와 백엔드 인스턴스를 분리한다. 이를 통해 프론트엔드 인스턴스는 어떻게 서비스에 액세스할 것인지만 알면 된다.

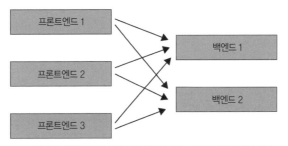

▲ **그림 5.9** 백엔드 인스턴스에 액세스하는 프론트엔드 인스턴스

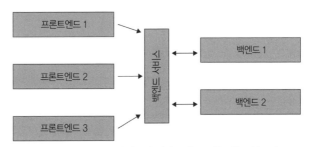

▲ **그림 5.10** 백엔드 서비스에 액세스하는 프론트엔드 인스턴스

쿠버네티스 서비스는 파드를 레이블과 함께 그룹화해 정의된다. 예를 들어, 다음의 서비스 설명을 사용하면 8080 포트로부터 app = nginx 레이블을 가진 각 파드의 80 포트에 접근할 수 있다.

```
kind: Service
apiVersion: v1
metadata:
  namespace: default
  name: nginx-service
spec:
  selector:
    app: nginx
  ports:
  - protocol: TCP
    port: 8080
    targetPort: 80
```

이 서비스가 생성되면 쿠버네티스는 서비스에 대한 IP를 할당하고, 클러스터 내의 모든 파드에서 접근할 수 있게 된다. 만약 다른 파드가 이 서비스를 통해 추상화된 nginx 파드에 연결하고자 한다면, 서비스의 IP 주소만 알고 있으면 된다. 또한 쿠버네티스는 이름만으로 서비스를 연결하기 위해 클러스터 내에 **도메인 네임 시스템**DNS, domain name system을 제공한다. 예를 들어, 동일한 네임스페이스의 파드에서 http://nginx-service:8080으로 기존에 정의한 서비스에 접속할 수 있고, 클러스터의 모든 네임스페이스로부터 http://nginx-service.default:8080에 접속할 수 있다.

쿠버네티스 리소스 서비스를 사용하면, 여러 개의 분리된 애플리케이션을 확장 가능하고 신뢰할 수 있는 방법으로 배포할 수 있다. 이는 확장 가능한 애플리케이션을 필수 추상화 계층과 연결하는 강력한 방법이다. 다음 실습에서는 서비스를 포함한 디플로이먼트를 만드는 방법과 다른 파드에서 서비스에 액세스하는 방법을 소개할 것이다.

 다음 실습을 완료하려면 쿠버네티스 클러스터가 필요하다. 3장 '쿠버네티스 소개'에서 생성한 미니쿠베 클러스터 혹은 4장 '쿠버네티스 클러스터 만들기'에서 생성한 GKE 클러스터를 활용한다.

실습 14: 서비스를 사용해 애플리케이션에 액세스하기

이번 실습에서는 클러스터의 다른 파드에서 액세스할 수 있는 디플로이먼트와 서비스를 만드는 것을 목표로 한다. 실습을 성공적으로 완료하기 위해서는 다음의 단계들을 수행해야 한다.

1. 터미널에서 다음 커맨드를 실행해 nginx 디플로이먼트를 만들자.

```
kubectl run nginx --image=nginx --replicas=5
```

```
/devops $ kubectl run nginx --image=nginx --replicas=5
deployment.apps/nginx created
/devops $
```

▲ **그림 5.11** nginx 디플로이먼트 생성하기

위의 출력을 통해 nginx 디플로이먼트가 생성됐음을 알 수 있다.

2. 다음 커맨드를 사용해 생성된 nginx 디플로이먼트를 위한 서비스를 만들어보자.

```
kubectl expose deployment/nginx --target-port=80 --port=8080
```

```
/devops $ kubectl expose deployment/nginx --target-port=80 --port=8080
service/nginx exposed
/devops $
```

▲ **그림 5.12** nginx 디플로이먼트 노출시키기

위의 출력을 통해 nginx라는 이름의 서비스가 생성됐음을 알 수 있다.

3. 다음 커맨드를 사용해 curl 인스턴스를 생성하고 파드에 액세스한다.

```
kubectl run curl --rm --image=radial/busyboxplus:curl -i --tty
```

```
/devops $ kubectl run curl --rm --image=radial/busyboxplus:curl -i --tty
kubectl run --generator=deployment/apps.v1 is DEPRECATED and will be removed in a future version. Use kubectl
ator=run-pod/v1 or kubectl create instead.
If you don't see a command prompt, try pressing enter.
 root@curl-66bdcf564-226qb:/ ]
```

▲ **그림 5.13** 파드의 터미널 액세스

커맨드 프롬프트에서 radial/busyboxplus:curl 이미지로 생성한 파드에서 커맨드를 대화형으로 실행해보자.

4. 다음 커맨드를 사용해 nginx 인스턴스에 액세스해보자.

```
curl nginx:8080
```

```
root@curl-66bdcf564-226qb:/ $ curl nginx:8080
<!DOCTYPE html>
<html>
<head>
<title>Welcome to nginx!</title>
<style>
    body {
        width: 35em;
        margin: 0 auto;
        font-family: Tahoma, Verdana, Arial, sans-serif;
    }
</style>
</head>
<body>
<h1>Welcome to nginx!</h1>
<p>If you see this page, the nginx web server is successfully installed and
working. Further configuration is required.</p>

<p>For online documentation and support please refer to
<a href="http://nginx.org/">nginx.org</a>.<br/>
Commercial support is available at
<a href="http://nginx.com/">nginx.com</a>.</p>

<p><em>Thank you for using nginx.</em></p>
</body>
</html>
root@curl-66bdcf564-226qb:/ $
```

▲ 그림 5.14 nginx 출력 화면

여기서 Welcome to nginx! 메시지를 확인할 수 있는데, 이는 nginx 시작 페이지의 내용을 가리킨다. 또한 서비스 추상화를 통해 curl 파드에서 nginx 파드에 도달했음을 나타낸다.

5. exit 커맨드를 사용해 3단계에서 생성한 파드를 종료하자.

```
root@curl-66bdcf564-226qb:/ $ exit
Session ended, resume using 'kubectl attach curl-66bdcf564-226qb -c curl -i -t' command when the pod is running
deployment.apps "curl" deleted
/devops $
```

▲ 그림 5.15 curl 파드 종료하기

6. 다음 커맨드를 사용해 nginx 디플로이먼트와 서비스를 삭제한다.

```
kubectl delete deployment/nginx service/nginx
```

```
/devops $ kubectl delete deployment/nginx service/nginx
deployment.extensions "nginx" deleted
service "nginx" deleted
/devops $
```

▲ 그림 5.16 복수의 리소스 삭제하기

이번 실습에서는 서비스 추상화를 사용해 어떻게 디플로이먼트의 파드에 액세스할 수 있는지 확인해봤다. 쿠버네티스 서비스를 사용하면, 서로 상호작용하는 애플리케이션을 확장 가능하고 신뢰할 수 있는 방법으로 배포할 수 있다. 그러나 애플리케이션이 복잡해짐에 따라 구성 파일과 kubectl 커맨드를 관리하는 작업도 좀 더 복잡해질 것이다. 따라서 다음 절에서는 쿠버네티스의 공식 패키지 매니저를 사용해 이 문제를 어떻게 해결할 수 있을지 살펴보고자 한다.

▌ 쿠버네티스 패키지 매니저: 헬름

다수의 마이크로서비스를 포함하는 클라우드 네이티브 애플리케이션을 생성하고 관리하기 위해서는 볼륨과 컨피그맵^{configuration map, ConfigMap}, 시크릿^{secret}, 다수의 컨테이너를 포함한 파드 및 파드를 노출하는 서비스와 같은 상호 의존적인 리소스가 적혀 있는 복잡한 구성 파일을 작성해야 한다. 이러한 YAML 혹은 JSON 구성 파일을 작성하거나 유지 및 관리하는 과정은 자칫하면 오류가 발생할 수 있다. 헬름은 템플릿을 사용해 리소스 정의를 관리함으로써 이러한 문제를 해결하기 위한 쿠버네티스의 공식 패키지 매니저다. 헬름은 리소스의 정의와 구성값 항목을 분리해 동작하도록 설계됐다. 또한 이를 활용하면 복잡한 애플리케이션을 좀 더 쉽게 배포할 수 있다.

헬름은 클러스터에서 실행되는 서버 사이드^{server-side} 백엔드를 담당하는 틸러(tiller)와 커맨드라인 클라이언트 도구인 헬름(helm)으로 구성된다. 애플리케이션은 필요한 모든 쿠버네티스 리소스 템플릿과 값 파일을 포함한 헬름 차트로 패키징된다. 안정화 버전의 오픈소스 헬름 차트가 공개 및 유지 관리되고 있는 활성화된 저장소가 존재한다(https://github.com/helm/charts/tree/master/stable). 안정화 버전의 차트에는 수많은 데이터베이스(예: MySQL, MongoDB, PostgreSQL), CI/CD 도구(예: Concourse, Jenkins, Gitlab), 콘텐츠 관리 시스템(예: Joomla, WordPress), 머신러닝(예: TensorFlow) 등 다양한 분야의 인기 있는 애플리케이션이 포함돼 있다.

모든 헬름 차트는 쿠버네티스 리소스를 위한 템플릿과 함께 구성값^{configuration value}이 포함된다. 헬름 차트를 사용하기 전에, 먼저 필요한 값이 무엇인지 확인하는 것이 중요하다. 워드프레스의 헬름 차트를 예로 들면, 헬름 차트 저장소(https://github.com/helm/charts/tree/master/stable/wordpress#configuration)에 위치한 README 파일 아래에 설명 및 기본값과 함께 모든 매개변수가 나열돼 있다.

Configuration

The following table lists the configurable parameters of the WordPress chart and their default values.

Parameter	Description	Default
`global.imageRegistry`	Global Docker image registry	`nil`
`global.imagePullSecrets`	Global Docker registry secret names as an array	`[]` (does not add image pull secrets to deployed pods)
`image.registry`	WordPress image registry	`docker.io`
`image.repository`	WordPress image name	`bitnami/wordpress`
`image.tag`	WordPress image tag	`{VERSION}`
`image.pullPolicy`	Image pull policy	`Always` if `imageTag` is `latest`, else `IfNotPresent`
`image.pullSecrets`	Specify docker-registry secret names as an array	`[]` (does not add image pull secrets to deployed pods)
`wordpressUsername`	User of the application	`user`
`wordpressPassword`	Application password	*random 10 character long alphanumeric string*
`wordpressEmail`	Admin email	`user@example.com`
`wordpressFirstName`	First name	`FirstName`
`wordpressLastName`	Last name	`LastName`
`wordpressBlogName`	Blog name	`User's Blog!`
`wordpressTablePrefix`	Table prefix	`wp_`
`allowEmptyPassword`	Allow DB blank passwords	`true`
`allowOverrideNone`	Set Apache AllowOverride directive to None	`no`

▲ **그림 5.17** 워드프레스 헬름 차트의 구성 정보

워드프레스 차트의 Configuration 섹션에서는 구성 가능한 헬름 차트로 이뤄진 매우 긴 매개변수 목록을 볼 수 있다. 헬름 패키지 매니저와 오픈소스 커뮤니티 덕분에 YAML 파일

을 0부터 작성하지 않아도 이러한 템플릿과 매개변수를 재사용할 수 있다. 헬름은 쿠버네티스가 공식적으로 지원하는 강력한 패키지 매니저이므로, 복잡한 마이크로서비스 애플리케이션을 클러스터에 배포하기 위해서는 헬름의 기본을 이해할 필요가 있다. 다음 실습을 통해 쿠버네티스 클러스터에 헬름을 설치하고 작동 상태를 확인해보자.

 이번 실습을 완료하려면 쿠버네티스 클러스터가 필요하다. 3장 '쿠버네티스 소개'에서 생성한 미니쿠베 클러스터 혹은 4장 '쿠버네티스 클러스터 만들기'에서 생성한 GKE 클러스터를 활용한다.

실습 15: 쿠버네티스 클러스터에 헬름 설치하기

이번 실습에서는 쿠버네티스의 공식 패키지 매니저를 클러스터에 설치할 것이다. 실습을 성공적으로 완료하기 위해서는 다음의 단계들을 수행해야 한다.

1. 터미널에서 다음의 공식 스크립트를 실행해 로컬 컴퓨터에 헬름 클라이언트를 설치해보자.

```
curl https://raw.githubusercontent.com/helm/helm/master/scripts/get | bash
```

```
/devops $ curl https://raw.githubusercontent.com/helm/helm/master/scripts/get | bash
  % Total    % Received % Xferd  Average Speed   Time    Time     Time  Current
                                 Dload  Upload   Total   Spent    Left  Speed
100  7028  100  7028    0     0  50947      0 --:--:-- --:--:-- --:--:-- 50927
Helm v2.13.1 is available. Changing from version v2.12.0.
Downloading https://kubernetes-helm.storage.googleapis.com/helm-v2.13.1-darwin-amd64.tar.gz
Preparing to install helm and tiller into /usr/local/bin
Password:
helm installed into /usr/local/bin/helm
tiller installed into /usr/local/bin/tiller
Run 'helm init' to configure helm.
/devops $ █
```

▲ 그림 5.18 헬름 다운로드와 설치하기

위의 스크립트를 실행하면 헬름 실행 파일이 다운로드되고 로컬 컴퓨터에 설치될 것이다.

2. 다음 커맨드를 통해 헬름의 서버 사이드인 틸러를 쿠버네티스 클러스터에 설치해보자.

```
helm init
```

```
/devops $ helm init
$HELM_HOME has been configured at /Users/i313226/.helm.

Tiller (the Helm server-side component) has been installed into your Kubernetes Cluster.

Please note: by default, Tiller is deployed with an insecure 'allow unauthenticated users' policy.
To prevent this, run `helm init` with the --tiller-tls-verify flag.
For more information on securing your installation see: https://docs.helm.sh/using_helm/#securing-your-helm-installation
Happy Helming!
/devops $ 
```

▲ **그림 5.19** 틸러 설치하기

Happy Helming! 메시지는 헬름 틸러가 클러스터에 설치됐음을 나타낸다.

3. 다음 커맨드를 사용해 kube-system 네임스페이스에서 사용 가능한 tiller-deploy의 디플로이먼트 인스턴스의 수를 확인해보자.

```
kubectl get deployment tiller-deploy -n kube-system
```

```
/devops $ kubectl get deployment tiller-deploy -n kube-system
NAME            READY   UP-TO-DATE   AVAILABLE   AGE
tiller-deploy   1/1     1            1           91s
/devops $ 
```

▲ **그림 5.20** 틸러 디플로이먼트의 상태

tiller-deploy 디플로이먼트에 사용할 수 있는 인스턴스가 1개 있을 때까지 2분 정도 기다리자. 이는 helm의 백엔드가 성공적으로 실행 중임을 나타낸다.

4. 다음 커맨드를 사용해 설치된 헬름의 버전을 확인해보자.

```
helm version
```

```
/devops $ helm version
Client: &version.Version{SemVer:"v2.12.0", GitCommit:"d325d2a9c179b33af1a024cdb5a4472b6288016a", GitTreeState:"clean"}
Server: &version.Version{SemVer:"v2.12.0", GitCommit:"d325d2a9c179b33af1a024cdb5a4472b6288016a", GitTreeState:"clean"}
/devops $ 
```

▲ **그림 5.21** 헬름 버전 정보

클라이언트와 서버 버전이 동일하며 이를 통해 서버-클라이언트 간의 API가 일치함을 예상할 수 있다.

5. 다음 커맨드를 사용해 워드프레스 헬름 차트를 검색해보자.

```
helm search wordpress
```

```
/devops $ helm search wordpress
NAME                  CHART VERSION   APP VERSION   DESCRIPTION
stable/wordpress      5.8.2           5.1.1         Web publishing platform for building blogs and websites.
/devops $
```

▲ 그림 5.22 워드프레스 헬름 차트

여기서는 버전 5.8.2의 차트를 사용할 수 있고 버전 5.1.1의 워드프레스가 설치돼 있음을 알 수 있다.

이번 실습에서는 쿠버네티스의 공식 패키지 매니저인 헬름을 클러스터에 설치해보고 상태를 확인해봤다. 클러스터에 복잡한 마이크로서비스 애플리케이션을 배포하기 위해서는 헬름의 실제 사용법을 익히는 것이 필수다. 다음의 활동에서는 공식적인 헬름 차트와 함께 널리 알려진 워드프레스 애플리케이션을 설치해볼 것이다.

활동 5: 헬름을 사용해 쿠버네티스에서 워드프레스 블로그 설치 및 확장하기

 이번 활동을 완료하려면 쿠버네티스 클러스터가 필요하다. 3장 '쿠버네티스 소개'에서 생성한 미니쿠베 클러스터 혹은 4장 '쿠버네티스 클러스터 만들기'에서 생성한 GKE 클러스터를 활용한다.

이번 활동은 공식 헬름 차트를 사용해 쿠버네티스 클러스터에 워드프레스 블로그와 데이터베이스를 설치하고 관리하는 것을 목표로 한다. 헬름과 kubectl 도구를 모두 사용해 초기 설정 화면에 도달하기 위해 블로그를 설치하고 액세스해보자.

공식 헬름 차트를 사용해 쿠버네티스 클러스터에 워드프레스를 설치해보고, 문제없이 실행 중인지 확인해야 한다. 다음으로 워드프레스의 설치 절차를 완료한다. 설정이 완료되면 예상되는 부하를 감당할 수 있도록 워드프레스 인스턴스의 수를 3개로 확장해보자.

워드프레스가 성공적으로 시작됐다면 새 블로그가 다음과 같이 실행되고 있을 것이다.

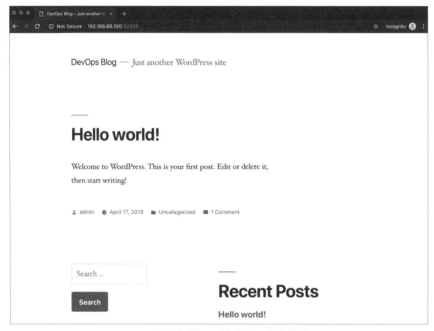

▲ 그림 5.23 워드프레스 블로그의 첫 화면

또한 성공적으로 확장이 이뤄졌다면, 워드프레스 파드의 인스턴스 3개를 확인할 수 있어야 한다.

```
/devops $ kubectl get pods
NAME                                    READY   STATUS    RESTARTS   AGE
devops-blog-mariadb-0                   1/1     Running   0          13m
devops-blog-wordpress-66488fc656-b5s8k  1/1     Running   0          8m38s
devops-blog-wordpress-66488fc656-sddd8  1/1     Running   0          69s
devops-blog-wordpress-66488fc656-wt79x  1/1     Running   0          69s
/devops $
```

▲ 그림 5.24 워드프레스 파드

이번 활동을 완료하기 위해서는 다음의 단계들을 수행해야 한다.

1. 워드프레스 헬름 차트를 설치한다. 릴리스 이름은 devops-blog, 사용자 이름은 admin으로 설정하자. 패스워드는 devops, 블로그 이름은 DevOps Blog로 한다.

2. 모든 파드가 작동하고 준비될 때까지 기다린다.

3. 워드프레스 홈페이지를 열어 성공적으로 설치됐는지 확인한다.

4. 워드프레스의 인스턴스 수를 3으로 확장한다.

5. 3개의 인스턴스가 동작하고 있는지 파드의 상태를 확인한다.

6. 브라우저를 통해 블로그 홈페이지에 액세스할 수 있는지 확인한다.

7. 설치된 워드프레스를 삭제한다.

 이번 활동의 해결 방법은 346페이지에서 확인할 수 있다.

이번 활동을 통해 실제 서비스 레벨의 확장 가능한 워드프레스 블로그와 함께 데이터베이스를 쿠버네티스 클러스터에 설치하고 조작해봤다. 블로그와 데이터베이스의 동작을 위해 시크릿, 볼륨, 디플로이먼트, 인그레스ingress 등 다양한 쿠버네티스 리소스가 생성됐음을 확인할 수 있었다. 헬름의 도움을 받아 몇 가지 커맨드와 구성값을 사용해 복잡한 마이크로서비스 애플리케이션을 설치할 수 있었다. 따라서 헬름의 기초를 배우는 것은 실제 서비스 레벨의 마이크로서비스 애플리케이션을 배포하고 관리하는 데 있어 필수라고 할 수 있다.

▎요약

5장에서는 먼저, 쿠버네티스에서 객체를 관리하는 방법을 알아봤다. kubectl을 사용한 명령형 커맨드, 구성 파일을 사용해 명령형 커맨드를 결합하는 방법, 마지막으로 예제를 통해 선언적 구성 방식을 소개했다. 다음으로, 서비스가 클러스터의 마이크로서비스를 연결하는 데 사용되는 중요한 쿠버네티스 리소스임을 설명했다. 실습을 통해 다른 애플리케이션을 발견하고 접근하기 위해 어떻게 마이크로서비스 애플리케이션을 구성하는지 알아봤다. 서로 간의 상호작용은 애플리케이션을 좀 더 복잡하게 만들 수 있고, 이로 인해 리소스 파일의 관리 또한 더 복잡해짐을 알 수 있었다. 이 문제를 해결하기 위해 공식 쿠버네티스 패키지 매니저인 헬름을 소개했다. 헬름은 몇 가지 커맨드를 사용해 리소스 정의와 구성값을 분리해 애플리케이션을 설치한다. 5장의 끝부분에서는 헬름을 사용해 블로그 애플리케이션을 설치하고 확장해봤다. 쿠버네티스는 클라우드 네이티브한 안정적이고 확장 가능한 애플리케이션을 관리하기 위해 설계됐기 때문에, 쿠버네티스에 애플리케이션을 배포하는 것은 중요한 포인트 중 하나다. 5장에 등장한 도구와 커맨드, 접근 방법은 이후의 장에서도 사용할 것이며, 이는 쿠버네티스 기반의 작업에서도 유용하게 사용할 수 있다. 6장에서는 컨피그맵과 시크릿, 볼륨을 사용해 쿠버네티스에서 애플리케이션을 구성하는 방법을 살펴볼 것이다.

06

쿠버네티스로 구성 및 스토리지 관리하기

학습 목표

6장을 끝까지 학습하면 다음을 수행할 수 있다.

- 쿠버네티스에서 구성 관리를 구현할 수 있다.
- 시크릿 관리의 모범 사례를 열거할 수 있다.
- 쿠버네티스에서 시크릿 처리 기능을 구현할 수 있다.
- 영구 스토리지에 샘플 애플리케이션을 구성, 배포할 수 있다.

6장에서는 쿠버네티스의 구성 및 스토리지 관리 방법을 학습할 것이다.

▮ 구성 관리

구성 관리는 시스템, 혹은 애플리케이션 구성의 수명주기를 관리한다. 이러한 설정은 컴퓨터 프로그램의 구성이 실행 환경에서 최적의 상태로 동작할 수 있게 도와준다. 또한 이러한 설정을 활용하면 경우에 따라 다르게 동작하게 할 수도 있다. 구성 관리에서 개별 구성 항목의 생성, 추적, 저장, 업데이트를 포함한 다양한 기능이 제공된다.

또한 구성 관리는 인프라스트럭처의 관리를 의미한다. 이러한 관점에서, 수동 구성 프로세스 대신에 자동화된 프로세스를 사용함으로써 효율을 높일 수 있다. **퍼핏**Puppet, **셰프**Chef, **앤서블** 같은 구성 관리 시스템은 많은 이점을 가져다준다. 예를 들면 자동화를 용이하게 하고, 시스템 전체에 걸쳐 일관성을 제공하며, 시스템을 원하는 상태와 일치시키는 작업을 수행한다. 그러나 쿠버네티스가 점점 해당 영역에 접근해가고 있고, 이러한 문제를 자체적으로 해결할 수 있게 돼가고 있기 때문에, 이러한 도구들은 인기를 잃어가고 있다.

다음 절에서는 최근의 클라우드 네이티브 애플리케이션에서 관리하는 인프라 구성과 애플리케이션 런타임 구성의 두 가지 구성 유형을 설명할 것이다. 다음으로, 네이티브 쿠버네티스 리소스를 사용해 애플리케이션의 런타임 구성을 어떻게 관리하는지 알아볼 것이다.

인프라 구성

인프라 구성에는 인프라 관리에 필요한 모든 리소스의 정의 및 구성이 포함된다. 이를 IaCInfrastructure as Code라고도 한다. IaC는 수동 작업 없이 시스템 배포를 자동화하는 방법으로, 휴먼 에러가 발생할 가능성을 줄이고 배포 속도가 크게 향상된다. 이는 다양한 데브옵스 사례를 적용하고자 한다면 꼭 적용돼야 한다. 특히 구성 변경사항을 추적하고, 자동화를 지원하고, 피어 리뷰peer review를 보증하기 위해 인프라 구성을 버전 관리, 제어하는 것이 매우 중요하다. 이는 코드와 마찬가지로, 버전 관리에서 인프라를 제어하면 CI/

CD 도구를 사용해 지속적인 테스트와 배포가 가능하다. 이 주제는 구성요소가 광범위하나, 이 책에서는 자세하게 다루지 않을 것이다. 그 대신, 다음 절에서 설명할 애플리케이션의 런타임 구성에 초점을 맞출 것이다.

런타임 구성

애플리케이션의 구성은 각 배포마다 이전 배포와 상이한 모든 내용을 포함한다. 예로서 환경 관련 정보, 외부 서비스에 대한 URL, 데이터베이스 자격 증명 등을 들 수 있다. 구성값에 데이터베이스 자격 증명 같은 민감한 정보가 포함돼 있는 경우, 시크릿 카테고리로 분류돼 보안 이슈와 관련해 좀 더 세심하게 처리된다. 시크릿에 대해서는 다음 절에서 자세히 소개할 것이다.

모든 애플리케이션은 일반적으로 개발, 테스트 및 프로덕션 환경의 최소 세 가지 구성 집합을 갖는다.

12 요소 애플리케이션 방법론^{twelve-factor app methodology}의 원칙 중 하나가 바로 코드에서 구성을 분리하는 것이다. 12 요소 애플리케이션 방법론에서는 환경에 대한 구성값^{configuration value}을 환경 변수로 정의하도록 제안하고 있다. 이는 언어와 운영체제에 독립적인 방식으로 구성을 쉽게 관리할 수 있는 유용한 기술이다. 또한 구성값을 변경하려는 모든 사용자가 변경할 값을 찾기 위해 소스 코드를 뒤지는 것보다 쉽게 이를 찾을 수 있다.

 12 요소 애플리케이션은 현대적인 애플리케이션을 개발하기 위한 이상적인 패턴을 제공하도록 만들어진 일련의 원칙이다. 자세한 내용은 https://12factor.net/을 참고하기 바란다.

구성 파일은 버전 관리 시스템에 저장하는 것이 좋다. 필요한 경우 이를 통해 변경사항을 추적하고 롤백할 수 있다.

▎ 쿠버네티스의 구성 관리

쿠버네티스는 애플리케이션 구성의 중앙 집중화된 관리 기능을 제공하며, 애플리케이션을 다시 컴파일하거나 재부팅하는 절차 없이 즉시 구성을 업데이트할 수 있다. 마운트된 볼륨으로 구성을 갖고 있는 모든 컨테이너에 변경사항이 전달되기 때문에 인스턴스 구성을 하나씩 수동으로 변경하지 않아도 된다.

쿠버네티스는 애플리케이션 구성 관리를 좀 더 용이하게 하기 위해 **컨피그맵**^{ConfigMap}이라는 내장 리소스를 제공한다. 이를 통해 구성을 소스 코드에서 분리하고 독립적으로 관리할 수 있다.

컨피그맵 내의 데이터는 키-값 쌍으로 구성된다. 여기서 키는 제공된 파일의 이름 혹은 커맨드를 통해 제공된 키이며, 값은 파일 내용 또는 커맨드에서 제공된 값을 의미한다. 그림 6.1은 컨피그맵 객체에 대한 API 레퍼런스를 나타낸다. 또한 컨피그맵 정의에서 어떤 필드가 어떤 타입의 객체에 해당하는지 볼 수 있다.

컨피그맵에 존재하는 구성은 파드에서 환경 변수 혹은 마운트된 볼륨의 파일을 통해 사용할 수 있다.

다음의 샘플 컨피그맵 정의를 살펴보자.

```yaml
apiVersion: v1
kind: ConfigMap
metadata:
  name: test-config
  namespace: default
data:
  environment: test
```

필드	설명	유형	필수 여부
apiVersion	해당 객체 정의를 포함하는 쿠버네티스 API의 버전을 의미한다.	String	필수 아님
Kind	해당 객체의 쿠버네티스 리소스 유형을 정의한다.	String	필수 아님
metadata	name 및 namespace와 같이 해당 객체를 다른 객체와 구분 짓는 정보가 포함된다.	ObjectMeta	필수 아님
data	키-값 쌍으로 이뤄진 구성값이 포함된다. 또한 충돌을 방지하기 위해 키가 고유해야 한다.	Object	필수 아님
binaryData	data 필드와 달리 UTF-8이 아닌 바이너리 유형의 구성값을 유지하는 데 사용된다.	Object	필수 아님

▲ **그림 6.1** 쿠버네티스의 컨피그맵 API 레퍼런스

컨피그맵 만들기

쿠버네티스에서 컨피그맵 객체를 생성하는 몇 가지 다른 방법이 있다. 그중 한 가지가 JSON 또는 YAML에서 컨피그맵 파일을 수동으로 생성하고, kubectl apply/create를 사용해 클러스터에 배포하는 것이다. 이 옵션을 사용하면 생성한 정의 파일을 깃^{Git}과 같은 버전 제어 시스템에서 관리할 수 있다.

다음의 컨피그맵 정의를 사용해 app-config.yaml이라는 파일을 만들어보자. vi를 사용해 파일을 만들고, 다음의 정의를 복사해 붙여넣는다.

```
$ vi app-config.yaml

apiVersion: v1
kind: ConfigMap
metadata:
  name: app-config
data:
  environment: test
```

이제 다음과 같이 배포해보자.

```
$ kubectl apply -f app-config.yaml
$ kubectl get configmap app-config -o yaml
```

다음은 위에서 실행한 kubectl apply 커맨드로 생성된 app-config 컨피그맵 객체를 보여주는 kubectl get 커맨드의 결과를 나타낸다.

```
apiVersion: v1
data:
  environment: test
kind: ConfigMap
metadata:
  annotations:
    kubectl.kubernetes.io/last-applied-configuration: | {"apiVersion":"v1",
"data":{"environment":"test"},"kind":"ConfigMap","metadata":{"annotations":{},
"name":"app-config","namespace":"default"}}
  creationTimestamp: 2019-02-23T20:28:31Z
  name: app-config
  namespace: default
  resourceVersion: "4067078"
  selfLink: /api/v1/namespaces/default/configmaps/app-config
  uid: 95e6d30e-37a9-11e9-b54c-42010a840235
```

또는 kubectl create configmap 커맨드를 사용해 컨피그맵을 생성할 수 있다. 문자, 파일 혹은 디렉토리를 지정해 직접 컨피그맵을 생성한다.

2개의 문자열을 사용해 컨피그맵을 만들어보자.

```
$ kubectl create configmap test-config --from-literal=test-config-1=test1
--from-literal=test-config-2=test2
$ kubectl get configmap test-config -o yaml
```

다음은 위의 kubectl create configmap 커맨드에 의해 생성된 test-config 컨피그맵 객체를 보여주는 kubectl get의 결과를 나타낸다.

```
apiVersion: v1
data:
  test-config-1: test1
  test-config-2: test2
kind: ConfigMap
metadata:
  creationTimestamp: 2019-02-22T19:14:38Z
  name: test-config
  namespace: default
  resourceVersion: "406620"
  selfLink: /api/v1/namespaces/default/configmaps/test-config
  uid: d820c9fd-37a8-11e9-b54c-42010a840235
```

--from-literal 대신 --from-file 옵션을 사용하면 파일이나 디렉토리를 참조해서 컨피그맵을 생성할 수도 있다. 이때 유일한 제약 조건은 파일에 암호화되지 않은 텍스트로 키-값 쌍을 포함하고 있어야 한다는 것이다.

```
$ echo "test-config=test" > configs.txt

$ kubectl create configmap test-config-2 --from-file=configs.txt
$ kubectl get configmap test-config-2 -o yaml
```

kubectl create configmap 커맨드로 생성된 test-config-2 컨피그맵 객체를 보여주는 kubectl get의 결과는 다음과 같다.

```
apiVersion: v1
data:
  configs.txt: |
    test-config=test
kind: ConfigMap
metadata:
  creationTimestamp: 2019-02-25T14:19:18Z
  name: test-config-2
  namespace: default
  resourceVersion: "473070"
  selfLink: /api/v1/namespaces/default/configmaps/test-config
  uid: 56a79682-3908-11e9-bd9a-82d3ccfe1531
```

이 절에서는 컨피그맵을 만드는 다양한 방법을 살펴봤다. 컨피그맵 정의 파일을 수동으로 생성하고, kubectl apply를 사용해 배포해봤다. 또한 kubectl create configmap을 사용해 문자열 또는 파일을 참조함으로써, 수동으로 정의 파일을 작성하지 않고 간단히 컨피그맵을 생성해봤다.

컨피그맵 업데이트하기

컨피그맵은 내장된 다른 쿠버네티스 리소스처럼 kubectl을 사용해 다음과 같이 업데이트할 수 있다.

```
$ kubectl apply -f app-config.yaml
```

kubectl create를 사용해 파일을 사용하지 않고 컨피그맵을 생성한 경우, 다음 커맨드로 컨피그맵을 간단히 업데이트할 수 있다. 여기서는 kubectl create configmap 커맨드를 통해 자동 생성된 YAML 파일을 사용한다.

```
$ kubectl create configmap test-config --from-literal=test-config-1=updated-test1
--from-literal=test-config-2=updated-test2 -o yaml --dry-run | kubectl replace -f -
```

혹은 다음과 같이 kubectl edit 또는 kubectl patch를 다른 쿠버네티스 리소스와 같은 방식으로 사용할 수도 있다.

```
$ kubectl patch configmap test-config -p='{"data":{"test-config-1": "updated-test1"}}'
```

파드에서 컨피그맵 사용하기

컨피그맵은 두 가지 방법을 통해 파드에서 사용될 수 있다. 이는 컨피그맵 내의 구성을 환경 변수로서 애플리케이션 컨테이너에 주입하고, 별도의 파일에 포함된 구성으로 볼륨을 마운트하는 방법을 통해 수행된다. 이때 파드는 동일한 네임스페이스의 컨피그맵만 사용할 수 있다.

다음의 예제 파드 정의를 통해 컨피그맵을 환경 변수로 주입하는 방법을 알아보자.

```
apiVersion: v1
kind: Pod
metadata:
  name: test-config-pod
spec:
  containers:
  - name: test
    image: busybox
    env:
      - name: LOG_LEVEL
        valueFrom:
          configMapKeyRef:
          name: app-config
          key: log-level
```

다음은 컨피그맵이 볼륨으로 마운트된 예다.

```
apiVersion: v1
kind: Pod
metadata:
  name: test-config-pod-2
spec:
  containers:
  - name: test
    image: busybox
    volumeMounts:
    - name: config-volume
      mountPath: "/configurations"
  volumes:
  - name: config-volume
    configMap:
      name: app-config
```

컨피그맵을 볼륨으로 파드에 마운트하면 컨피그맵의 각 데이터 항목들은 볼륨의 개별 파일이 된다.

마운트된 볼륨에서 컨피그맵을 사용하면 갱신이 가능하다는 이점이 있다. 따라서 처음 생성한 뒤에 컨피그맵을 갱신하면 변경사항이 컨피그맵을 사용하는 컨테이너로 전파된다. 현재 값이 캐시되는 과정이 수행되므로, 업데이트를 전파하는 데 몇 분 정도 걸린다.

컨피그맵은 파드가 이를 사용하기 전에 만들어야 한다. 만들어두지 않으면 파드는 컨피그맵이 생성될 때까지 시작되지 않을 것이다.

실습 16: 문자열과 파일로부터 컨피그맵 만들기

이번 실습에서는 문자열과 구성 파일을 사용해 컨피그맵을 만드는 것을 목표로 한다.

1. 샘플 구성값을 사용해 파일을 작성해보자.

```
$ cat > config.txt <<EOF
environment: "test"
max-limit: 999
log-level: "debug"
EOF
```

2. lesson-6라는 이름으로 네임스페이스를 생성하고, 이 파일로부터 컨피그맵을 만든다.

```
$ kubectl create ns lesson-6
$ kubectl create configmap app-config-file --from-file=config.txt -n lesson-6
$ kubectl get configmap app-config-file -o yaml -n lesson-6
```

```
/devops $ kubectl create configmap app-config-file --from-file=configs.txt -n lesson-6
configmap/app-config-file created
/devops $
/devops $ kubectl get configmap app-config-file -o yaml -n lesson-6
apiVersion: v1
data:
  configs.txt: |
    environment: "test"
    max-limit: 999
    log-level: "debug"
kind: ConfigMap
metadata:
  creationTimestamp: 2019-02-23T21:35:44Z
  name: app-config-file
  namespace: lesson-6
  resourceVersion: "4077099"
  selfLink: /api/v1/namespaces/lesson-6/configmaps/app-config-file
  uid: fa01e783-37b2-11e9-b54c-42010a840235
/devops $
```

▲ **그림 6.2** app–config–file 컨피그맵 만들기

3. 문자열로 컨피그맵을 만들어보자.

```
$ kubectl create configmap app-config --from-literal=environment=test -n
lesson-6
$ kubectl get configmap app-config -o yaml -n lesson-6
```

```
/devops $ kubectl create configmap app-config --from-literal=environment=test -n lesson-6
configmap/app-config created
/devops $
/devops $ kubectl get configmap app-config -o yaml -n lesson-6
apiVersion: v1
data:
  environment: test
kind: ConfigMap
metadata:
  creationTimestamp: 2019-02-23T21:33:35Z
  name: app-config
  namespace: lesson-6
  resourceVersion: "4076778"
  selfLink: /api/v1/namespaces/lesson-6/configmaps/app-config
  uid: ace55ef9-37b2-11e9-b54c-42010a840235
/devops $
```

▲ **그림 6.3** app–config 컨피그맵 생성하기

4. 다음과 같이 파드에서 컨피그맵을 사용하기 위한 ConfigPod.yaml이라는 파일을 만들어보자. 다음으로, 이 파드를 배포해보자.

```
$ kubectl apply -f ConfigPod.yaml -n lesson-6

apiVersion: v1
kind: Pod
metadata:
  name: test-config-pod
spec:
  containers:
  - name: test
    image: busybox
    command:
      - sleep
      - "99999"
    env:
      - name: ENVIRONMENT
        valueFrom:
          configMapKeyRef:
            name: app-config
            key: environment
    volumeMounts:
    - name: config-volume
      mountPath: "/configurations"
  volumes:
```

182

```
-name: config-volume
  configMap:
    name: app-config-file
```

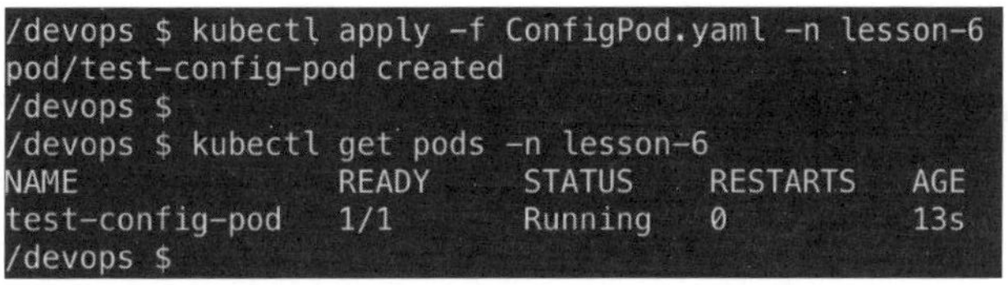

```
/devops $ kubectl apply -f ConfigPod.yaml -n lesson-6
pod/test-config-pod created
/devops $
/devops $ kubectl get pods -n lesson-6
NAME                READY    STATUS    RESTARTS    AGE
test-config-pod     1/1      Running   0           13s
/devops $
```

▲ **그림 6.4** 클러스터에 test-config-pod 배포하기

5. 컨테이너에 들어가서 구성 내용을 확인해보자.

```
$ kubectl exec -it test-config-pod -n lesson-6 sh
$ cat configurations/config.txt
$ echo $ENVIRONMENT
```

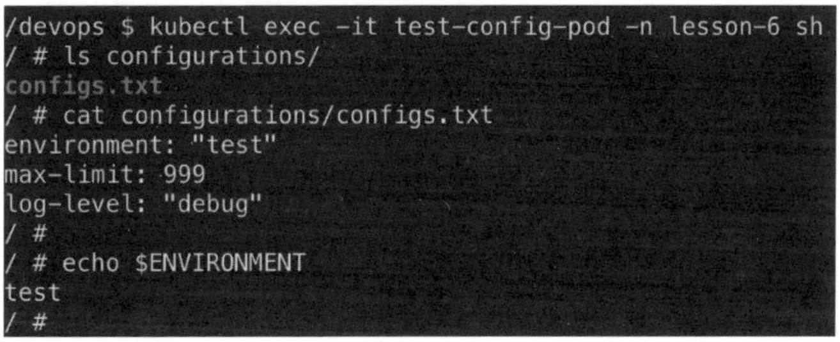

```
/devops $ kubectl exec -it test-config-pod -n lesson-6 sh
/ # ls configurations/
configs.txt
/ # cat configurations/configs.txt
environment: "test"
max-limit: 999
log-level: "debug"
/ #
/ # echo $ENVIRONMENT
test
/ #
```

▲ **그림 6.5** 컨테이너에 셸을 생성하고 configs.txt의 내용 확인하기

6. 샘플 구성값을 사용해 다른 파일을 작성해보자.

```
$ cat > config-2.txt <<EOF
environment: "dev"
max-limit: 111
log-level: "info"
EOF
```

7. config-2.txt 파일을 사용해 기존의 컨피그맵을 업데이트해보자.

```
$ kubectl create configmap app-config-file --from-file=config-2.txt -o yaml -n
lesson-6 --dry-run | kubectl replace -f -
```

```
/devops $ kubectl create configmap app-config-file --from-file=config-2.txt -o yaml -n lesson-6 --dry-run | kubectl replace
-f -
configmap/app-config-file replaced
/devops $
```

▲ 그림 6.6 파일을 사용해 app-config-file 바꾸기

8. 컨테이너에 들어가서 구성 내용을 확인해보자.

```
$ kubectl exec -it test-config-pod -n lesson-6 sh
$ cat configurations/config-2.txt
```

```
/devops $ kubectl exec -it test-config-pod -n lesson-6 sh
/ # cat configurations/config-2.txt
environment: "dev"
max-limit: 111
log-level: "info"
/ #
```

▲ 그림 6.7 컨테이너에 셸을 생성하고 config-2.txt의 내용 확인하기

 결과를 확인하기까지 몇 분 정도(컨피그맵이 동기화될 때까지) 기다려야 한다. 따라서 즉시 이번 단계를 수행할 경우 실패할 것이다.

쿠버네티스는 컨피그맵 내장 리소스를 제공함으로써 애플리케이션의 소스 코드로부터 구성을 분리하고, 가능한 한 최상의 방법으로 중앙 시스템에서 이들 구성을 관리할 수 있게 한다. 그러므로 런타임 구성을 위해 이들 기능을 활용하는 것이 중요하다. 이번 절에서는 일반적인 구성 관리와 함께 쿠버네티스에서 구성을 관리하는 방법을 배웠다. 다음 절에서는 시크릿이라는 특별한 유형의 구성을 살펴볼 것이다. 시크릿 관리의 모범 사례와 함께 쿠버네티스에서 시크릿을 어떻게 관리하는지 배울 것이다.

시크릿 관리

보안은 일반적으로 개발자에게는 성가신 주제이지만, 주의를 기울이지 않는다면 심각한 결과를 초래할 수 있는 중요한 요소이기도 하다. 시크릿 관리는 데브옵스 환경에서 안전한 시스템을 구현하기 위한 기본 요소 중 하나다. 이는 일반적으로 디지털 시스템에서 중요한 정보(시크릿)를 처리하는 기술과 도구를 가리킨다. 모든 민감한 정보는 시크릿으로 다룰 수 있다. 예를 들어, 다음은 데브옵스 환경에서 가장 일반적으로 사용되는 시크릿 중 일부다.

- API 키
- 데이터베이스 패스워드
- TLS 인증서

시크릿 관리란, 시크릿의 수명주기를 관리하는 것을 의미한다. 여기에는 이들을 안전하게 생성하고 저장, 소비 및 폐기하는 것이 포함된다. 시크릿은 하시코프^{Hashicorp}의 Vault(https://www.vaultproject.io/)나 스퀘어^{Square}의 Keywhiz(https://square.github.io/keywhiz/) 같은 시크릿 관리 소프트웨어를 사용해 관리할 수 있다. 일부 시크릿 관리에 도움이 될 수 있지만, 한편으로는 시스템에 불필요한 복잡성을 가져올 수 있다. 따라서 시스템의 요구사항을 매우 신중하게 평가해야 하고, 맹목적으로 시크릿 관리 도구를 사용하기 전에 전체 시스템에 대한 수동 관리가 고려돼야 한다. 시크릿 관리를 위해서는 선택한 방법에 관계없이 몇 가지 모범 사례를 숙지할 필요가 있다. 이 사례들은 다음 절에서 소개할 것이다.

시크릿 관리의 모범 사례

이번 절에서는 시크릿 관리의 모범 사례들을 살펴볼 것이다. 이들 사례의 포인트들은 데브옵스 환경에서 시크릿을 관리하기 위해 이해해둬야 한다. 그림 6.8은 중요한 정보를 안전하게 유지하는 데 유용한 시크릿 관리의 모범 사례를 보여준다.

▲ **그림 6.8** 시크릿 관리 모범 사례

시크릿 식별하기

시크릿 관리를 위한 첫 번째 단계는 모든 종류의 시크릿을 식별하는 것이다. 여기에는 패스워드, SSH 키, 통신 인증서(예: TLS)가 포함되지만, 이에 국한되지는 않는다. 이러한 식별 과정이 지속적인 프로세스로서 수행돼야 한다는 것이 매우 중요하다. 즉, 모든 새 구성값은 민감한 정보가 포함돼 있으면 평가되고 시크릿으로 취급돼야 한다. 또한 시크릿은 해석하기 어렵도록 충분히 복잡해야 한다. 예를 들어, 애플리케이션을 또 다른 애플리케이션과 통합할 때는 일반적으로 인증을 위한 자격 증명과 함께 다른 애플리케이션을 지정하기 위한 일부 구성값이 필요하다. 자격 증명을 비롯한 모든 구성값을 확인하고, 어떤 정보가 민감한 정보인지 결정하고, 이를 시크릿으로 분류해야 한다. 다음으로, 이들 시크릿을 식별할 때만 보안을 강화하기 위해 더 많은 수단을 고려할 수 있다.

소스 코드에서 시크릿 분리하기

안타깝게도 빠르게 성과를 내기 위해 소스 코드나 공유 폴더에 자격 증명, 연결 토큰 등의 민감한 내용을 하드코딩하는 경우가 일반적이다. 그러나 이는 경우에 따라 기업의 파산으로까지 이어질 수 있는 보안 위협을 야기한다.

이전 주제에서 구성을 소스 코드에서 분리해야 하는 이유를 이미 설명한 바 있다. 이러한 관행은 시크릿의 경우 더욱 중요한 요소다. 소스 코드에서 시크릿을 지키고, 환경 변수 또는 파일을 통해 이 정보를 애플리케이션에 주입하는 것이 데브옵스 모범 사례다. 이렇게 하면 타협의 가능성을 줄여줄 뿐만 아니라, 중앙에서 모든 시크릿을 관리할 수 있다. 고객의 데이터베이스 자격 증명을 소스 코드에 보관한다고 가정해보자. 해커가 애플리케이션에 액세스할 수 있는 경우, 애플리케이션을 리버스 엔지니어링해서 소스 코드를 볼 수 있다. 이 경우 해커는 고객의 데이터베이스에 대한 자격 증명을 얻을 수 있다. 그 결과, 고객과의 비즈니스 및 기업의 이미지에 얼마나 큰 타격을 줄 것인지 상상해볼 수 있다.

시크릿 로테이션

시크릿 로테이션은 시크릿의 정기적인 변경을 의미한다. 이는 시크릿 관리의 필수 요소다. 직원이 회사를 떠날 때, 또는 특정 시점에 시크릿이 노출되는 경우 발생할 수 있는 보안 취약점을 완화하는 것이 중요하다. 예를 들어, 시스템에 대한 시크릿 로테이션 정책이 존재하지 않는다면 1년 전에 발생한 보안 위반으로 인해 시스템이 해킹당할 수도 있다.

최소 권한 원칙

일반적인 데브옵스 환경은 시크릿 관리가 필수적인 다양한 기술과 도구를 사용한다. 다양한 도구에 사용되는 시크릿은 해당 도구를 문제없이 작동할 수 있는 매우 높은 레벨의 권한을 가질 수 있다. 이러한 경우 이 시크릿들에 대한 절충안은 치명적인 결과를 가져올 수 있다. 해커는 높은 수준의 권한이 부여된 자격 증명을 사용해 전체 시스템을 제어하거나 파괴할 수 있다. 그렇기 때문에 모든 시크릿이 각각 필요한 작업을 수행할 수 있는 최소한의 권한을 가져야 한다.

애플리케이션 로그에 대한 시크릿 출력 방지하기

시크릿은 절대로 로그에 출력되지 않도록 해야 한다. 뻔한 이야기처럼 들릴 수도 있겠지만, 특히 오류가 발생했을 때 객체 전체를 출력하는 경우 많이 저지를 수 있는 실수다. 이러한 문제가 발생하지 않도록, 코드를 작성하는 동안 명심할 필요가 있다. 예를 들어, 로그를 공개할 수 있는 시스템이 있을 수 있다. 이때 실수로 민감한 정보를 출력하는 코드를 로그에 병합하는 경우, 이 정보는 악의를 가진 누군가에 의해 쉽게 이용될 수 있다.

유휴 시 암호화

시크릿은 사용 중일 때뿐만 아니라 유휴 상태에서도 주의 깊게 다뤄야 한다. 일반 텍스트로 저장하기보다 암호화된 상태로 저장돼야 한다. 이렇게 하면 시크릿이 유출되더라도 암호화 키가 없으면 쓸모가 없어진다. 구글 클라우드는 이 문제(https://cloud.google.com/kms/)를 해결하기 위해 KMS^{Cloud Key Management Service}라는 서비스를 제공한다. 시크릿을 암호화하고 복호화하는 절차를 제공해 더 안전하게 저장할 수 있다. KMS는 또한 구글 쿠버네티스 엔진^{Google Kubernetes Engine}과 통합돼 있으므로 쿠버네티스 etcd에 있는 시크릿을 암호화하는 데 사용할 수 있다. 악의를 가진 사람이나 코드 조각이 어느 시점에 스토리지에 대한 액세스 권한을 부여받더라도 해당 시크릿이 암호화돼 있으면 아무것도 할 수 없다. 이 내용은 다음 주제인 쿠버네티스에서 시크릿 관리하기로 우리를 안내할 것이다.

쿠버네티스에서 시크릿 관리하기

쿠버네티스는 시크릿 관리를 좀 더 용이하게 하기 위해 시크릿이라는 내장 리소스를 제공한다. 각 시크릿 객체는 소량의 민감한 정보를 저장하는 데 사용된다.

시크릿 리소스에 보관되는 데이터는 키-값으로 이뤄진 쌍의 형태를 갖는다.

그림 6.9는 시크릿 객체에 대한 API 레퍼런스를 보여준다. 어떤 필드가 시크릿 정의 객체 유형에 해당하는지 확인할 수 있다.

필드	설명	유형	필수 여부
apiVersion	해당 객체 정의를 포함하는 쿠버네티스 API의 버전을 의미한다.	String	필수 아님
kind	해당 객체의 쿠버네티스 리소스 유형을 정의한다.	String	필수 아님
metadata	name 및 namespace와 같이 해당 객체를 다른 객체와 구분 짓는 정보가 포함된다.	ObjectMeta	필수 아님
type	사용자가 생성한 시크릿 객체를 서비스 계정의 시크릿처럼 프로그래밍 방식으로 생성된 객체와 구별하는 데 사용된다.	Object	필수 아님
data	키-값 쌍으로 이뤄진 시크릿값이 포함된다. 또한 충돌을 방지하기 위해 키가 고유해야 하며, data 필드에서 제공되는 값은 암호화돼 있어야 한다.	Object	필수 아님
stringData	data 필드와 달리 인코딩된 값 대신 일반 텍스트값을 직접 설정하는 데 사용된다.	String	필수 아님

▲ 그림 6.9 쿠버네티스의 시크릿 API 레퍼런스

(https://v1-18.docs.kubernetes.io/docs/reference/generated/kubernetes-api/v1.18/#secret-v1-core)

샘플 시크릿 정의는 다음과 같다.

```yaml
apiVersion: v1
kind: Secret
metadata:
  name: credentials
type: Opaque
data:
  username: dXNlcgo=
  password: dGVzdC10b     2tlbg==
```

시크릿은 환경 변수 또는 볼륨으로 파드에서 참조할 수 있다.

시크릿 생성하기

쿠버네티스에서 시크릿 객체를 만드는 방법에는 여러 가지가 있다. 그중 한 가지가 JSON 혹은 YAML에서 시크릿 파일을 수동으로 만들고, kubectl apply/create를 사용해 클러스터에 배포하는 것이다. 이 옵션을 사용하는 경우에는 시크릿 정보를 직접 인코딩하고, data 또는 stringData 필드 중 어느 것을 사용할지의 선택에 따라 시크릿 정의 파일에서 시크릿 정보를 사용해야 한다. 그럼, 이제부터 시크릿 만드는 법을 배워보자.

base64를 사용하면 자격 증명을 간단히 인코딩할 수 있다.

```
$ echo -n 'test-token' | base64
$ dGVzdC10b2tlbg==
```

다음으로, data 필드에 이전 단계에서 인코딩된 자격 증명을 사용해 test-secret.yaml이라는 시크릿 파일을 만들어보자.

```yaml
apiVersion: v1
kind: Secret
metadata:
```

```
  name: test-secret
type: Opaque
data:
  token: dGVzdC10b2tlbg==
```

다음 커맨드를 통해 배포한다.

```
$ kubectl create -f test-secret.yaml
```

또한 클러스터의 기존 시크릿을 디코딩하기 위해 kubectl get secret 커맨드를 사용할 수 있다.

```
$ kubectl get secret test-secret -o yaml
```

다음은 위의 kubectl create 커맨드로 생성된 test-secret 시크릿 객체를 보여주는 kubectl get의 출력 결과다.

```
apiVersion: v1
data:
  token: dGVzdC10b2tlbg==
kind: Secret
metadata:
  creationTimestamp: 2019-02-20T20:09:51Z
  name: test-secret
  namespace: default
  resourceVersion: "7138986"
  selfLink: /api/v1/namespaces/default/secrets/test-secret
  uid: 7b1b57d5-354b-11e9-bd98-42010a9c01eb
type: Opaque
```

이제 base64를 다시 사용해 시크릿을 해독할 수 있다.

```
$ echo 'dGVzdC10b2tlbg==' | base64 -D
test-token
```

 −D 옵션은 맥OS에서만 유효하다. 리눅스의 경우 −d를 사용한다.

대안으로, 열려 있는 텍스트의 자격 증명을 data 대신에 stringData로 제공할 수 있다. 이 방법을 통해 텍스트가 인코딩된다.

```
apiVersion: v1
kind: Secret
metadata:
  name: test-secret
type: Opaque
stringData:
  token: test-token
```

다음 커맨드를 통해 배포한다.

```
$ kubectl apply -f test-secret.yaml
```

이제 시크릿의 내용을 살펴보면, 앞의 예제에서 인코딩한 내용과 동일하다는 사실을 알 수 있다.

```
$ kubectl get secret test-secret -o yaml
```

위의 커맨드를 통해 앞서 kubectl apply 커맨드로 생성된 test-secret 시크릿 객체를 보여주는 kubectl get의 출력을 확인할 수 있다.

```
apiVersion: v1
data:
  token: dGVzdC10b2tlbg==
kind: Secret
metadata:
  creationTimestamp: 2019-02-20T20:24:14Z
  name: test-secret
  namespace: default
  resourceVersion: "473531"
  selfLink: /api/v1/namespaces/default/secrets/test-secret
  uid: 06e67b21-3909-11e9-bd9a-82d3ccfe1531
type: Opaque
```

시크릿을 만드는 또 다른 방법은 kubectl create secret을 사용하는 것이다. 이 커맨드는
파일이나 문자열을 통해 시크릿을 생성한 뒤 이를 클러스터에 배포한다.

여기서 작성한 시크릿(test-secret)은 다음 커맨드를 통해서도 만들 수 있다.

```
$ kubectl create secret generic test-secret-2 --from-literal=token=test-token
```

또는 토큰을 파일에 넣고 해당 파일을 사용해 직접 시크릿을 만들 수도 있다.

```
$ echo test-token > token.txt
$ kubectl create secret generic test-secret-3 --from-file=token=token.txt
```


시크릿 업데이트하기

시크릿은 다른 내장 쿠버네티스 리소스와 마찬가지로 kubectl apply 커맨드를 사용해 업
데이트될 수 있다.

```
$ kubectl apply -f test-secret.yaml
```

kubectl create 커맨드를 사용해 파일 없이 시크릿을 만든 경우, 다음 커맨드를 사용해 시크릿을 간단히 업데이트할 수 있다. 이 경우 kubectl create secret 커맨드에 의해 자동 생성된 YAML 파일을 사용한다.

```
$ kubectl create secret generic test-secret --from-literal=token=new-test-token -o yaml
--dry-run | kubectl replace -f -
```

또는 kubectl edit나 kubectl patch를 다른 쿠버네티스 리소스와 같은 방식으로 사용할 수도 있다.

```
$ kubectl patch secret test-secret -p='{"stringData":{"token": "new-test-token"}}'
```

파드에서 시크릿 사용하기

파드에서는 시크릿을 두 가지 방법으로 사용할 수 있다. 이는 애플리케이션이 동작 중인 컨테이너에 환경 변수로 주입하고, 파일 내의 시크릿과 함께 볼륨을 마운트하는 것으로 수행된다. 이때 파드는 동일한 네임스페이스의 시크릿만 사용할 수 있다.

시크릿이 환경 변수로 주입되는 예제 정의를 살펴보자.

```
apiVersion: v1
kind: Pod
metadata:
  name: test-secret-pod
spec:
  containers:
  - name: test
    image: busybox
    env:
      - name: TOKEN
        valueFrom:
          secretKeyRef:
```

```
        name: test-secret
        key: token
```

시크릿이 볼륨으로 마운트된 다음 예도 살펴보자.

```
apiVersion: v1
kind: Pod
metadata:
  name: test-secret-pod-2
spec:
  containers:
  - name: test
    image: busybox
    volumeMounts:
    - name: token-volume
      mountPath: "/secrets"
  volumes:
  - name: token-volume
    secret:
      secretName: test-secret
```

여러 컨테이너에서 시크릿을 사용해야 하는 경우 볼륨은 한 번만 참조돼야 하지만, 각 컨테이너에 대해 별도의 volumeMount를 추가할 필요가 있다.

마운트된 볼륨에서 시크릿을 사용하면 업데이트가 가능하다는 장점이 있다. 따라서 처음 생성한 후에 시크릿을 업데이트하면 해당 변경 내용이 이 시크릿을 사용하는 컨테이너로 전파된다. 현재 값이 캐시되고, 업데이트가 전파되는 데 시간이 걸리는 이유를 염두에 두어야 한다.

시크릿은 이를 사용하는 파드보다 먼저 생성돼야 한다. 그렇지 않으면, 시크릿이 생성될 때까지 파드가 시작되지 않는다.

실습 17: 시크릿 생성 및 업데이트

이번 실습에서는 시크릿을 만들고, 해독하고, 기존 시크릿을 업데이트하는 것을 목표로 한다.

실습을 완료하기 위해서는 다음의 단계들을 수행해야 한다.

1. 먼저 임의의 토큰을 생성한다.

```
$ openssl rand -hex 8
```

▲ **그림 6.10** 임의의 토큰 생성하기

2. kubectl create secret 커맨드를 사용해 시크릿을 만든다.

```
$ kubectl create secret generic token -n lesson-6 --from-literal=token=
b83f7d3cc64efc58
```

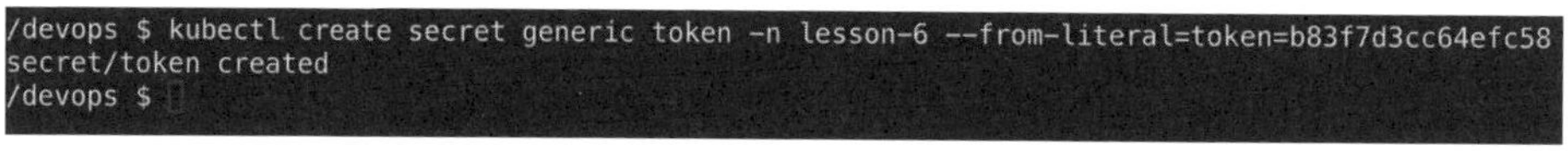

▲ **그림 6.11** 문자열로 토큰 시크릿 생성하기

3. 시크릿을 조회하고 이를 해독해보자.

```
$ kubectl get secret token -n lesson-6 -o yaml
$ echo "YjgzZjdkM2NjNjRlZmM1OA==" | base64 -D
```

```
/devops $ kubectl get secret token -n lesson-6 -o yaml
apiVersion: v1
data:
  token: YjgzZjdkM2NjNjRlZmM1OA==
kind: Secret
metadata:
  creationTimestamp: 2019-02-18T21:03:36Z
  name: token
  namespace: lesson-6
  resourceVersion: "6822125"
  selfLink: /api/v1/namespaces/lesson-6/secrets/token
  uid: a8a3e7b6-33c0-11e9-bd98-42010a9c01eb
type: Opaque
/devops $
/devops $ echo "YjgzZjdkM2NjNjRlZmM1OA==" | base64 -D
b83f7d3cc64efc58
```

▲ 그림 6.12 시크릿의 내용 확인하고 토큰 복호화하기

4. 1단계의 openssl 커맨드를 사용해 새로운 임의의 토큰을 만들고 기존의 시크릿을 변경해보자.

```
$ kubectl create secret generic token --from-literal=token=0c796ab82c385dd2 -n
lesson-6 -o yaml --dry-run | kubectl replace -f -
```

```
/devops $ openssl rand -hex 8
69573f31bcde6e3b
/devops $
/devops $ kubectl create secret generic token --from-literal=token=69573f31bcde6e3b -n lesson-6 -o yaml --dry-run | kubectl replace -f -
secret/token replaced
/devops $
/devops $ kubectl get secret token -n lesson-6 -o yaml
apiVersion: v1
data:
  token: Njk1NzNmMzFiY2RlNmUzYg==
kind: Secret
metadata:
  creationTimestamp: 2019-02-18T21:03:36Z
  name: token
  namespace: lesson-6
  selfLink: /api/v1/namespaces/lesson-6/secrets/token
  uid: a8a3e7b6-33c0-11e9-bd98-42010a9c01eb
type: Opaque
/devops $
```

▲ 그림 6.13 시크릿의 기존 토큰을 새로운 토큰으로 대체하기

별도의 리소스 유형으로서, 시크릿은 쿠버네티스에서 더 많은 주의를 기울여 다뤄진다. 예를 들어, 다른 리소스와 달리 쿠버네티스는 kubectl get 또는 kubectl describe를 실행할 때 시크릿 정보를 표시하지 않는다. 이 유형을 사용하면, 중앙 시스템에서 모든 비밀을 관리하고 애플리케이션에서 분리할 수 있다. 그렇기 때문에 시크릿 리소스를 사용한 추상화가 쿠버네티스에서 실행되는 애플리케이션의 시크릿을 관리하는 가장 좋은 방법이다.

이번 장에서는 일반적인 시크릿 관리와 함께 쿠버네티스에서 시크릿을 관리하는 방법을 배웠다. 다음 절에서는 쿠버네티스에서 스토리지를 다루는 방법을 배우게 될 것이다.

활동 6: 즉석에서 구성 업데이트하기

쿠버네티스에서 애플리케이션이 실행 중이며 프로덕션 환경에서 사용할 수 있다고 가정해보자. 상사가 최종적으로 프로덕션 환경에서 애플리케이션을 배포하도록 요청한다. 프로덕션 클러스터에 애플리케이션을 배포하고 고객이 사용할 수 있게 한다. 로그를 확인해보니, 테스트 구성을 사용해 애플리케이션이 배포됐음을 알게 됐다. 따라서 애플리케이션에서 사용 중인 구성을 즉시 업데이트한다. 다음으로, 보안 팀의 한 멤버가 로그를 확인한 후 애플리케이션이 8바이트 토큰을 사용하고 있음을 인식하고 이를 32바이트로 변경할 것을 요청한다. 이때 구성을 변경하는 동안 애플리케이션이 다운되지 않아야 한다. 이번 활동의 첫 번째 작업은 이번 장에서 작성한 컨피그맵과 시크릿 정보를 사용하는 애플리케이션을 먼저 배포하는 것이다. 그런 다음, 시나리오에 따라 구성 및 시크릿 정보를 업데이트해보자.

 이번 활동을 완료하려면 앞서 살펴본 이번 장의 모든 실습을 완료해야 한다. 이 활동 위해 실제 클러스터 혹은 미니쿠베를 사용할 수 있다.

이번 활동을 완료하기 위해서는 다음의 단계들을 수행해야 한다.

1. 이번 장의 전반부에서 만든 app-config라는 컨피그맵과 token이라는 시크릿을 포함해 해결책을 만들 수 있다. 이 컨피그맵과 시크릿을 사용하는 파드를 정의하는 파일을 작성하자.

2. 파드를 배포한다.

3. 파드가 실행 중인지 확인하고, 로그를 통해 컨피그맵으로 구성한 현재 환경과 시크릿으로 획득한 토큰을 확인해보자.

4. `app-config` 컨피그맵을 이용해 기존에 설정된 환경 변수를 변경한다.

5. 로그를 통해 업데이트된 환경 정보를 확인할 수 있다.

> ℹ️ 파드에 변경사항이 적용되는 데까지 몇 분 정도 걸릴 수 있다.

6. 32바이트 토큰을 생성하고 인코딩한다.

7. 시크릿을 사용해 기존에 설정된 토큰을 교체한다.

8. 업데이트된 토큰을 보려면 로그를 다시 확인한다.

> ℹ️ 이번 활동의 해결 방법은 351페이지에서 확인할 수 있다.

❚ 스토리지 관리

스토리지 관리는 데브옵스의 스토리지 측면과 관련된 모든 문제의 해답을 제공한다. 이는 데브옵스 환경이 원활하게 실행되려면 스토리지를 신속하고 효율적으로 프로비저닝해야 하기 때문에 특히 중요하다.

자동화는 데브옵스의 키워드이자, 가능한 한 휴먼 오류를 줄이고, 개발 및 릴리스 프로세스를 개선할 수 있는 안정된 환경을 제공하는 데 중점을 둔 기능이다. 레시피에 고도로 필요한 확장성과 가용성을 추가함으로써, 동적 스토리지 프로비저닝은 모든 요구사항을 적절하게 충족시켜야 한다. 또한 이는 데브옵스 환경에 요구되는 워크플로우를 좀 더 심플하게 만든다.

개발자는 도구와 기술에 의존할 뿐만 아니라, 개발 목적으로 스토리지를 조밀하게 활용한다. 따라서 조직은 개발자가 좀 더 실용적인 방식으로 업무를 수행하고, 조직에 더 많은 가치를 부여할 수 있도록 올바른 도구를 제공할 필요가 있다.

다행히, 클라우드 및 최신 스토리지 관리 솔루션의 등장으로 스토리지 프로비저닝 시간이 몇 달에서 몇 초로 단축됐다.

데브옵스 프로세스는 컨테이너 생태계에 의존하므로, 컨테이너를 지원하는 스토리지 플랫폼이 필요하다. 플랫폼이 스토리지 프로비저닝을 위한 인프라를 추상화하고, 사용자가 스토리지를 관리할 수 있는 통합 인터페이스를 제공하기 위해 쿠버네티스가 등장한다. 다음 절에서는 쿠버네티스가 제공하는 네이티브 리소스를 사용해 애플리케이션을 위한 스토리지를 관리하는 방법을 살펴볼 것이다.

▌쿠버네티스의 스토리지 관리

쿠버네티스는 클라우드에서 실행되는 애플리케이션에 필요한 스토리지의 관리를 위해 볼륨을 비롯한 몇 가지 내장 리소스를 제공한다. 쿠버네티스는 업계에서 널리 채택되고 있기 때문에, 클라우드 혹은 온프레미스 환경에서 동적 스토리지 프로비저닝을 사용하기 위한 여러 플러그인을 즉시 사용할 수 있다. 이는 데브옵스 환경의 자동화에 필요한 속도와 효율성을 동시에 제공한다. 다음 절에서는 이러한 기본 쿠버네티스 리소스를 소개하고, 이를 활용하는 방법을 알아볼 것이다.

볼륨

쿠버네티스는 볼륨 추상화의 두 가지 문제를 해결하는 것을 목표로 한다. 그중 하나는 임시 스토리지만을 가진 컨테이너로, 컨테이너가 소멸하면 사라지는 것이다. 다른 하나는 파드 내부의 컨테이너 간에 공통 볼륨을 공유하는 것이다.

쿠버네티스는 모든 클라우드 제공자가 활용할 수 있고, 온프레미스 솔루션 또한 지원할 수 있는 다양한 볼륨 유형을 제공한다.

다음 URL을 통해 쿠버네티스가 지원하는 볼륨 유형의 전체 목록을 확인할 수 있다.

  https://kubernetes.io/docs/concepts/storage/#types-of-volumes

이 책에서는 emptyDir, gcePersistentDisk, glusterfs와 같이 가장 널리 사용되는 볼륨 유형을 다룰 것이다.

emptyDir

emptyDir은 노드의 기본 스토리지 시스템을 활용하는 볼륨 유형이다. 구성에 따라 모든 컨테이너가 동일하거나 다른 경로를 통해 액세스할 수 있도록 파드에 마운트된 비어 있는 볼륨을 제공한다. 볼륨의 수명은 볼륨을 사용하는 파드에 의해 결정되므로 파드를 다시 시작해도 볼륨이 지워지지 않지만, 파드를 죽이면 볼륨도 함께 삭제된다.

다음은 emptyDir을 사용하는 샘플 파드 정의다.

```
apiVersion: v1
kind: Pod
metadata:
  name: emptydir-pod
spec:
  containers:
  - image: busybox
    name: test
    volumeMounts:
     - mountPath: /test-folder
       name: emptydir-volume
  volumes:
  - name: emptydir-volume
    emptyDir: {}
```

gcePersistentDisk

gcePersistentDisk는 영구 디스크를 처리하기 위해 구글 클라우드에서 지원하는 볼륨 유형이다. 이는 GCE^Google Compute Engine에서 실행되는 애플리케이션에서 영구 디스크를 가져오는 데 사용할 수 있다. 이 디스크는 파드가 죽을 때 데이터가 지워지지 않는다는 장점이 있다. 또 다른 장점으로는 볼륨을 미리 생성하고 데이터로 채울 수 있으며, 파드가 실행될 경우 이 내용이 애플리케이션에 제공된다는 점을 들 수 있다.

다음 커맨드는 GCE에서 영구 디스크를 만드는 데 사용할 수 있다.

```
$ gcloud compute disks create --size=20GB --zone=europe-west3-a test-disk
```

다음은 위의 커맨드를 통해 생성된 test-disk를 사용하는 샘플 파드 정의다.

```
apiVersion: v1
kind: Pod
metadata:
  name: gce-pod
spec:
  containers:
  - image: busybox
    name: test
    volumeMounts:
    - mountPath: /test-folder
      name: gce-volume
  volumes:
  - name: gce-volume
    gcePersistentDisk:
      pdName: test-disk
      fsType: ext4
```

glusterfs

glusterfs는 무료 및 오픈소스 네트워크 파일시스템인 GlusterFS를 지원하는 볼륨 유형이다. GCE의 영구 디스크와 마찬가지로, GlusterFS에서 생성된 볼륨은 파드가 삭제돼도 데이터가 지워지지 않는다. 또한 GCE와 동일하게, 애플리케이션에 미리 데이터로 채워진 볼륨을 제공할 수 있다. 그러나 오픈소스 제품으로서, GCE의 관리형 스토리지 솔루션과는 달리 이를 직접 유지 관리해야 한다.

GlusterFS에 대한 자세한 내용은 다음 URL을 참고하자.

- https://docs.gluster.org/en/latest/Administrator%20Guide/GlusterFS%20
Introduction

다음은 GlusterFS에서 생성된 볼륨을 사용하는 샘플 파드 정의다.

```
apiVersion: v1
kind: Pod
metadata:
  name: glusterfs-pod
spec:
  containers:
  - image: busybox
    name: test
    volumeMounts:
    - mountPath: /test-folder
      name: glusterfs-volume
  volumes:
  - name: glusterfs-volume
    glusterfs:
      endpoints: glusterfs-cluster
      path: test-volume
```

실습 18: emptyDir 볼륨을 사용해 컨테이너 간에 콘텐츠 공유하기

이 실습에서는 같은 파드의 두 컨테이너 사이에 볼륨을 만들고 공유하기 위해, 볼륨 유형
으로 emptyDir을 사용하고자 한다.

1. 다음은 이를 구현하기 위한 파드 정의다.

```
apiVersion: v1
kind: Pod
metadata:
  name: emptydir-pod
```

```
spec:
  containers:
  - image: busybox
    command:
    - sleep
    - "99999"
    name: test-container-1
    volumeMounts:
    - mountPath: /test-folder
      name: emptydir-volume
  - image: busybox
    command:
    - sleep
    - "99999"
    name: test-container-2
    volumeMounts:
    - mountPath: /test-folder
      name: emptydir-volume
  volumes:
  - name: emptydir-volume
    emptyDir: {}
```

2. 파드를 배포한 뒤, 다음 커맨드를 통해 실행 중인지 확인해보자.

```
$ kubectl apply -f emptyDir-pod.yaml -n lesson-6
$ kubectl get pods -n lesson-6
```

```
/devops $ kubectl apply -f emptyDir-pod.yaml -n lesson-6
pod/emptydir-pod created
/devops $
/devops $ kubectl get pods -n lesson-6
NAME            READY    STATUS     RESTARTS    AGE
emptydir-pod    2/2      Running    0           35s
/devops $
```

▲ 그림 6.14 emptydir-pod를 클러스터에 배포하기

3. 첫 번째 컨테이너에 들어간 뒤, 더미 파일을 만들고, 빠져나온다.

```
$ kubectl exec -it emptydir-pod -c test-container-1 -n lesson-6 sh
$ echo lesson-06 > test-folder/test-file
$ exit
```

```
/devops $ kubectl exec -it emptydir-pod -c test-container-1 -n lesson-6 sh
/ # ls test-folder/
/ # echo lesson-06 > test-folder/test-file
/ # exit
```

▲ **그림 6.15** 컨테이너 중 하나에 셸을 생성해 공유 폴더 만들기

4. 두 번째 컨테이너에 들어간 뒤, 파일 내용을 확인해보자.

```
$ kubectl exec -it emptydir-pod -c test-container-2 -n lesson-6 sh
$ cat test-folder/test-file
```

```
/devops $ kubectl exec -it emptydir-pod -c test-container-2 -n lesson-6 sh
/ # ls test-folder/
test-file
/ # cat test-folder/test-file
lesson-06
/ #
```

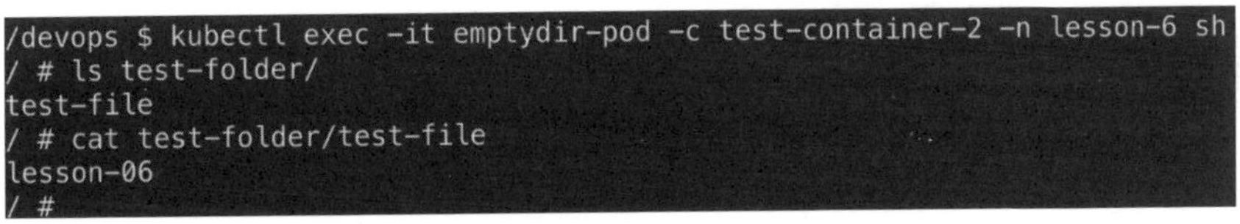

▲ **그림 6.16** 다른 컨테이너에 셸을 생성해 공유 폴더의 내용 보기

두 번째 컨테이너에는 동일한 볼륨이 마운트돼 있으므로, 동일한 파드의 컨테이너는 이러한 방식으로 내용을 공유할 수 있음을 알 수 있다.

이제 **영구 볼륨**PV, Persistent Volume, **영구 볼륨 클레임**PVC, Persistent Volume Claim, **스토리지 클래스**StorageClass와 같이 효율적인 스토리지 관리를 위한 다른 쿠버네티스 내장 리소스를 지속적으로 사용할 것이다.

영구 볼륨(PV)

영구 볼륨은 클러스터에 프로비저닝된 볼륨에 대한 추상화 기능을 제공한다. 이들은 볼륨과 비슷하지만 마지막 절에서 살펴본 것처럼 영구 볼륨은 별도의 리소스로서 영구 볼륨을 사용하는 파드와는 별개의 독립된 수명주기를 갖고 있다. 따라서 파드의 상태가 변경되더라도 영향을 받지 않는다.

클러스터 관리자는 물리적인 스토리지를 수동으로 프로비저닝하고 영구 볼륨을 생성할 수 있지만, 클러스터가 동적 스토리지를 지원하는 경우 동적으로 프로비저닝할 수도 있다.

볼륨과 마찬가지로, 영구 볼륨을 지원하는 다양한 유형이 존재한다. 전체 목록은 다음의 URL을 통해 확인할 수 있다.

https://kubernetes.io/docs/concepts/storage/persistent-volumes/#types-of-persistent-volumes

다음은 GlusterFS 플러그인을 사용하는 샘플 영구 볼륨의 정의다.

```yaml
kind: PersistentVolume
apiVersion: v1
metadata:
  name: glusterfs-volume
spec:
  capacity:
    storage: 10Gi
  accessModes:
    - ReadWriteOnce
  glusterfs:
    endpoints: glusterfs-cluster
    path: test-volume
```

이 샘플 영구 볼륨을 사용해 glusterfs-volume.yaml이라는 파일을 만들고, 이를 클러스터에 배포해보자.

```
$ kubectl create -f glusterfs-volume.yaml
```

다음과 같이 kubectl 커맨드를 사용해 문제없이 배포됐는지 확인할 수 있다.

```
$ kubectl get pv glusterfs-volume
$ kubectl describe pv glusterfs-volume
```

영구 볼륨 클레임(PVC)

영구 볼륨 클레임은 쿠버네티스 리소스 유형의 하나로, 사용되는 파드에 대한 영구 볼륨을 요청하는 데 사용된다. 또한 파드의 볼륨으로서 직접 참조할 수 있다.

쿠버네티스는 적합한 영구 볼륨과 영구 볼륨 클레임의 조합을 관리한다. GKE 같은 동적 스토리지를 지원하는 플랫폼에서, 영구 볼륨은 영구 볼륨 클레임의 요구사항에 맞게 자동으로 생성된다. 일단 적합한 조합이 발견되거나 생성되면 서로 연관을 맺게 된다. 다음으로, 쿠버네티스가 볼륨을 파드에 마운트한다.

영구 볼륨 클레임을 사용하면 애플리케이션이 필요로 하는 크기와 함께, 액세스 모드나 디스크 유형을 지정할 수 있는 스토리지 클래스를 결정할 수 있다(자세한 내용은 다음 절에서 설명할 것이다).

액세스 모드

영구 볼륨 클레임에서 사용할 수 있도록 지원되는 액세스 모드는 다음과 같다.

- ReadWriteOnce: 단일 노드가 볼륨을 읽거나 쓸 수 있다.
- ReadOnlyMany: 다수의 노드가 볼륨에서 데이터를 읽을 수는 있지만 쓸 수는 없다.
- ReadWriteMany: 다수의 노드가 볼륨을 읽고 쓸 수 있다.

50GB의 스토리지를 요청하기 위한 샘플 영구 볼륨 클레임을 다음과 같이 정의할 수 있다.

```
apiVersion: v1
kind: PersistentVolumeClaim
```

```
metadata:
  name: test-pvc
spec:
  accessModes:
    - ReadWriteOnce
  resources:
    requests:
      storage: 50Gi
```

위의 샘플 영구 볼륨 클레임 정의를 사용해 test-pvc.yaml이라는 파일을 만들고, 이를 클러스터에 배포할 수 있다.

```
$ kubectl create -f test-pvc.yaml
```

다음의 kubectl 커맨드를 사용하면 문제없이 배포됐는지 확인할 수 있다.

```
$ kubectl get pvc test-pvc
$ kubectl describe pvc test-pvc
```

스토리지 클래스

많은 클라우드 공급자는 속도 및 중복 허용과 같은 다양한 요구사항에 맞는 각기 다른 유형의 스토리지를 제공한다. 쿠버네티스는 애플리케이션에 탑재하기 위한 볼륨을 각기 다른 스토리지 유형 중에서 선택하는 방법으로 스토리지 클래스를 제공한다. 스토리지 클래스를 생성함으로써 사용자 지정 프로비저닝을 구성할 수도 있다.

일반적으로 클라우드 공급자가 기본 스토리지 클래스를 이미 제공하므로, 명시적으로 다른 스토리지 유형을 선택할 필요가 없는 경우 스토리지 클래스를 지정할 필요는 없다. 예를 들어, GKE에서 관리형 쿠버네티스 클러스터를 생성하면 기본 스토리지 클래스가 제공된다. 이때 스토리지 클래스는 영구 볼륨 클레임에서 요청할 때 표준 영구 디스크만을 제공한다. 애플리케이션에 다른 디스크 유형을 사용하기 위해서는 새 스토리지 클래스의 제공이 필요하다.

영구 볼륨 클레임을 생성할 때, 쿠버네티스는 스토리지 클래스에서 가져온 사양에 따라 자동으로 영구 볼륨을 생성한다.

다음은 GCE의 표준 디스크를 프로비저닝하기 위한 샘플 스토리지 클래스를 정의한 것이다.

```
kind: StorageClass
apiVersion: storage.k8s.io/v1
metadata:
  name: slow
provisioner: kubernetes.io/gce-pd
parameters:
  type: pd-standard
  replication-type: none
```

위의 샘플 영구 볼륨 클레임 정의를 사용해 slow.yaml이라는 파일을 생성하고, 클러스터에 배포할 수 있다.

```
$ kubectl create -f slow.yaml
```

다음의 kubectl 커맨드를 사용해 문제없이 배포됐는지 확인할 수 있다.

```
$ kubectl get storageclass slow
$ kubectl describe storageclass slow
```

그림 6.17의 다이어그램은 각 추상화가 쿠버네티스에서 스토리지 관리의 일부로서 다른 요소들과 상호작용하는 모습을 보여준다.

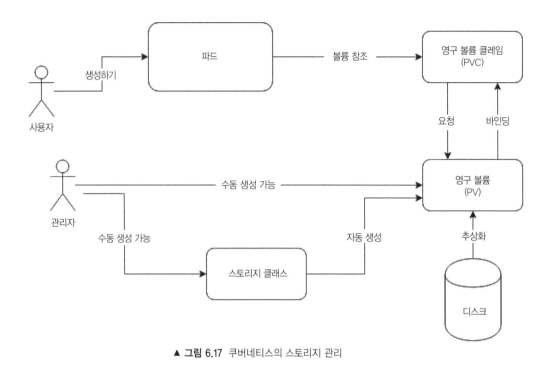

▲ **그림 6.17** 쿠버네티스의 스토리지 관리

이번 장에서는 쿠버네티스에서 스토리지를 효과적이고 신속하게 관리하는 데 사용되는 모든 리소스를 소개했다. 다음의 활동을 통해 쿠버네티스가 제공하는 리소스를 활용해 데이터를 저장하기 위해 백업용 영구 디스크와 함께 관계형 데이터베이스 관리 시스템을 배포해보자.

활동 7: 쿠버네티스에서 영구 데이터베이스 실행하기

전자상거래 웹사이트에서 지불을 담당하는 마이크로서비스를 구성한다고 가정해보자. 이를 위해 데이터베이스 관리 시스템을 배포해야 한다. 이 데이터베이스에 보관된 데이터는 장기간에 걸쳐 보안 유지가 요구된다(특히, 법률 및 감사 목적의 경우). 또한 데이터의 손실은 회사의 비즈니스에 대한 재앙을 의미할 수 있다. 요구되는 작업은 파드가 종료되거나 제거되더라도, 지워지지 않는 볼륨을(이 마이크로서비스에서 대량의 처리가 일어나기 때문에) MySQL 관계형 데이터베이스 관리 시스템과 함께 배포하는 것이다.

이번 활동을 완료하기 위해 미니쿠베 또는 관리형 쿠버네티스 클러스터(예: GKE)를 사용할 수 있다.

이번 활동을 완료하기 위해서는 다음 단계들을 수행해야 한다.

1. MySQL용 디플로이먼트 정의 파일을 작성한다. 이 파일은 사용자 패스워드에 시크릿을 사용하고, PVC를 이용해 볼륨을 구성한다.

2. 배포를 위한 서비스 정의 파일을 만든다.

3. 패스워드를 생성하고, 시크릿에 문자열 패스워드를 사용해 클러스터에 배포한다.

4. 20GB의 스토리지를 요청하는 PVC를 작성해 클러스터에 배포한다. 다음으로 쿠버네티스가 PV를 자동으로 생성하고, PVC에 바인딩했는지 확인해본다.

5. MySQL 디플로이먼트 및 서비스를 클러스터에 배포한다.

6. 파드가 실행 중인지 확인하고, 서버에 액세스해서 MySQL이 제대로 작동하고 있는지 확인한다.

이번 활동의 해결 방법은 354페이지에서 확인할 수 있다.

위의 작업을 통해, 쿠버네티스 클러스터에 20GB의 디스크 공간을 가진 MySQL이 실행되고 있으며, 앞의 실습에서 지정한 패스워드를 사용해 문제없이 액세스할 수 있음을 확인할 수 있다.

▎요약

6장에서는 우선 구성 관리를 소개하고, 데브옵스와 관련해 고려해야 할 다양한 유형의 구성에 대해 알아봤다. 실습을 통해 쿠버네티스에서 실행되는 애플리케이션의 구성을 어떻게 관리하는지 살펴봤다.

다음으로, 민감한 정보를 관리하기 위한 특정 유형의 구성인 시크릿 관리를 설명했다. 이와 함께 시크릿에 대한 작업을 수행할 때 고려해야 할 모범 사례를 소개했다. 또한 쿠버네티스에서 어떻게 시크릿이 독립적인 리소스로서 관리될 수 있는지 알아봤다. 마지막 부분에서는 처음 두 절에서 수행한 내용을 활동의 실제 시나리오에 적용해 수행했다.

스토리지 관리는 이 장의 마지막 주제였으며, 이 항목이 왜 데브옵스의 핵심 개념인지를 소개했다. 실용적인 방법으로 스토리지를 관리하기 위한 쿠버네티스 내장 리소스에 대해서도 살펴봤다. 7장에서는 애플리케이션을 업그레이드하고 확장하는 기본적인 두 가지 데브옵스 사례를 시연할 것이다.

07

쿠버네티스에서 애플리케이션 업데이트 및 확장하기

학습 목표

7장을 끝까지 학습하면 다음을 수행할 수 있다.

- 애플리케이션을 업데이트하기 위한 방안을 설명할 수 있다.
- 헬름 같은 외부 기술을 사용해 쿠버네티스에서 애플리케이션을 업데이트할 수 있다.
- 쿠버네티스에서 애플리케이션의 스케일 업, 스케일 아웃을 수행하고 이를 운영할 수 있다.
- 쿠버네티스에서 오토스케일러를 사용할 수 있다.

7장에서는 쿠버네티스에서 애플리케이션을 업데이트하고 확장하는 방법을 살펴볼 것이다.

▍ 애플리케이션 업데이트하기

6장 '쿠버네티스로 구성 및 스토리지 관리하기'에서는 쿠버네티스뿐만 아니라 일반적으로 구성 및 시크릿을 관리하는 방법을 살펴봤다. 또한 스토리지 관리 프로세스를 통해 사용자가 이를 쉽게 활용할 수 있도록 쿠버네티스가 제공하는 다양한 추상화 방안을 소개했다. 여기에 데브옵스의 핵심 항목으로서 구성 및 스토리지 관리에 대해 다뤘다. 7장에서는 마찬가지로 데브옵스 환경에 필히 적용돼야 할 애플리케이션을 업데이트하고 확장하기 위한 방법을 개발자 관점에서 설명할 것이다.

애플리케이션을 업데이트하는 것은 소프트웨어 관리, 특히 데브옵스 환경을 구현함에 있어 특히 중요한 부분이다. 지속적인 통합과 배포$^{CI/CD}$ 환경에서 애플리케이션은 하루에 여러 번 업데이트될 수 있다. 이와 같이 잦은 업데이트는 고가용성이 요구되는 애플리케이션의 경우 혼란을 가져올 수 있다. 어떤 사용자도 '현재 서비스를 이용하실 수 없습니다'라는 오류 메시지가 표시되는 웹사이트를 방문하고 싶지는 않을 것이다. 따라서 애플리케이션에 다운타임을 발생시키지 않으면서 가능한 한 빨리 업데이트를 수행하는 것이 중요하다.

업데이트 작업 수행 시에 사용 가능한 몇 가지 고급 기술이 존재한다. 각 기술은 각각 상이한 업데이트 프로세스와 함께 이에 따른 사용상의 장단점이 있다. 또한 이 프로세스들은 필요에 따라 롤백 시나리오도 제공한다. 물론, 애플리케이션을 종료한 후 새 버전을 기동하는 방법으로 업데이트할 수 있다. 이를 우리는 단순 혹은 **무모한 배포**$^{reckless\ deployment}$라고 부른다. 그러나 앞에서 언급했듯이 이로 인해 애플리케이션의 다운타임이 발생하고, 이는 고객의 불만으로 이어져 회사의 이미지에 영향을 끼칠 것이다.

다음 절에서는 **블루 그린 배포**$^{blue-green\ deployment}$, **롤링 업데이트**$^{rolling\ update}$, **카나리아 릴리스**$^{canary\ release}$, **다크 런치**$^{dark\ launch}$와 함께, 이들의 장점과 사용 가능 영역을 포함한 **피처 토글**$^{feature\ toggle}$이라는 네 가지 업데이트 기술을 살펴볼 것이다.

블루 그린 배포

블루 그린 배포에서는 2개의 독립된 실제 서비스 환경이 애플리케이션을 업데이트하는 것과 같은 방식으로 구성된다. 하나의 환경(환경 1)은 실제 서비스 환경에서 액티브 상태에서 소프트웨어 기능을 제공하고, 다른 환경(환경 2)은 유휴 상태에서 이를 제공한다. 이경우, 두 환경은 동시에 활성화되지 않는다. 새로운 버전(v2)의 이전 버전(v1)으로부터 소프트웨어를 업데이트하는 동안, 로드밸런서는 단순히 두 환경 사이의 전환 작업을 담당한다. 따라서 애플리케이션의 다운타임은 최소화되거나 심지어 0이 될 수 있다.

예를 들어 애플리케이션을 완전히 종료하지 않고 새로운 애플리케이션을 시작하는 일체형 애플리케이션의 경우, 블루 그린 배포를 사용함으로써 완벽한 업데이트 프로세스를 실현할 수 있을 것이다. 애플리케이션을 준비하고 새로운 환경에서 실행하면 트래픽 전환 시에 서비스를 제공할 준비가 완료된다. 이때 블루 그린 배포 프로세스의 순서는 다음과 같다.

1. 블루 그린의 블루 환경은 정상적으로 트래픽을 받는 한편, 그린 환경은 로드밸런서에서 비활성화 처리된다.

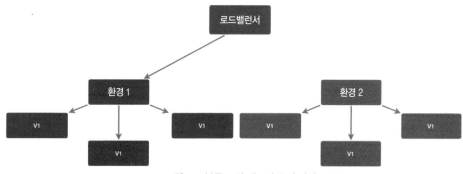

▲ **그림 7.1** 블루 그린 배포의 초기 단계

2. 그린 환경의 애플리케이션이 새 버전으로 업데이트되고, 테스트를 통해 새 버전의 소프트웨어가 제대로 작동하는지 확인한다.

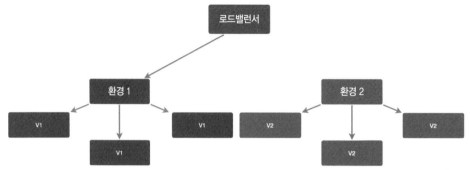

▲ **그림 7.2** 업데이트된 버전의 그린 환경 준비하기

3. 확인이 끝나면, 로드밸런서는 그린 환경으로의 트래픽만 받을 수 있도록 전환한다.

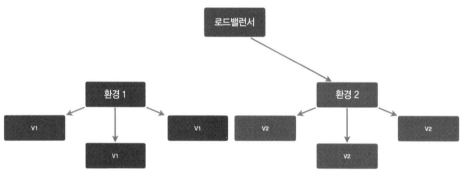

▲ **그림 7.3** 트래픽을 그린 환경에서 처리하도록 전환하기

4. 블루 환경은 모든 항목이 잘 동작하는지 확인한 뒤에 삭제된다.

이 기능에서 롤백은 로드밸런서를 이전 상태로 돌려놓는 것으로 간단하게 완료된다. 블루 그린 배포의 한 가지 큰 장점은 일체형 애플리케이션에도 사용할 수 있다는 데 있다. 또한 이 기능의 가장 큰 단점은 실제 서비스 환경의 트래픽을 처리할 수 있을 정도로 강력하고, 뛰어난 성능을 가진 2개의 독립된 환경을 유지해야 한다는 데 있다.

롤링 업데이트

롤링 업데이트 기능을 사용하는 애플리케이션 인스턴스가 여러 개 존재하는 실제 서비스 환경이 단 하나 있다. 여기서 인스턴스는 하나씩 순차적으로 업데이트된다. 업데이트될 인스턴스는 로드밸런서에서 제거된 후, 트래픽을 수신하지 않게 된다. 다음으로, 해당 인스턴스에 대한 업데이트가 완료되면 트래픽 수신이 다시 시작되고, 다른 인스턴스가 업데이트를 위해 로드밸런서에서 제거된다. 이 작업은 모든 인스턴스가 업데이트될 때까지 계속해서 이뤄진다. 전반적으로 트래픽 처리량이 줄어들지만, 항상 가동 중인 인스턴스가 존재하도록 하기 때문에 이 업데이트 전략은 다운타임을 0으로 만들어준다. 이것이 애플리케이션을 업데이트하는 가장 일반적인 방법이라고 할 수 있겠다. 예를 들어 웹사이트의 백엔드 서비스를 업데이트해야 하는 경우, 롤링 업데이트를 사용하면 사용자가 오류를 경험하는 일 없이 업데이트 프로세스 중에도 웹사이트를 계속 사용할 수 있게 된다. 이 기능을 사용하려면, 전제조건으로서 애플리케이션이 다중 인스턴스와 함께 동시에 다중 버전을 실행하도록 지원해야 한다.

그림 7.4의 다이어그램에서는 롤링 업데이트의 각 단계가 어떻게 진행되는지 보여준다.

이 기능을 사용하면, 롤백 또한 동일한 방식으로 수행된다. 즉, 인스턴스가 하나씩 순차적으로 이전 버전으로 다운그레이드된다. 한 가지 단점은 동시에 동일한 애플리케이션의 여러 버전이 활성화되기 때문에 예상치 못한 문제가 발생할 수 있다는 것이다. 따라서 롤링 업데이트는 테스트 환경에서 미리 테스트해볼 필요가 있다.

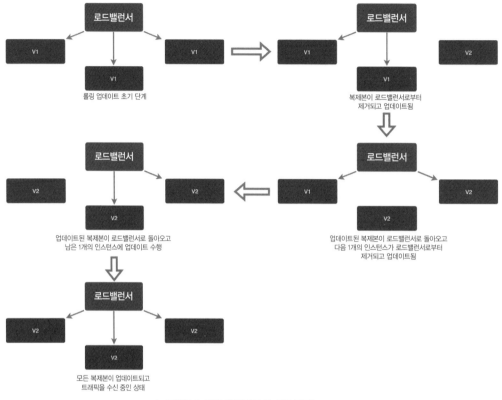

▲ **그림 7.4** 롤링 업데이트의 실행 단계

카나리아 릴리스

카나리아 릴리스에서는 제한된 수의 사용자에 대해 애플리케이션을 업데이트하거나, 모든 인스턴스의 일정 비율만 지정해서 업데이트가 가능하다. 이 기능은 대부분 일반 사용자에게 오픈하기 전에, 적은 수의 사용자를 대상으로 실제 서비스 환경에서 새로운 기능을 테스트하는 데 사용된다. 예를 들어, 넷플릭스^Netflix 같은 글로벌 브랜드는 항상 미국 동부 해안과 같은 특정 지역에 먼저 새로운 기능을 배포하고 해당 지역의 사람들에게 새로운 기능에 대한 피드백을 얻는다. 이로 인해 새로운 기능에 대해 한층 더 확신을 가질 수 있으며, 전체 지역에 배포하기 전에 버그를 수정할 수 있게 된다. 카나리아 릴리스를 수행하기 위해서는 인프라 영역에서 트래픽의 특정 부분을 원하는 인스턴스로 보낼 수 있어야 한다. 이는 롤링 업데이트와 비슷한 방식으로 작동한다. 카나리아 릴리스는 다음과 같은 순서로 이뤄진다.

1. 새 버전으로 업데이트될 카나리아 인스턴스(예: 트래픽 규모 또는 위치 기반)가 결정된다.

2. 결정된 인스턴스를 로드밸런서에서 떼어낸 뒤 업데이트한다.

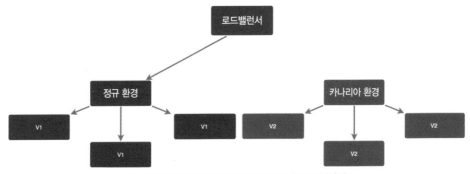

▲ **그림 7.5** 업데이트 버전의 카나리아 환경 준비하기

3. 업데이트가 완료되면, 사전에 결정된 규모의 트래픽을 전송하기 위해 로드밸런서에 추가된다.

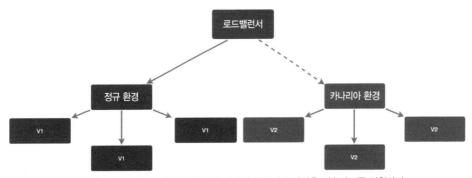

▲ **그림 7.6** 카나리아 환경에 사전에 정의된 규모의 트래픽을 전송하도록 전환하기

4. 새 기능의 결과가 만족스러웠다면, 이전 버전의 인스턴스가 0이 될 때까지 모든 인스턴스에 동일한 방식으로 최신 버전으로의 업데이트가 수행된다.

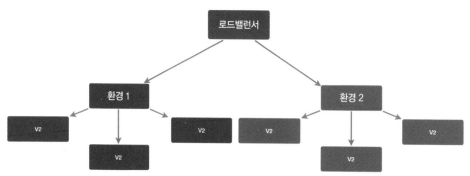

▲ **그림 7.7** 정규 환경을 동일한 버전으로 업데이트하기

이 기능은 특히, 전체 환경에 기능을 적용하기 전에 일부 사용자의 반응을 확인하기에 좋다. 롤링 업데이트처럼, 카나리아 릴리스에서는 동시에 활성화되는 다양한 버전의 애플리케이션이 존재할 수 있다. 이로 인해 예기치 못한 동작이 발생할 수 있으며, 그래서 사전 테스트가 중요하다. 또한 애플리케이션을 롤백하기 위해 롤링 업데이트 전략을 사용할 수 있다. 새 버전으로 인스턴스를 롤백하기만 하면 된다.

다크 런치와 피처 토글

카나리아 릴리스와 유사하게, 다크 런치는 실제 서비스 환경에서 새로운 기능을 테스트하는 데도 활용된다. 비교하자면, 다크 런치에서는 새로운 기능을 사용자에게 노출시키지 않는다는 차이가 있다. 대신에, 백엔드만 배포 및 테스트해 해당 기능을 사용자에게 제공할 준비가 됐는지 여부를 확인한다. 준비가 됐다면 프론트엔드까지 배포해 사용자가 사용할 수 있게 한다.

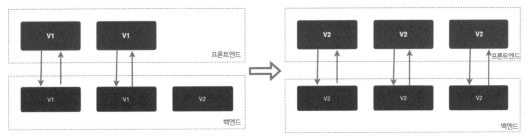

새로운 버전의 백엔드가 배포되고 테스트된다.   백엔드의 테스트 결과가 만족스러울 경우 프론트엔드도 업데이트된다.

▲ **그림 7.8** 다크 런치 실행 단계

새 기능을 배포하는 또 다른 비슷한 방법은 디폴트를 사용 안 함으로 설정한 상태로 배포하는 것이다. 이 방법을 통해, 새로운 기능은 활성화될 때까지 소프트웨어 동작에 영향을 주지 않게 된다. 모든 사용자가 동일한 버전의 소프트웨어를 사용할 수 있게 하고, 지정된 베타 사용자에게만 새 기능을 사용할 수 있도록 전환(토글)하는 권한이 부여된다.

카나리아 릴리스와 비교했을 때 가장 중요한 장점은 동시에 프로덕션 환경에서 여러 버전의 소프트웨어를 유지 관리할 필요가 없다는 것이다. 대신에 새 기능의 테스트 방식에 따라, 토글을 켜거나 끄는 것으로 동일한 버전을 활성화할 수 있다.

반면에 눈에 띄는 단점 또한 존재하는데, 피처 토글과 다크 런치 기능을 소스 코드 레벨에서 필요로 한다는 것이다. 이는 특히, 덩치 큰 소스 코드 관리 체계를 갖고 있는 경우에 까다로운 작업이 될 수 있다. 따라서 개발 관점에서 보면 카나리아 릴리스보다 훨씬 많은 작업을 필요로 한다.

이러한 유형의 업데이트는 롤백이 간단하다. 피처 토글을 사용 중지하거나, 사용자가 다크 런치 기능을 사용할 수 없도록 설정하면 된다.

소프트웨어 업데이트와 소프트웨어 업그레이드

위의 두 용어 모두 데브옵스에서 매우 일반적으로 사용된다. 간단히 말하자면, 업그레이드는 소프트웨어의 새 버전이 현재 버전보다 눈에 띄게 개선된 특별한 유형의 업데이트라고 할 수 있다. 기업들은 일반적으로 버그를 수정하거나 소프트웨어를 약간 개선하기 위해 패치라고 하는 마이너 릴리스를 만들고, 새로운 기능과 중요한 개선을 포함시켜 메이저 릴리스를 만든다. 또한 패치는 일반적으로 무료로 제공되지만, 소프트웨어 업그레이드는 대개 비용이 든다. 두 경우 모두 동일한 기술을 사용해 소프트웨어를 새 버전으로 업데이트할 수 있다.

다음 절에서는 쿠버네티스에서 애플리케이션을 업데이트하는 방법을 살펴볼 것이다.

█ 쿠버네티스에서 애플리케이션 업데이트하기

쿠버네티스의 각 리소스마다 업데이트는 다른 방식으로 처리된다. 쿠버네티스의 디플로이먼트는 스테이트리스^{stateless} 애플리케이션에 사용되기 때문에, 스테이트풀 애플리케이션에 사용되는 **스테이트풀셋**^{StatefulSet}과는 다르게 관리해야 한다. 이번 절에서는 스테이트풀셋 및 디플로이먼트에서 업데이트를 처리하는 방법을 살펴볼 것이다.

스테이트풀셋 업데이트 전략

스테이트풀셋에서는 리소스 정의의 updateStrategy 필드를 사용하는 것으로 업데이트 전략을 구성할 수 있다. OnDelete와 RollingUpdate라는 두 가지 값으로 설정할 수 있다.

OnDelete

OnDelete 옵션을 사용하면, 쿠버네티스 컨트롤러는 자동으로 스테이트풀셋의 파드를 업데이트하지 않게 된다. 업데이트 프로세스를 수행하기 위해서는 먼저 파드를 삭제해야 한다. 이 기능은 새 버전이 제대로 동작하는지 확인하기 위해 검사를 수행할 때 특히 유용하다. 그러나 이 방식의 업데이트는 전적으로 수동 프로세스에 의해 이뤄지며 많은 시간이 소요되기 때문에 자동화 시나리오에서는 사용할 수 없다.

다음은 OnDelete 옵션을 사용하는 스테이트풀셋 정의의 예다.

```
apiVersion: apps/v1
kind: StatefulSet
metadata:
  name: test-statefulset
spec:
  serviceName: test-svc
  replicas: 2
updateStrategy:
  type: OnDelete
selector:
  matchLabels:
    app: test
template:
  metadata:
    labels:
      app: test
  spec:
    containers:
    - name: test
      image: busybox
```

RollingUpdate

업데이트 전략으로 RollingUpdate를 선택하면, 쿠버네티스 컨트롤러가 파드를 자동으로 삭제 및 재생성해 파드를 업데이트할 수 있다. 이 전략을 사용하면 파드가 역순으로 하나씩 업데이트된다. 컨트롤러는 다른 파드를 이어서 업데이트하기 전에, 이미 업데이트된 파드가 Ready 상태가 됐는지 확인한다. 이는 모든 인스턴스를 문제가 있는 버전으로 업데이트하는 일이 일어나지 않게 한다. 또한 잠시 후 업데이트된 파드가 정상적으로 동작하지 않는다면, 컨트롤러가 이를 이전 파드로 롤백시킨다.

다음의 정의를 통해 RollingUpdate 옵션을 사용하는 스테이트풀셋 구성을 살펴보자.

```
apiVersion: apps/v1
kind: StatefulSet
```

```
metadata:
  name: test-statefulset
spec:
  serviceName: test-svc
  replicas: 2
  updateStrategy:
    type: RollingUpdate
  selector:
    matchLabels:
      app: test
  template:
    metadata:
      labels:
        app: test
    spec:
      containers:
      - name: test
        image: busybox
```

보다시피, 이전 정의와의 유일한 차이점은 updateStrategy 필드다. 그렇기 때문에, patch 커맨드를 사용하면 기존 스테이트풀셋의 업데이트 전략 유형을 즉석에서 수정할 수도 있다.

```
$ kubectl patch statefulset test-statefulset -p '{"spec":{"updateStrategy":{"type":
"RollingUpdate"}}}'
```

이렇게 하면, 업데이트 전략 유형이 RollingUpdate로 변경된다. 다음 절에서는 이번 절에 이어 디플로이먼트 업데이트 전략을 살펴볼 것이다.

디플로이먼트 업데이트 전략

쿠버네티스의 디플로이먼트 리소스에서, 업데이트 전략은 리소스 정의의 strategy 필드를 사용해 구성할 수 있다. strategy 필드는 Recreate와 RollingUpdate라는 두 가지 값으로 설정할 수 있다.

Recreate

Recreate가 업데이트 전략으로 선택되면, 쿠버네티스 컨트롤러는 모든 파드를 종료하고, 새 버전을 사용해 다시 파드를 생성한다. 이로 인해 애플리케이션의 다운타임이 발생하므로, 애플리케이션에 정말로 필요한 경우가 아니면 실제 서비스 환경에서 사용해서는 안 된다.

다음은 Recreate 옵션을 사용한 샘플 디플로이먼트 정의다.

```
apiVersion: apps/v1
kind: Deployment
metadata:
  name: test-deployment
spec:
  replicas: 2
strategy:
  type: Recreate
selector:
  matchLabels:
    app: test
template:
  metadata:
    labels:
      app: test
  spec:
    containers:
    - name: test
      image: busybox
```

RollingUpdate

스테이트풀셋과 마찬가지로 RollingUpdate 전략을 배포에도 사용할 수 있다. 쿠버네티스 컨트롤러는 업데이트된 파드가 다른 파드의 업데이트 수행 전에 Ready 상태가 됐는지 확인하고, 파드를 하나씩 업데이트한다.

다음은 RollingUpdate 전략을 사용하는 예제 디플로이먼트 정의다.

```yaml
apiVersion: apps/v1
kind: Deployment
metadata:
  name: test-deployment
spec:
  replicas: 2
  strategy:
    type: RollingUpdate
  selector:
    matchLabels:
      app: test
  template:
    metadata:
      labels:
        app: test
    spec:
      containers:
      - name: test
        image: busybox
```

다음과 같이 디플로이먼트를 패치하면, 기존 디플로이먼트에서 각기 다른 업데이트 전략 유형 간에 전환이 가능하다.

```
$ kubectl patch deployment test-deployment -p '{"spec":{"strategy":{"type":"RollingUpdate"}}}'
```

쿠버네티스에서 블루 그린 배포 수행하기

제공된 업데이트 전략을 사용하는 것 외에도, 쿠버네티스에서 블루 그린 배포를 수동으로 수행할 수 있다. 이를 위해, 서비스 셀렉터^{Service selector}를 설정해 트래픽을 새로운 디플로이먼트로 지정해야 한다. 그러나 이 유형의 업데이트는 수동 작업에 전적으로 의존하기 때문에, 꼭 필요한 경우가 아니면 피하는 것이 좋다.

엔진엑스를 사용해 디플로이먼트를 업데이트하고자 하는 경우, 블루 그린 배포를 수행해서 nginx:1.14를 nginx:1.15로 업데이트한다고 가정해보자. 다음의 단계를 참고해 수행한다.

 엔진엑스(NGINX)는 오픈소스 HTTP 웹 서버다. 엔진엑스에 대한 자세한 내용은 https://www.nginx.com/resources/wiki를 참조한다.

1. 다음과 같이 nginx:1.14 버전을 사용해 디플로이먼트를 배포한다.

```
apiVersion: apps/v1
kind: Deployment
metadata:
  name: nginx-deployment-114
spec:
  replicas: 2
  selector:
    matchLabels:
      app: nginx-114
  template:
    metadata:
      labels:
        app: nginx-114
spec:
  containers:
  - name: nginx
    image: nginx:1.14
    ports:
    - containerPort: 80
```

2. 다음과 같이 1.14 버전의 엔진엑스를 사용하는 디플로이먼트에 트래픽을 향하게 하도록 서비스 셀렉터를 배포한다.

```
apiVersion: v1
kind: Service
metadata:
```

```
    name: nginx-svc
    labels:
      app: nginx
spec:
  ports:
  - port: 80
    name: web
  clusterIP: None
  selector:
    app: nginx-114
```

3. 다음과 같이 nginx:1.15 버전을 사용해 디플로이먼트를 배포한다.

```
apiVersion: apps/v1
kind: Deployment
metadata:
  name: nginx-deployment-115
spec:
  replicas: 2
  selector:
    matchLabels:
      app: nginx-115
  template:
    metadata:
      labels:
        app: nginx-115
    spec:
      containers:
      - name: nginx
        image: nginx:1.15
        ports:
        - containerPort: 80
```

4. 테스트를 통해 새로운 버전이 제대로 동작하는지 확인한 후, 서비스 셀렉터로
   전환해 트래픽을 새 디플로이먼트로 라우팅한다.

```
$ kubectl patch service nginx-svc -p '{"spec":{"selector":{"app":"nginx-115"}}}'
```

5. 문제가 있는 경우, 서비스 셀렉터로 전환해 트래픽을 이전 디플로이먼트로 향하게 해서 업데이트를 롤백한다.

```
$ kubectl patch service nginx-svc -p '{"spec":{"selector":{"app":"nginx-114"}}}'
```

쿠버네티스에서 롤링 업데이트 수행하기

롤링 업데이트를 사용하면 쿠버네티스에서 다운타임 없이 애플리케이션을 업데이트할 수 있다. 이때 컨트롤러는 항상 트래픽을 수신할 수 있는 일부 파드가 존재하도록 파드를 하나씩 업데이트한다. 또한 롤링 업데이트를 디플로이먼트 업데이트 전략으로 사용하는 경우, maxSurge 및 maxUnavailable 필드를 설정함으로써 업데이트하는 동안 사용할 수 없게 되는 최대 파드의 수와 생성 가능한 새로운 파드의 수를 결정할 수 있다. 두 옵션 모두 기본값으로 1이 설정된다.

maxSurge

이 필드는 업데이트가 수행되는 동안에 생성 가능한 최대 파드 수를 결정하는 옵션 필드다. 백분율값 또는 절댓값으로 설정할 수 있다. 절댓값으로 변환하는 경우 백분율값은 올림 처리된다. 또한 maxUnavailable이 0으로 설정되면 maxSurge를 0으로 설정할 수 없다.

maxUnavailable

이 필드는 업데이트 도중 사용불가 상태의 최대 파드 수를 결정하는 옵션 필드다. maxSurge와 마찬가지로 백분율값 또는 절댓값으로도 설정 가능하다. 절댓값으로 변환하는 경우 백분율값은 내림 처리된다. 또한 maxSurge가 0으로 설정되면, maxUnavailable은 0으로 설정할 수 없다.

maxSurge 및 maxUnavailable 세트를 사용한 다음 예제 정의를 살펴보자.

```
apiVersion: apps/v1
kind: Deployment
metadata:
  name: test-deployment
spec:
  replicas: 10
  strategy:
    type: RollingUpdate
    rollingUpdate:
      maxUnavailable: 50%
      maxSurge: 10%
  selector:
    matchLabels:
      app: test
  template:
    metadata:
      labels:
        app: test
    spec:
      containers:
      - name: test
        image: busybox
```

위의 예제에서 디플로이먼트를 업데이트하면, 컨트롤러는 maxUnavailable 값(50%)을 참고해 파드의 절반을 종료할 수 있다. 또한 컨트롤러는 maxSurge 값(10%)에 따라 파드 수를 최대 11까지 늘릴 수 있음을 알 수 있다.

롤링 업데이트를 사용해 디플로이먼트 업데이트하기

롤링 업데이트를 수행해 nginx:1.14를 사용하는 디플로이먼트를 nginx:1.15를 사용하는 디플로이먼트로 업데이트한다고 가정해보자. 이를 위해 다음의 단계를 수행한다.

1. 버전 1.14를 사용하는 nginx 디플로이먼트가 이미 클러스터에 배포돼 있다고 가정해보자.

```
$ kubectl apply -f nginx-deployment.yaml

apiVersion: apps/v1
kind: Deployment
metadata:
  name: nginx-deployment
spec:
  replicas: 4
  selector:
    matchLabels:
        app: nginx
  template:
    metadata:
      labels:
        app: nginx
    spec:
      containers:
      - name: nginx
        image: nginx:1.14
        ports:
        - containerPort: 80
```

2. kubectl set image 또는 kubectl edit deployment 커맨드를 사용하거나, kubectl apply를 사용해 파일을 변경하고 재배포하는 등 다양한 방법으로 디플로이먼트 이미지를 nginx 버전 1.15로 변경할 수 있다.

```
$ kubectl set image deployment/nginx-deployment nginx=nginx:1.15 --record

$ kubectl edit deployment nginx-deployment

$ kubectl apply -f nginx-deployment.yaml
```

3. kubectl rollout status 커맨드를 사용해 상태를 확인하는 것으로 롤아웃 상태를 추적할 수 있다.

```
$ kubectl rollout status deployment/nginx-deployment
```

4. 업데이트가 성공적으로 완료됐다면, 파드가 문제없이 실행 중인지 확인해보자.
   또한 kubectl describe 커맨드를 사용해 업데이트가 성공적으로 수행됐는지 여
   부를 살펴보는 것으로 디플로이먼트 이벤트 또한 확인할 수 있다.

```
$ kubectl get pods
$ kubectl describe deployment nginx-deployment
```

5. 만약 문제가 발생했다면, kubectl rollout history 커맨드를 사용하면 롤아웃 기
   록을 확인해 롤백할 이전의 리비전revision을 찾을 수 있다.

```
$ kubectl rollout history deployment/nginx-deployment
```

6. 마지막으로, 문제가 있는 경우 --to-revision 옵션을 사용해 이전 리비전 또는
   지정한 리비전으로 롤백할 수 있다.

```
$ kubectl rollout undo deployment/nginx-deployment --to-revision=1
```

이와 같이, 다운타임 없이 한 버전에서 다른 버전으로 애플리케이션을 업데이트하기 위
해 쿠버네티스에서 롤링 업데이트를 수행하는 방법을 살펴봤다. 또한 새로운 버전의 애
플리케이션을 사용했을 때, 문제가 발생하면 어떻게 업데이트를 롤백하는지에 대해서도
알아봤다. 다음 절에서는 애플리케이션을 업데이트하기 위해 헬름을 사용하는 방법을 설
명할 것이다.

헬름을 사용해 애플리케이션 업데이트하기

6장에서는 쿠버네티스의 헬름 패키지 관리자를 살펴봤다. 헬름은 쿠버네티스에서 실행
되는 애플리케이션을 컨피그맵, 디플로이먼트 및 쿠버네티스 서비스 같은 리소스로 패키
징하는 데 사용된다. 여기서 각 애플리케이션의 패키지를 차트라고 한다. 헬름을 사용하
면 애플리케이션을 간편하게 배포하고, 업데이트, 롤백할 수 있다.

다음과 같이 헬름을 사용해 차트를 업데이트할 수 있다.

```
$ helm upgrade <release_name>
```

위의 커맨드를 수행하면, 애플리케이션이 클러스터상에서 갖고 있는 모든 리소스에 대한 업데이트가 작동한다. 이러한 리소스의 업데이트는 업데이트 전략에 따라 수행된다.

이때 kubectl과 마찬가지로 업데이트 내역을 확인하고 이전 버전으로 롤백할 수 있다.

```
$ helm history <release_name>
$ helm rollback <release_name> <revision>
```

실습 19: 롤링 업데이트를 사용해 쿠버네티스에서 디플로이먼트 업데이트하기

이번 실습에서는 롤링 업데이트 전략을 사용해 새 버전의 디플로이먼트를 배포하는 방법을 살펴볼 것이다.

1. lesson-7이라는 새 네임스페이스를 만들고, 이 네임스페이스에 버전 1.29의 busybox를 배포한다.

```
$ kubectl create ns lesson-7
$ kubectl apply -f busybox-deployment.yaml -n lesson-7

apiVersion: apps/v1
kind: Deployment
metadata:
  name: busybox-deployment
spec:
  replicas: 3
  strategy:
    type: RollingUpdate
  selector:
    matchLabels:
```

```
        app: busybox
    template:
      metadata:
        labels:
          app: busybox
      spec:
        containers:
        - name: busybox
          image: busybox:1.29
          command:
            - sleep
            - "99999"
```

```
/devops $ kubectl create ns lesson-7
namespace/lesson-7 created
/devops $
/devops $ kubectl apply -f busybox-deployment.yaml -n lesson-7
deployment.apps/busybox-deployment created
/devops $
```
▲ **그림 7.9** lesson-7 네임스페이스를 생성하고 busybox-deployment 배포하기

2. 다음 커맨드를 수행해 파드가 실행 중인지 확인해보자.

```
$ kubectl get pods -n lesson-7
```

```
/devops $ kubectl get pods -n lesson-7
NAME                                   READY   STATUS    RESTARTS   AGE
busybox-deployment-555d4857b-sg7jw     1/1     Running   0          77s
busybox-deployment-555d4857b-tg5jx     1/1     Running   0          77s
busybox-deployment-555d4857b-ttz7k     1/1     Running   0          77s
/devops $
```
▲ **그림 7.10** 파드가 문제없이 실행되고 있는지 확인하기

3. 버전 1.30을 사용하도록 busybox 디플로이먼트의 이미지를 변경한다.

```
$ kubectl set image deployment/busybox-deployment busybox=busybox:1.30 --record
-n lesson-7
```

```
/devops $ kubectl set image deployment/busybox-deployment busybox=busybox:1.30 --record -n lesson-7
deployment.extensions/busybox-deployment image updated
/devops $
```

▲ **그림 7.11** 배포 이미지를 busybox 버전 1.30으로 설정하기

4. 다음과 같이 롤아웃 상태를 확인해보자.

```
$ kubectl rollout status deployment/busybox-deployment -n lesson-7
```

```
/devops $ kubectl rollout status deployment/busybox-deployment -n lesson-7
deployment "busybox-deployment" successfully rolled out
/devops $
```

▲ **그림 7.12** 롤아웃 상태 확인하기

5. 성공적으로 완료되면, 새 파드가 문제없이 실행되고 있는지 확인한다.

```
$ kubectl get pods -n lesson-7
```

```
/devops $ kubectl get pods -n lesson-7
NAME                                 READY   STATUS    RESTARTS   AGE
busybox-deployment-64b5bc44db-7vcn7  1/1     Running   0          104s
busybox-deployment-64b5bc44db-v5s4r  1/1     Running   0          101s
busybox-deployment-64b5bc44db-w7897  1/1     Running   0          110s
/devops $
```

▲ **그림 7.13** 파드가 문제없이 실행됐는지 확인하기

6. 다음과 같이 디플로이먼트를 제거해 사용한 환경을 정리하자.

```
$ kubectl delete -f busybox-deployment.yaml -n lesson-7
```

이번 실습에서는 쿠버네티스에서 롤링 업데이트를 사용해 디플로이먼트를 업데이트하는 방법을 알아봤다. 이 방법을 통해, 다운타임 없이 애플리케이션을 업데이트할 수 있다. 또한 오류가 발생하기 쉬운 디플로이먼트 파일을 수정하지 않고 kubectl set image 커맨드를 사용하는 방법을 소개했다. 다음 절에서는 쿠버네티스에서의 애플리케이션 트러블슈팅, 애플리케이션 확장의 의미와 수행 방법을 알아볼 것이다.

애플리케이션 확장하기

확장성은 시스템에서 요청하는 작업량의 증가를 처리할 수 있도록 돕는 기능을 말한다. 애플리케이션은 시간이 지남에 따라 더 많은 사용자를 확보하면 이전보다 많은 요청을 받게 된다. 이때 애플리케이션이 새롭게 추가된 요청을 처리할 수 없는 경우 성능이 크게 저하되며, 이로 인해 애플리케이션의 가용성이 줄어들게 된다. 심지어, 요청을 거부하고 얼마 동안 서비스가 중단될 수도 있다. 애플리케이션이 다운되거나 예상대로 작동하지 않는다면 사용자 경험 측면에서도 매우 부정적인 영향을 줄 것이다.

이러한 경우, 어떤 리소스가 병목 상태에 있는지 찾아내는 것이 중요하다. 그다음으로 문제를 경감하기 위한 해결책을 찾을 수 있을 것이다. 병목 현상은 일반적으로 다음과 같은 리소스 중 하나에서 나타나지만, 전혀 다른 요소에서 나타나는 경우도 있다.

- CPU
- 메모리
- 디스크
- 입출력(I/O) 처리

일단 문제의 근본 원인이 발견되면, 시스템의 확장 옵션을 검토할 수 있다. 그때까지는 해결책을 제공하려고 시도하는 것은 의미를 갖기 힘들다.

애플리케이션을 설계할 때는 확장성에 유의해야 한다. 12 요소 애플리케이션 방법론을 참고하면, 확장 가능한 애플리케이션을 구축하는 데 도움이 된다. 특히, 시간이 지남에 따라 확장이 필요해지는 경우 12 요소 애플리케이션 방법론을 활용하면 확장 가능한 애플리케이션의 이점을 살릴 수 있으므로 걱정거리를 줄일 수 있다.

 12 요소 애플리케이션은 현대적인 애플리케이션을 개발하기 위한 이상적인 패턴을 제공하도록 만들어진 일련의 원칙의 묶음이다. 자세한 내용은 https://12factor.net/ 웹사이트를 참고하자.

또한 결과를 생각하지 않고 애플리케이션을 확장하려고 시도해서는 안 된다. 또한 확장성을 고려하면 코드가 복잡해진다. 이로 인해 새로운 기능을 개발하는 데 더 긴 시간이 소요되고, 문제가 발생했을 때 이를 디버그 및 해결하기가 어려워지며, 애플리케이션의 테스트가 고통스러워질 것이다. 그러므로 근본 원인을 먼저 이해하고, 다른 관점에서 해결할 수 있는지 여부를 생각하는 것이 중요하다.

근본 원인을 파악하거나 병목 현상이 발생한 리소스를 찾으려면 9장 '쿠버네티스에서 애플리케이션 모니터링하기'에서 살펴볼 모니터링 도구를 활용하는 것이 좋다.

애플리케이션의 확장 여부를 결정하고 나면 확장 방식을 선택해야 한다. 확장 방식에는 각각의 장단점이 존재한다. 애플리케이션을 확장하는 데는 수평 및 수직 확장이라는 두 가지 방식이 존재한다. 이에 대해서는 다음 절에서 설명할 것이다.

수평 확장과 수직 확장

수평 확장(스케일 아웃)은 부하를 분산시키기 위해 클러스터와 같은 전체 시스템에 새로운 노드, 컴퓨터 혹은 컨테이너와 같은 더 많은 리소스를 추가해 확장 가능한 기능을 의미한다. 이는 단일의 고사양 머신에 많은 돈을 지출하는 대신, 저가의 하드웨어를 사용하는 것을 목표로 한다. 이 방법은 단일 시스템을 사용하는 경우, 달성 불가능한 컴퓨팅 성능을 제공하는 데 가장 적합하다. 이 방식은 모든 시스템이 추가돼 컴퓨팅 성능이 축적됨으로써 실현된다. 다만, 비용에 문제가 있을 수 있다. 애플리케이션을 확장하면 많은 코드가 변경되며, 이로 인해 소스 코드의 전체적인 복잡성이 증가하게 된다. 심지어, 이는 애플리케이션의 아키텍처에도 영향을 줄 수 있다. 그렇기 때문에 확장성을 염두에 두고 애플리케이션을 설계할 필요가 있다. 또한 시스템에 새로운 컴퓨터가 추가됨에 따라 발생하는 컴퓨터 간의 통신은 시스템의 전반적인 성능 측면에서 많은 비용을 발생시킨다. 이러한 네트워크의 경유는 지연을 유발할 수 있다. 그러므로 컴퓨터 간의 통신을 최소화할 필요가 있으며, 시스템이나 애플리케이션의 수평 확장을 결정할 때, 이와 같은 모든 기술적인 문제를 명확하게 평가해야 한다.

수직 확장(스케일 업)은 더 많은 작업을 처리할 수 있도록 단일 컴퓨터, 또는 노드 내에서 내부 리소스의 용량을 늘려 확장하는 기능을 의미한다. 대체로 수직 확장은 추가 CPU나 메모리, 디스크를 장착해 수행된다. 이 확장 방식을 통해 시스템은 더 많은 요청을 처리할 수 있게 되거나, 가상 머신 같은 더 많은 리소스의 가상화를 허용할 수 있게 된다. 이 방법은 수평 확장보다 훨씬 쉽고 빠르게 적용이 가능하다. 그러나 시스템에서 증가시킬 수 있는 리소스의 수에는 엄격한 제한이 걸려 있다. 이러한 제한으로 인해, 단일 유닛에 지나치게 많은 리소스를 추가할 수 없다.

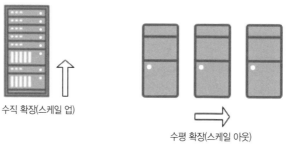

수직 확장(스케일 업)

수평 확장(스케일 아웃)

▲ **그림 7.14** 수평 확장과 수직 확장

수평 확장	수직 확장
저가의 하드웨어	고가의 하드웨어
다수의 시스템을 추가해 더 많은 컴퓨팅 파워를 제공함	단일 시스템의 한계
코드 레벨의 복잡성이 좀 더 높아짐	코드 레벨의 복잡성에 큰 영향을 주지 않음
네트워크 지연	단일 장애점

▲ **그림 7.15** 수평 확장과 수직 확장

결국 두 방법을 모두 평가하고 애플리케이션에 제공되는 장단점을 기반으로 결정을 내려야 한다. 여기서 일반적으로는 편의성과 예산 간에 트레이드오프 현상이 나타난다. 또한 하드웨어에 대한 엄격한 제한도 고려해야 한다.

애플리케이션에 수평 확장이 필요한 경우, 오토스케일링^{autoscaling}을 사용하면 효율적으로 작업 부하를 관리할 수 있다. 다음 절에서는 오토스케일링 기능을 살펴볼 것이다.

오토스케일링

오토스케일러^{autoscaler}는 비용을 낮추고, 성능을 안정적으로 유지하는 데 필요한 연관 리소스를 모니터링해 애플리케이션을 자동으로 수평 확장하기 위한 도구다. 이들은 부하에 따라 인스턴스 수를 늘리거나 줄일 수 있다. 클러스터 관리자는 최소 및 최대 인스턴스 수, 또는 확장을 유발하는 리소스 유형을 포함한 오토스케일링 정책을 결정하고, 오토스케일러가 이 정책에 따라 확장을 수행한다. 오토스케일러 덕분에 예측할 수 없는 수신 트래픽의 증가에 효율적으로 대처할 수 있다. 이들은 24시간 365일 동작하며, 항상 트래픽의 규모와 이를 받아낼 인스턴스가 일치하게 한다. 앞으로 쿠버네티스에서 오토스케일링을 이야기할 때 이번 절의 오토스케일러에 대해 더 자세히 살펴볼 것이다.

다음 절에서는 애플리케이션을 여러 개의 복제본으로 확장할 때 생기는 최종 일관성이라는 중요한 개념을 설명할 것이다.

강력한 일관성과 최종 일관성

애플리케이션을 확장할 때는 데이터를 어떻게 관리할 것인지 생각하는 것이 중요하다. 데이터가 분산됐을 경우, 다른 파티션에서 데이터를 읽고자 할 때 불일치가 발생할 수 있다. 이러한 현상이 발생하지 않도록 잠시 동안 파티션을 잠글 수 있으나, 동기화를 허용하면 애플리케이션의 가용성이 떨어진다는 문제가 존재한다. 대신에, 시스템 배포는 최종 일관성^{eventual consistency}이라는 새로운 일관성 모델을 제공한다. 이론적으로 이 모델은 모든 파티션에서 업데이트된 값을 읽는 것이 잠시 후 동일한 결과를 가져다줄 수 있음을 보장한다. 다만 이는 개인용 노트북에서 사용할 애플리케이션에서는 완벽하다고 할 수 있지만, 특히 재무 애플리케이션에서는 유용하지 않을 수 있다. 강력한 데이터 일관성이 요구되는 애플리케이션의 경우에는 강력한 일관성^{strong consistency}이라는 이름에서 알 수 있듯이 일관된 값을 항상 반환한다는 것이 전제돼야 한다.

동일한 이유로, 분산 시스템 내에서 트랜잭션을 수행할 수 없게 된다. 따라서 일관성이 강한 모듈은 동일한 시스템에 위치해야 한다. 이는 새로운 애플리케이션을 설계할 때 확장성을 염두에 두는 또 다른 이유다.

다음 절에서는 쿠버네티스 클러스터에서 애플리케이션을 확장하는 방법을 살펴볼 것이다.

▌ 쿠버네티스에서 애플리케이션 확장하기

쿠버네티스는 클러스터에서 애플리케이션을 수평 확장하는 기능을 내장하고 있다. 네이티브 쿠버네티스 리소스 배포를 활용하면 애플리케이션을 빠르게 확장할 수 있다. 디플로이먼트 객체를 만들 때는 복제본의 수를 지정할 필요가 있다. 디플로이먼트가 클러스터에 적용되면, 해당 디플로이먼트를 통해 만들어진 복제본 수를 제어하기 위해 **복제 컨트롤러**^{Replication Controller}가 생성된다. 또한 각각의 복제본은 애플리케이션 컨테이너를 포함한 파드를 의미한다. 복제본 수 값을 변경하면, 기존 파드를 삭제하거나 새 파드를 생성해 자동으로 클러스터에 반영된다. 이러한 방식으로 쿠버네티스는 확장성 요구사항에 대처한다.

새로운 파드를 만드는 동안, 쿠버네티스는 파드를 예약하기 전에 노드에 충분한 리소스가 확보돼 있는지 확인한다. 이와 같이 파드는 문제없이 실행될 수 있는 충분한 리소스를 가진 경우에 한해 예약된다.

또한 경우에 따라 트래픽이 없다면 복제본을 0으로 줄일 수도 있다. 이는 애플리케이션에 실행 중인 파드가 없음을 의미한다. 쿠버네티스는 기본적으로 이를 지원하도록 설계됐다. 만약 복제본 필드의 수를 0으로 설정한다면, 해당 디플로이먼트로 생성된 모든 파드가 종료됨을 확인할 수 있다.

애플리케이션에 둘 이상의 복제본이 실행 중인 경우, 모든 복제본에 트래픽을 분산시키는 로드밸런서가 필요해진다. 이를 위해, 4장 '쿠버네티스 클러스터 만들기'에서 알아본 바와 같이 서비스에 통합된 로드밸런서가 존재하게 되며, 이는 파드의 가용성을 확인하고 사용 가능한 파드(실행 중이면서 준비 상태에 있는)에 트래픽을 분배하는 역할을 한다. 서비스에서 간단한 로드밸런싱 알고리즘을 구현하는 것으로 이를 달성한다. 트래픽을 복제본에 배포하기 위한 한층 더 정교한 방법이 필요한 경우를 제외하면, 서비스 개체를 생성하는 것으로 간단히 이 작업을 수행 가능하다.

애플리케이션의 크기를 조정하기 위해서는 kubectl patch 또는 kubectl edit와 같이 일반적인 kubectl 커맨드를 사용해 객체를 수정할 수 있다. 특정한 요구사항이 있을 경우, 필요에 따라 kubectl scale 커맨드를 사용하는 것도 가능하다.

다음은 디플로이먼트 정의 예제다.

```yaml
apiVersion: apps/v1
kind: Deployment
metadata:
  name: test-deployment
spec:
  replicas: 1
  selector:
    matchLabels:
      app: test
  template:
    metadata:
      labels:
        app: test
    spec:
      containers:
      - name: test
        image: busybox
        command:
          - sleep
          - "99999"
```

Deployment 정의에서 볼 수 있듯이 복제본 필드는 1로 설정돼 있다. 이는 해당 디플로이먼트를 위해 만들어진 파드가 1개임을 의미한다.

해당 디플로이먼트를 수직 확장 또는 축소하기 위해서는 다음과 같이 kubectl scale을 사용하면 된다.

```
$ kubectl scale deployment/test-deployment --replicas 3
```

또는 kubectl edit 또는 patch를 사용한 복제본 필드의 변경을 통해 디플로이먼트 객체를 수정할 수 있다.

```
$ kubectl edit deployment test-deployment
$ kubectl patch deployment test-deployment -p '{"spec":{"replicas":3}}'
```

위의 커맨드 중 하나를 실행한 뒤 파드를 확인하는 것으로 해당 파드의 크기가 적절하게 조정됐는지 확인할 수 있다. kubectl describe를 사용하면 디플로이먼트 객체에서 이벤트 로그를 확인할 수도 있다.

```
$ kubectl describe deployment test-deployment
```

쿠버네티스는 또한 다음 절에서 설명할 HPA^{Horizontal Pod Autoscaler}라는 리소스를 통해 오토 스케일링을 지원한다. 그 전에, 쿠버네티스에서 디플로이먼트를 확장 및 축소하는 방법을 알아보자.

실습 20: 쿠버네티스에서 디플로이먼트 확장 및 축소하기

이번 실습에서는 kubectl 커맨드를 사용해 디플로이먼트를 수동으로 확장 및 축소하는 방법을 살펴볼 것이다.

1. 복제본이 1개 존재하는 lesson-7 네임스페이스에 busybox 디플로이먼트를 배포한다.

```
$ kubectl apply -f deployment.yaml -n lesson-7

apiVersion: apps/v1
kind: Deployment
metadata:
  name: busybox
spec:
  replicas: 1
  selector:
    matchLabels:
      app: busybox
  template:
    metadata:
      labels:
        app: busybox
    spec:
      containers:
      - name: busybox
        image: busybox
        command:
          - sleep
          - "99999"
```

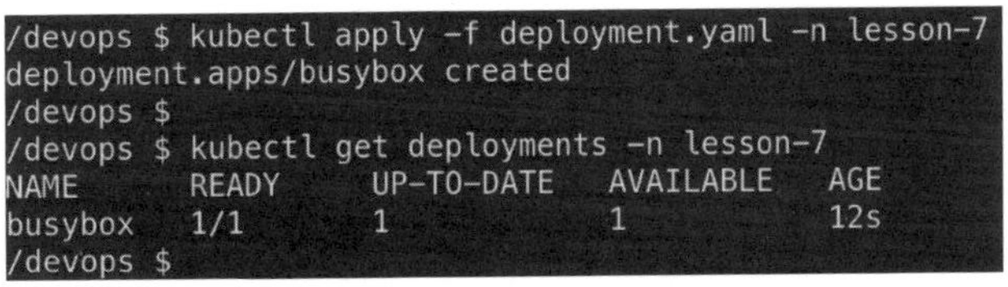

▲ **그림 7.16** 클러스터에 busybox 디플로이먼트 배포하기

2. 다음과 같이 디플로이먼트를 3개의 복제본으로 확장한다.

```
$ kubectl scale deployment/busybox -n lesson-7 --replicas 3
```

```
/devops $ kubectl scale deployment/busybox -n lesson-7 --replicas 3
deployment.extensions/busybox scaled
/devops $
/devops $ kubectl get deployments -n lesson-7
NAME      READY    UP-TO-DATE    AVAILABLE    AGE
busybox   3/3      3             3            2m48s
/devops $
```

▲ 그림 7.17 디플로이먼트를 3개의 복제본으로 확장하기

3. 이벤트 로그를 통해 디플로이먼트 객체의 세부 정보를 확인해보자.

```
$ kubectl describe deployment/busybox -n lesson-7
```

```
/devops $ kubectl describe deployment/busybox -n lesson-7
Name:                   busybox
Namespace:              lesson-7
CreationTimestamp:      Tue, 05 Mar 2019 22:47:59 +0100
Labels:                 <none>
Annotations:            deployment.kubernetes.io/revision=1
                        kubectl.kubernetes.io/last-applied-configuration={"apiVersion":"apps/v1","kind":"Deployment",
"metadata":{"annotations":{},"name":"busybox","namespace":"lesson-7"},"spec":{"replicas":1,"selector":{"mat...
Selector:               app=busybox
Replicas:               3 desired | 3 updated | 3 total | 3 available | 0 unavailable
StrategyType:           RollingUpdate
MinReadySeconds:        0
RollingUpdateStrategy:  25% max unavailable, 25% max surge
Pod Template:
  Labels:  app=busybox
  Containers:
   busybox:
    Image:       busybox
    Port:        <none>
    Host Port:   <none>
    Command:
      sleep
      99999
    Environment:  <none>
    Mounts:       <none>
  Volumes:        <none>
Conditions:
  Type           Status  Reason
  ----           ------  ------
  Progressing    True    NewReplicaSetAvailable
  Available      True    MinimumReplicasAvailable
OldReplicaSets:  <none>
NewReplicaSet:   busybox-66976d48b8 (3/3 replicas created)
Events:
  Type    Reason            Age  From                   Message
  ----    ------            ---  ----                   -------
  Normal  ScalingReplicaSet  5m   deployment-controller  Scaled up replica set busybox-66976d48b8 to 1
  Normal  ScalingReplicaSet  2m   deployment-controller  Scaled up replica set busybox-66976d48b8 to 3
/devops $
```

▲ 그림 7.18 디플로이먼트 세부 정보 확인하기

위의 이벤트 로그 확인 절차를 통해, 배포가 3개의 복제본까지 성공적으로 확장
됐음을 알 수 있다.

4. 애플리케이션을 0 복제본으로 축소시킨다.

```
$ kubectl scale deployment/busybox -n lesson-7 --replicas 0
```

```
/devops $ kubectl scale deployment/busybox -n lesson-7 --replicas 0
deployment.extensions/busybox scaled
/devops $
/devops $ kubectl get deployments -n lesson-7
NAME      READY   UP-TO-DATE   AVAILABLE   AGE
busybox   0/0     0            0           9m10s
/devops $
```

▲ **그림 7.19** 디플로이먼트를 0 복제본으로 축소시키기

5. 디플로이먼트의 이벤트 로그를 다시 확인해보자.

```
$ kubectl describe deployment/busybox -n lesson-7
```

```
/devops $ kubectl get deployments -n lesson-7
NAME      READY   UP-TO-DATE   AVAILABLE   AGE
busybox   0/0     0            0           9m10s
/devops $
/devops $ kubectl describe deployment/busybox -n lesson-7
Name:                   busybox
Namespace:              lesson-7
CreationTimestamp:      Tue, 05 Mar 2019 22:47:59 +0100
Labels:                 <none>
Annotations:            deployment.kubernetes.io/revision=1
                        kubectl.kubernetes.io/last-applied-configuration={"apiVersion":"apps/v1","kind":"Deployment",
"metadata":{"annotations":{},"name":"busybox","namespace":"lesson-7"},"spec":{"replicas":1,"selector":{"mat...
Selector:               app=busybox
Replicas:               0 desired | 0 updated | 0 total | 0 available | 0 unavailable
StrategyType:           RollingUpdate
MinReadySeconds:        0
RollingUpdateStrategy:  25% max unavailable, 25% max surge
Pod Template:
  Labels:  app=busybox
  Containers:
   busybox:
    Image:      busybox
    Port:       <none>
    Host Port:  <none>
    Command:
      sleep
      99999
    Environment:  <none>
    Mounts:       <none>
  Volumes:        <none>
Conditions:
  Type          Status  Reason
  ----          ------  ------
  Progressing   True    NewReplicaSetAvailable
  Available     True    MinimumReplicasAvailable
OldReplicaSets:  <none>
NewReplicaSet:   busybox-66976d48b8 (0/0 replicas created)
Events:
  Type    Reason            Age   From                   Message
  ----    ------            ---   ----                   -------
  Normal  ScalingReplicaSet  10m   deployment-controller  Scaled up replica set busybox-66976d48b8 to 1
  Normal  ScalingReplicaSet  8m    deployment-controller  Scaled up replica set busybox-66976d48b8 to 3
  Normal  ScalingReplicaSet  1m    deployment-controller  Scaled down replica set busybox-66976d48b8 to 0
/devops $
```

▲ **그림 7.20** 디플로이먼트 세부 정보 확인하기

이벤트 로그에서 볼 수 있듯이, 디플로이먼트는 0개의 복제본으로 성공적으로 축소됐다.

6. 디플로이먼트를 제거해 사용한 환경을 정리한다.

```
$ kubectl delete -f deployment.yaml -n lesson-7
```

여기서는 쿠버네티스에서 디플로이먼트를 확장 및 축소하는 방법을 알아봤다. 또한 디플로이먼트를 0 복제본까지 축소할 수도 있음을 확인할 수 있었다. 다음 절에서는 쿠버네티스의 오토스케일링을 위한 리소스인 HPA에 대해 살펴보자.

HPA

HPA^{Horizontal Pod Auto-Scaler}는 내장된 쿠버네티스 리소스로서, 정기적으로 CPU 사용량을 관찰하고, 사용자가 지정한 룰에 따라 복제본(또는 파드)이 부하와 일치하도록 자동으로 조정하는 역할을 담당한다. 또한 CPU 사용량에 따른 오토스케일링만 지원한다는 특징이 있다.

HPA는 다른 쿠버네티스 리소스와 마찬가지로, YAML 파일로 정의될 수 있으며 kubectl 커맨드를 사용해 쉽게 설정이 가능하다.

다음의 예제 HPA 정의를 살펴보자.

```
apiVersion: autoscaling/v1
kind: HorizontalPodAutoscaler
metadata:
  name: autoscaler
spec:
  maxReplicas: 8
  minReplicas: 3
  scaleTargetRef:
    apiVersion: apps/v1
    kind: Deployment
```

```
  name: test-deployment
targetCPUUtilizationPercentage: 70
```

위의 HPA를 kubectl apply -f 등의 커맨드를 사용해 클러스터에 배포하면, test-deployment라는 디플로이먼트 객체로 생성한 파드의 CPU 사용률을 감시하기 시작한다. 대상의 CPU 사용률(70%)에 따라 파드의 수를 최대 8개까지 늘리거나, 최소 3개까지 줄일 수 있다.

또한 kubectl autoscale 커맨드를 사용하면 자동으로 HPA 객체를 생성한다.

```
$ kubectl autoscale deployment test-deployment --min=3 --max=8 --cpu-percent=70
```

kubectl get이나 kubectl describe를 사용하면 객체에 대한 자세한 설명을 확인 가능하며, 이를 통해 클러스터에 이미 존재하는 HPA를 확인할 수 있다.

```
$ kubectl get hpa --all-namespaces
$ kubectl describe hpa <name>
```

kubectl edit 또는 kubectl patch를 사용하면, 다음과 같이 객체를 수정할 수 있다.

```
$ kubectl edit hpa <name>
$ kubectl patch hpa <name> -p '{"spec":{"minReplicas":2}}'
```

마지막으로, 다음 커맨드를 실행해 HPA를 삭제할 수 있다.

```
$ kubectl delete hpa <name>
```

이번에는 쿠버네티스에서 HPA 객체를 다뤄봤다. 이제 7장에서 살펴본 내용을 다음의 활동을 통해 연습해보자.

활동 8: 오토스케일링 활성화 및 롤링 업데이트 수행하기

정말 훌륭한 애플리케이션을 만들어냈고, 이를 공개할 때까지는 얼마만큼의 트래픽이 발생할지 알 수 없다고 가정해보자. 서비스를 공개하기 전에는 얼마나 많은 사람이 사용할지 알 수 없다는 것이 오토스케일러를 사용하는 이유다. 수동으로 확장 작업을 할 수 없는 경우에도, 애플리케이션이 증가하는 트래픽을 처리할 수 있도록 오토스케일러를 설정하는 것이다. 애플리케이션을 배포하고, 트래픽에 따라 자동으로 확장할 수 있게 오토스케일러를 설정한다. 파드를 확인해보니, 서비스 공개에 대해 아직 아무에게도 알리지 않았지만 파드의 수가 갑자기 증가했음을 확인했다. 이후, 애플리케이션에 CPU 리소스를 필요 이상으로 소비하는 버그가 있으며, 오토스케일러가 이 불필요한 부하를 기반으로 복제본의 수를 조정하려 하고 있다. 즉시 롤링 업데이트를 수행해서 문제를 해결하자. 그런 다음 오토스케일러가 복제본의 수를 줄이는지, 그리고 모든 기능이 원활하게 작동하는지 다시 확인해보자.

 이번 활동을 완료하려면 실제 클러스터를 사용해야 한다. GKE(Google Kubernetes Engine)에서 관리형 클러스터를 생성하고, 사용할 수 있다.

이번 활동을 완료하기 위해서는 다음의 단계들을 수행해야 한다.

1. suakbas/lesson07:v1 이미지를 사용해 RollingUpdate 전략이 설정된 디플로이먼트 정의 파일을 작성해보자. 이 애플리케이션은 CPU 리소스를 많이 사용하게 될 것이다.

2. 디플로이먼트를 배포하고, 파드가 실행 중인지 확인한다.

3. suakbas/lesson07:v1 이미지를 사용해 이번 디플로이먼트에 대한 Horizontal PodAutoscaler를 생성하자. 이 이미지의 최소 파드 수는 2이고, 최대는 5다. CPU 백분율 목표는 50%로 설정한다.

4. suakbas/lesson07:v1 이미지를 사용해 디플로이먼트에 대한 HorizontalPod Autoscaler를 확인하는 것으로 현재 상태를 알아보자.

5. 파드를 확인해, 확장이 정상적으로 이뤄지고 문제없이 실행되고 있는지 확인한다.

6. 사용되는 이미지를 suakbas/lesson07:v2로 변경해 롤링 업데이트를 수행한다. 이 애플리케이션은 잠든 상태가 돼 CPU에 가해지는 부하를 덜어줄 것이다. 다음으로, 롤링 업데이트가 성공적으로 완료됐는지 확인해보자.

7. 이전에 생성한 HorizontalPodAutoscaler를 다시 확인해 업데이트 후의 현재 상태를 알아보자. 파드 수의 변화를 관찰하고, 몇 분 후에 다시 최신의 상태를 확인한다.

8. 네임스페이스를 제거해 사용한 환경을 정리하자.

 이번 활동의 해결 방법은 358페이지에서 확인할 수 있다.

이번 활동에서는 쿠버네티스에서 오토스케일러를 설정해보고, 샘플 애플리케이션의 크기를 조정하는 방법을 살펴봤다. 또한 CPU에 대량의 부하를 가하는 애플리케이션에서 그렇지 않은 애플리케이션으로 디플로이먼트를 업데이트하기 위한 롤링 업데이트를 수행했다. 위의 방식을 통해 이 장에서 살펴본 데브옵스 사례를 실행 중인 쿠버네티스 클러스터에서 수행해봤다.

▎요약

7장에서는 먼저 다운타임을 발생시키지 않고 애플리케이션 업데이트를 수행해야 하는 필요성을 언급했다. 다음으로 블루 그린 배포 및 롤링 업데이트 같은 애플리케이션을 업데이트하기 위한 여러 가지 전략을 적용해봤다. 또한 소프트웨어 업데이트와 업그레이드라는 용어의 차이점도 살펴봤다.

그다음 절에서는 쿠버네티스에서 애플리케이션을 업데이트하는 방법을 살펴봤다. 스테이트풀셋 같은 쿠버네티스의 여러 객체 유형을 알아보고, 쿠버네티스에서 사용 가능한 업데이트 전략을 소개했다. 그리고 쿠버네티스에서 가장 일반적인 업데이트 전략인 블루 그린 배포와 롤링 업데이트를 수행해봤다. 또한 쿠버네티스 클러스터에서 롤링 업데이트 전략을 사용해 디플로이먼트를 업데이트하기 위한 실습을 진행했다.

다음으로는 확장에 대해 알아봤다. 데브옵스에서 확장의 의미와 그 중요성을 이야기했다. 수직 및 수평 스케일링 같은 다양한 스케일링 기법을 도입해봤다. 그 후, 오토스케일링과 함께 주요한 개념인 최종 일관성에 대해 소개했다. 다음으로, 쿠버네티스에서의 애플리케이션 확장에 대해 다뤘다. 여기서 쿠버네티스 네이티브 객체와 기존의 kubectl 커맨드를 사용해 애플리케이션을 확장하고 축소하는 방법을 알아봤다. 이와 관련해, 쿠버네티스 클러스터에서 디플로이먼트를 확장 및 축소하는 방법을 보여주는 실습을 수행했다.

마지막 절에서는 CPU 사용률에 따라 자동으로 애플리케이션의 복제본 수를 조정하는 데 사용되는 쿠버네티스 객체인 HAP에 대해 설명했다. 다음으로 쿠버네티스에서 오토스케일러를 설정하고, 실행 중인 클러스터에서의 리소스 소비를 기반으로 동작을 검사하는 작업을 수행해봤다. 8장에서는 쿠버네티스에서 애플리케이션의 문제를 해결하는 방법을 알아볼 것이다. 또한 쿠버네티스 클러스터에서 이 작업을 수행하는 방법을 이해하기 위해 실습을 병행해서 학습할 것이다.

쿠버네티스에서 애플리케이션 트러블슈팅하기

학습 목표

8장을 끝까지 학습하면 다음을 수행할 수 있다.

- 다양한 트러블슈팅 사례들을 설명할 수 있다.
- 파드의 상태에 따른 차이를 설명할 수 있다.
- 활성 및 준비성 프로브를 설정할 수 있다.
- 쿠버네티스에서 다양한 kubectl 커맨드를 사용해 애플리케이션을 트러블슈팅할 수 있다.

8장에서는 쿠버네티스에서 동작하는 애플리케이션에 문제가 생겼을 때 트러블슈팅하는 방법을 설명한다.

▍ 소개

7장에서는 쿠버네티스에서 애플리케이션을 업데이트하고 확장하는 여러 가지 방법을 살펴봤다. 또한 트래픽 처리 시에 애플리케이션을 확장, 축소하는 작업을 수작업 없이 수행하기 위해 오토스케일러 설정을 살펴봤다. 8장에서는 데브옵스의 또 다른 필수 주제인 트러블슈팅에 대해 계속해서 알아볼 것이다. 이를 위해서는 신속하게 트러블슈팅하는 방법을 숙지하는 것이 중요하다. 다음 절에서는 일반적으로 트러블슈팅을 수행하는 데 필요한 정보를 설명한다. 쿠버네티스는 애플리케이션의 트러블슈팅에 필요한 모든 기능을 제공한다. 이에 대해서는 '쿠버네티스에서 애플리케이션 트러블슈팅하기' 절에서 알아볼 것이다.

▍ 트러블슈팅

일반적으로 트러블슈팅은 문제의 실제 원인을 찾아 최대한 빠르게 시스템이나 애플리케이션을 다시 작동시킬 수 있도록 최선의 노력을 다하는 것을 의미한다. 이는 데브옵스에서 매우 중요한 개념 중 하나다. 트러블슈팅은 점검 가능한 모든 사항을 검토해 트라이앤에러^{trial-and-error} 방식으로 수행할 수 있지만, 이는 많은 시간이 소요된다. 따라서 체계적인 방법을 통해 수행돼야 한다. 이번 장에서는 체계적으로 문제에 접근하는 방법을 살펴보고, 애플리케이션의 트러블슈팅을 위한 몇 가지 방법을 소개한다. 이후에 쿠버네티스에서 애플리케이션을 트러블슈팅하는 방법을 자세히 설명할 것이다.

트러블슈팅은 여러 개발 단계에서 수행할 수 있다. 예를 들어, 네트워크 엔지니어가 네트워크 내에서 문제를 해결하려고 시도하는 동안 품질 엔지니어는 엔드투엔드^{end-to-end} 시나리오에서 작동하지 않는 문제를 파악하기 위해 문제를 파헤친다. 그래서 우수한 트러블슈팅 기술은 다양한 분야의 사람들에게 영향력을 발휘할 수 있다.

특히, 가용성이 요구되는 애플리케이션 작업에 있어서 트러블슈팅 기술을 보유하는 것은 매우 중요하다. 예를 들어 전자상거래 웹사이트를 운영 중인 경우 다운타임은 많은 고객을 잃게 됨을 의미하며, 이는 곧 비즈니스 기회의 상실로 이어진다.

페이스북이나 트위터 등의 일부 테크 자이언트 기업의 경우 웹사이트의 다운타임이 뉴스에 보도되기도 하며, 이로 인해 이미지에 막대한 타격을 받는 경우도 드물지 않다. 우수한 트러블슈팅 기술은 신속하게 문제를 해결하는 데 중요한 역할을 하며, 이를 통해 다운타임을 줄이거나 0으로 만들 수 있게 한다.

트러블슈팅의 효과에 영향을 줄 수 있는 여러 관점이 존재한다. 다음 절에서는 이 중에서 몇 가지 주요 포인트를 소개할 것이다. 트러블슈팅 능력을 높이려면 이러한 개념에 익숙해져야 하고, 또한 이를 실제 상황에 적절하게 적용해야 한다.

문제 식별하기

문제를 식별하는 동안 가장 먼저 확인해야 할 것은 작동 방식을 이해하는 것이다. 사전지식 없이 문제를 해결하고자 하면 좀 더 심각한 문제가 발생할 수 있다. 결과적으로, 사전지식으로 해결할 수 있는 쉬운 문제가 복잡한 문제로 바뀌어 재앙을 초래할 수도 있다.

문제를 식별하는 또 다른 과정은 이 문제를 일으킨 시스템에서 정확히 무엇이 변경됐는지 확인하는 것이다. 대부분의 경우 문제는 변경사항이 발생하고 바로 발생한다. 그러므로 근본 원인을 이해하기 위해서는 무엇이 바뀌었는지 파악하는 것이 중요하다. 때로는 작고 무해한 것으로 생각되는 변경으로 인해 많은 문제가 발생할 수 있으므로, 문제를 해결하는 동안에는 작고 사소한 변경도 무시해서는 안 된다.

의사소통 또한 문제를 신속하게 식별하기 위한 필수 요소다. 전화 또는 담당자들과의 채팅은 이메일을 보내고 응답을 기다리는 것에 비하면 많은 시간을 절약할 수 있다. 사람들이 효과적으로 협업할 수 있다면 문제를 좀 더 쉽고 빠르게 해결할 수 있다.

테스트 개선하기

트러블슈팅의 또 다른 관점은 이미 해결된 문제가 다시 발생하지 않도록 하는 것이다. 따라서 문제가 있는 영역을 식별하고 이를 관리하기 위해 테스트에 대한 투자를 늘릴 필요가 있다. 이러한 방식으로, 문제 상황이 프로덕션 환경에서 발생하기 전에 테스트 환경에서 확인하고 처리할 수 있다. 문제를 즉시 해결하면 해당 인스턴스만으로 영향 범위를 한정할 수 있지만, 한 발 더 나아가서 정기적으로 실행되는 테스트에서 이를 관리하면 문제의 재발 방지 또한 가능하다.

단위 테스트나 통합 테스트뿐만 아니라, 엔드투엔드 시나리오를 포함한 충분한 수의 **엔드투엔드**E2E, end-to-end 테스트가 수행되고 있는지 확인해야 한다. 이러한 테스트는 CI/CD에서 정기적으로 실행돼야 하며, 이를 통해 프로덕션 환경에서 실행되기 전에 해결할 수 있다.

문서화

테스트를 추가할 때와 마찬가지로, 문제의 근본 원인과 함께 해결 방법을 문서화하면 이후에 동일한 문제가 다시 발생했을 때 팀원 중 누군가가 작성자의 경험을 통해 근본 원인을 즉시 파악할 수 있다. 문제가 다시 발생하면 팀으로서 많은 시간과 노력을 절약할 수 있으므로 이러한 지식은 소중하다.

가능하다면 문제가 발생한 인스턴스, 근본 원인, 당시의 상황에 대한 정보와 함께 문제를 해결하기 위해 취한 각 단계를 문서화해두는 것이 좋다. 이러한 기록은 이후에 발생할 문제를 해결하는 데 걸리는 시간을 크게 줄여줄 것이다.

도구 소개

로깅, 모니터링, 추적에 적합한 도구를 활용함으로써 무엇이 잘못됐는지 쉽게 파악할 수 있다. 인프라infrastructure(예: 노드의 상태)는 특히 애플리케이션에서 발생하는 많은 문제의 근본 원인이 될 수 있으므로 항상 모니터링해야 한다. 다음 장에서는 쿠버네티스의 모니터링 애플리케이션을 설명하는 몇 가지 도구를 살펴보고, 이 부분에 대해 다룰 것이다.

로깅

로그는 실제 애플리케이션의 코드가 프로덕션 환경에서 어떻게 수행되고 있는지 이해하는 데 있어 가장 중요한 자산 중 하나다. 로그는 대부분의 경우에 트러블슈팅 시 첫 번째로 확인하는 항목이기 때문에, 빠른 문제 파악을 위해 많은 정보를 기록하는 것이 중요하다. 여기에는 문제가 발생한 시간, 정보가 될 수 있는 메시지와 함께 당시 상황에 대한 정보가 포함되며, 이는 각 이벤트를 분류하거나 동작을 이해하는 데 도움이 된다. 다만 너무 많은 정보를 로깅하면 많은 리소스를 소비하게 되고 애플리케이션의 속도가 느려지거나 문제를 찾기가 더 어려워질 수 있음에 유의해야 한다. 애플리케이션이 너무 많은 로그를 생성하면 지불해야 하는 비용이 커지지만, 이들의 동작을 이해하기 위해서는 로그가 필요하다. 이러한 문제는 **로그 수준**logging level의 개념과 연관돼 있다.

로그 수준

로그 수준은 다양한 심각도 등급에 따라 출력할 로그의 양을 결정한다. 이 구성을 설정함으로써, 트러블슈팅 중에는 더 많은 로그를 수신하고 애플리케이션을 수행해야 할 때는 적은 로그를 수신할 수 있게 된다. 일반적으로 사용되는 로그 수준은 다음과 같다.

- **Debug**: 이 수준에서는 문제를 이해하는 데 도움이 되도록 진단 정보의 모든 세부 정보가 기록된다. 이 수준은 일반적으로 애플리케이션 문제를 해결하는 중일 때 설정된다.
- **Info**: 이 수준에서는 정보 제공을 위한 로그가 표시된다. 예를 들어, 애플리케이션의 시작 또는 다른 서비스와의 성공적인 연결과 같은 정보를 포함한다. 또한 Info 로그는 애플리케이션의 일반적인 동작을 보여준다.
- **Warning**: 이 수준에서는 문제를 일으키지는 않지만 비정상적인(일반적이지 않은) 동작이 포함된다. 예를 들어, 외부 연결을 끊고 다시 설정하는 경우를 들 수 있다. 이러한 경고 메시지는 나중에 심각한 문제로 이어지지 않도록 조사할 필요가 있다.

- **Error**: 이 수준에서는 애플리케이션에서 발생한 오류가 출력된다. 이러한 사항은 신중하게 다뤄야 하며, 가능한 한 빨리 수정해야 한다. 예를 들어, 이로 인해 외부 연결이 끊어질 수 있으며 일정 시간 동안 설정하지 못할 수 있다. 이 유형의 로그는 일반적으로 무언가가 작동하지 않으며, 주의가 필요함을 나타낸다.

위에서 언급한 다양한 로그 수준을 활용하면, 문제를 해결하고 애플리케이션을 더 빠르게 실행할 수 있다. 그렇기 때문에 애플리케이션이 실행되는 동안 이를 활용하거나 구성할 수 있도록 하는 것이 중요하다. 효과적인 트러블슈팅을 위한 다양한 기술을 그림 8.1에서 나타내고 있다.

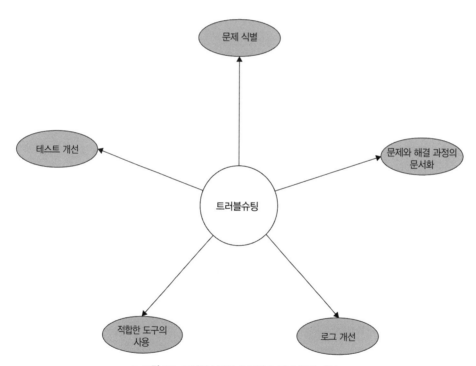

▲ **그림 8.1** 트러블슈팅의 효과를 높이기 위한 개념도

이 모든 개념은 문제의 근본 원인을 이해하고 효율적으로 해결하는 데 도움이 된다. 다시 쉽게 발생하지 않게 할 수 있는 방식으로 문제를 해결해야 한다는 점에 주목하자. 가급적

테스트를 통해 이미 CI/CD 프로세스에 포함돼 있어야 하고, 프로덕션으로 가기 전에 해결돼야 한다. 만약 해당 문제가 다시 나타나더라도, 이를 해결하기 위해 취해야 할 단계를 설명하는 문서가 있어야 한다. 또한 다양한 로깅 수준을 활용함으로써 애플리케이션에서 효과적으로 문제를 해결할 수 있는 기능을 제공해야 한다. 이번 절에서는 일반적인 애플리케이션 트러블슈팅의 여러 측면을 다뤘다. 다음 절에서는 쿠버네티스의 애플리케이션 문제를 해결하기 위한 기본 개념과 도구를 소개할 것이다.

▌ 쿠버네티스에서 애플리케이션 트러블슈팅하기

애플리케이션의 문제를 효율적으로 해결하려면 쿠버네티스의 주요 개념들을 이해해야 한다. 이를 통해 문제를 파악하고 해결하는 과정이 좀 더 쉬워질 것이다. 이러한 개념 중 하나로서, 다음 절에서 파드의 수명주기를 설명한다.

파드의 수명주기

쿠버네티스에서 파드는 여러 단계를 거치게 된다. 그것들은 파드 객체의 생성자, 혹은 쿠버네티스 컨트롤러에 의해 제어된다. 파드의 수명주기 동안에는 명시적으로 요청되지 않는 한 파드는 결코 삭제되지 않는다.

파드의 상태

모든 파드 객체에는 파드의 수명주기 이벤트를 표시하는 상태^{status} 필드가 존재한다. 파드의 현재 상태가 무엇인지 이해할 수 있도록 많은 하위 필드가 제공된다.

파드 상태에 포함된 내용의 예는 다음과 같다.

```
status:
  conditions:
  -   lastProbeTime: null
```

```
//[...]

Events:
    FirstSeen    LastSeen    Count From
SubobjectPath    Type        Reason              Message
    ---------    --------    ----- ----                      ----------
--- --------     ------               -------
    1m           48s         7      {default-scheduler }
             Warning      FailedScheduling    pod (nginx-deployment-
1370807587-fz9sd) failed to fit in any node
    fit failure on node (kubernetes-node-6ta5): Node didn't have enough
resource: CPU, requested: 1000, used: 1420, capacity: 2000
    fit failure on node (kubernetes-node-wul5): Node didn't have enough
resource: CPU, requested: 1000, used: 1100, capacity: 2000
```

 전체 파드 상태에 대해서는 다음의 웹 페이지에서 확인할 수 있다.

- https://github.com/TrainingByPackt/Introduction–to–DevOps–with–Kubernetes/blob/master/Lesson08/podstatus.txt

여기서 더 많은 정보를 확인할 수 있다. 그중에서도 컨디션 목록, 컨테이너 상태, 재시작 횟수와 단계에 대한 정보는 트러블슈팅 과정에 있어 가장 중요한 항목들이다.

이 항목들이 무엇을 의미하는지 명확히 하기 위해 각각을 살펴볼 것이다. 먼저, 파드 컨디션에 대해 알아보자.

파드 컨디션

파드 컨디션은 파드가 거쳐가는 모든 컨디션을 나타낸다. 이는 6개의 필드로 구성된다.

- lastProbeTime: 컨디션이 마지막으로 조회된 시간을 표시하는 타임스탬프다.
- lastTransitionTime: 파드 상태가 마지막으로 변경된 시간을 나타내는 타임스탬프다.

- Message: 컨디션 변경에 대한 세부 사항을 나타낸다.
- Reason: 마지막으로 컨디션이 변경된 이유를 나타낸다.
- Status: 관련 컨디션의 상태를 보여준다. True, False 또는 Unknown으로 나타낸다.
- Type: 컨디션 유형을 표시하며, 다음에 절에서 자세히 설명한다.

컨디션 유형

파드가 가질 수 있는 다양한 컨디션 유형은 다음과 같다.

- Unschedulable: 파드를 노드에 예약할 수 없음을 의미한다. 파드의 리소스 제약, 혹은 클러스터의 리소스 부족으로 인한 것일 수 있다.
- PodScheduled: 파드가 노드에 성공적으로 예약됐음을 의미한다.
- Initialized: 모든 init 컨테이너가 아무런 문제 없이 시작됐음을 나타낸다.
- ContainersReady: 파드의 모든 컨테이너가 준비됐음을 나타낸다.
- Ready: 파드가 들어오는 요청을 처리할 수 있음을 나타낸다.

이러한 컨디션 목록은 문제를 진단하는 데 도움이 되는 이력 정보를 제공한다. 다음으로 단계 하위 필드에 대해 계속 알아볼 것이다.

파드 단계

단계^{phase}는 파드 상태의 또 다른 하위 필드이며, 파드의 현재 상태에 대한 높은 수준의 정보를 제공한다. 다음과 같은 7가지 파드 단계가 제공된다.

- Pending: 이 단계는 파드가 작업을 완료하기를 기다리는 중임을 나타낸다. 이는 컨테이너 이미지를 다운로드하거나, 파드를 예약하기 위해 노드를 조사하는 중임을 의미한다.

- Failed: 이 단계는 하나 이상의 컨테이너가 실패 상태임을 나타낸다.

- CrashLoopBackOff: 이 단계는 하나 이상의 컨테이너가 기동에 실패했음을 나타낸다. 또한 이 단계는 몇 번의 재시작 수행 후에 표시되며, restartPolicy에 의해 설정될 수 있다.

- Running: 이 단계는 파드가 노드에 성공적으로 예약됐고, 관련된 모든 컨테이너가 시작됐음을 나타낸다. 그러나 컨테이너가 건강한 상태임을 보장하는 것은 아니다.

- Succeeded: 이 단계는 파드의 컨테이너가 성공적으로 기동 완료됐음을 나타낸다.

- Completed: 이 단계는 파드가 완료됐으며 더 이상 Running 상태가 아님을 나타낸다. 이는 잡에 의해 생성된 파드에서 확인할 수 있다.

- Unknown: 이 단계는 쿠버네티스가 파드의 상태를 알 수 없음을 나타낸다. 쿠버네티스 API 서버가 더 이상 파드가 실행 중인 노드에 액세스할 수 없는 경우에 발생한다.

그림 8.2는 파드의 단계와 이들 사이의 전환 과정을 나타낸다.

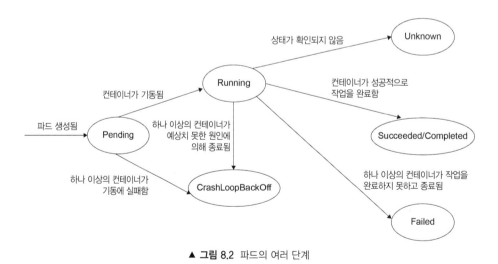

▲ **그림 8.2** 파드의 여러 단계

각 단계의 의미를 이해하면, 문제가 있는지 신속하게 식별하는 데 도움이 된다. 그러나 이 필드를 확인하는 것만으로는 도움이 되지 않는다. 이와 같은 필드에서 얻은 모든 정보를 결합해 문제를 이해해야 한다.

다음 커맨드를 사용하면 모든 파드의 현재 단계를 볼 수 있다.

```
$ kubectl get pod <pod-name> -o jsonpath={.status.phase}
```

재시작 정책

재시작 정책^{restart policy}은 파드 spec의 하위 필드다. Always, Never, OnFailure 중 하나를 선택할 수 있으며, 기본값은 Always다. 이 필드는 문제가 있는 경우 쿠버네티스가 파드를 다시 시작해야 하는 시점을 지정한다. 파드가 재시작될 때마다 파드 상태의 재시작 횟수가 증가하고, 이를 통해 재시작 횟수를 표시한다.

 쿠버네티스는 노드를 변경하지 않고 파드를 다시 시작한다. 파드가 노드에 성공적으로 예약되면, 다른 노드로 다시 예약되지 않는다.

컨테이너 상태

컨테이너 상태^{container state}는 'container status'의 하위 필드이며, 파드 상태에 속해 있는 항목이다. 이 필드는 파드 내부에 존재하는 컨테이너의 현재 상태를 보여주는데, 세 가지 상태로 분류된다.

- Waiting: 이 상태는 컨테이너가 완료될 때까지 작업을 기다리는 중임을 나타낸다. 예를 들면, 볼륨을 마운트하거나 컨테이너 이미지를 다운로드 중인 경우를 들 수 있다. 컨테이너의 기동 실패로 인해 이 상태에 있을 수도 있다. 컨테이너

이미지의 다운로드에 실패한 것이 그중 한 예다. 또한 Waiting은 컨테이너의 기본 상태이기도 하다.

- **Terminated**: 이 상태는 컨테이너가 더 이상 실행되지 않음을 나타낸다. 이는 오류로 인한 것이거나, 컨테이너가 성공적으로 종료됐을 때 나타날 수 있다.
- **Running**: 이 상태는 컨테이너가 문제없이 실행되고 있음을 나타낸다.

컨테이너 상태는 파드에서 무언가가 제대로 작동하지 않을 때 확인해야 하는 가장 중요한 필드다. 앞에서 언급했듯이, 근본 원인을 더 잘 이해하려면 이 모든 정보의 조합을 조사해야 한다. 다음 절에서는 수동 작업 없이 애플리케이션을 다시 동작하게 하는 데 유용한 쿠버네티스의 자동 복구 개념을 다뤄볼 것이다.

자동 복구

자동 복구auto recovery 또는 자가 치유력self-healing은 애플리케이션에 문제가 발생했을 때의 치유 기능을 의미한다. 이를 실현하기 위해, 때로는 애플리케이션을 재시작함으로써 다시 동작하게 할 수 있다. 쿠버네티스는 특정 상황에서 수동으로 애플리케이션을 재시작하거나, 문제를 해결할 필요가 없도록 이를 구성하는 방법을 제공한다.

쿠버네티스에서 자동 복구를 보장하는 한 가지 방법은 가능할 때마다 컨트롤러를 사용하는 것이다. 수동으로 파드를 생성하는 대신, 적절한 컨트롤러 객체(예: 디플로이먼트, 데몬셋DaemonSet, 잡)를 사용하는 것이 좋다. 이러한 방식을 사용하면 장애가 발생할 경우 컨트롤러는 가능한 한 빨리 원하는 상태로 돌려놓기 위해 최선을 다할 것이다. 예를 들어, 디플로이먼트에서 관리하는 파드 중 하나가 비정상 상태가 되면, 애플리케이션이 이 장애의 영향을 받지 않도록 즉시 새로운 파드로 교체한다. 이는 시스템을 수동으로 실행하는 것보다 훨씬 효과적이고 탄력적이다.

쿠버네티스는 애플리케이션의 상태를 조사해 정기적으로 애플리케이션의 상태를 점검하는 방식을 제공한다.

상태 점검

쿠버네티스에서는 파드에 대해 두 가지 상태 점검^{health check}을 설정할 수 있는데, 바로 **활성 프로브**^{liveness probe}와 **준비성 프로브**^{readiness probe}다.

활성 프로브

이는 컨테이너가 실행 중이고 애플리케이션이 정상 상태임을 쿠버네티스에 알린다. 또한 설정하지 않으면 항상 success를 반환한다. 이 프로브가 실패할 때마다 쿠버네티스는 재시작을 수행해 컨테이너를 다시 실행한다.

파드의 상태에 문제가 있고 컨테이너가 장애 상황에서 회복할 수 있다면, 활성 프로브를 설정하지 않아도 된다. 이 경우, 재시작 정책이 허용한다면 쿠버네티스는 이미 재시작을 수행했을 것이다. 그러나 장애 발생 시에 쿠버네티스가 컨테이너를 다시 시작해야 하는 다른 이유를 지정해야 하는 경우에는 이를 활용할 수 있다. 예를 들어, 애플리케이션이 더 이상 데이터베이스에 연결할 수 없는 경우에는 문제를 해결하기 위해 활성 프로브를 사용해 종료 및 재시작이 가능하다.

활성 프로브는 커맨드, HTTP 점검, 혹은 TCP 점검의 세 가지 유형 중 하나를 통해 실행된다. 이러한 구성은 spec/containers에서 확인할 수 있다.

다음은 커맨드를 활성 프로브로 설정하기 위한 구성의 예다.

```
livenessProbe:
  exec:
    command:
    - cat
    - /tmp/healthy
  initialDelaySeconds: 5
  periodSeconds: 5
```

커맨드 프로브가 설정되면, 이 커맨드가 5초마다 실행돼(periodSeconds에 의해 정의됨) 상태를 확인한다. 커맨드가 실패하면 해당 컨테이너가 다시 시작된다. 이 코드에서 initialDelaySeconds는 첫 번째 확인이 이뤄지기 전의 대기 시간을 결정한다.

또는 HTTP 활성 프로브를 설정할 수 있다. 이 경우 HTTP GET 요청은 지정된 경로를 통해 지정된 포트로 전송된다.

```
livenessProbe:
  httpGet:
    path: /healthz
    port: 8080
initialDelaySeconds: 3
periodSeconds: 3
```

위의 커맨드와 같이 periodSeconds를 설정해 확인 간격을 정하고, initialDelaySeconds를 통해 첫 확인까지의 시간을 정할 수 있다.

200과 400(200과 400 포함) 사이의 모든 결과 코드는 성공으로 간주된다.

여기서 만약 다른 코드를 반환하면 컨테이너가 다시 시작된다.

마지막 세 번째 방법은 TCP 활성 프로브를 설정하는 것이다. 이 방식으로 쿠버네티스는 지정된 포트에 소켓을 열 수 있는지 확인한다. 성공하면 컨테이너는 정상으로 간주되며, 그렇지 않은 경우 다시 시작된다.

```
livenessProbe:
  tcpSocket:
    port: 8080
initialDelaySeconds: 15
periodSeconds: 20
```

다른 프로브 유형과 마찬가지로, periodSeconds를 설정해 확인 간격을 정하고 initialDelaySeconds를 통해 첫 확인까지의 시간을 정할 수 있다.

failureThreshold 및 successThreshold 항목을 통해 두 가지 중요한 구성을 설정할 수 있다. 첫 번째로, failureThreshold는 파드를 다시 시작하기 전에 필요한 실패한 프로브 수를 정한다. 예를 들어, 3으로 설정하면 실패한 프로브로 인한 세 번째 시도까지는 파드가 즉시 다시 시작되지 않는다. 다음은 successThreshold로, 파드가 정상으로 표시될 때까지 성공한 프로브 수를 결정한다.

준비성 프로브

이는 컨테이너가 들어오는 요청을 처리할 준비가 됐음을 쿠버네티스에 알린다. 이를 통해 해당 서비스가 로드밸런서에 트래픽을 추가하고, 트래픽을 지정한 파드로 전달하기 시작한다. 또한 설정하지 않으면 항상 success를 반환한다. 이 프로브가 실패할 때마다 서비스의 사용 가능한 파드 목록에서 파드가 제거되고 트래픽이 즉시 차단된다.

애플리케이션이 요청을 수락하기 전에 시작 시간이 필요하지 않은 경우, 준비성 프로브는 활성 프로브와 동일한 조건으로 설정할 수 있다. 예를 들어, 트래픽을 제공하기 전 다른 서비스에 연결하는 데 시간이 필요한 경우 준비성 프로브를 활용할 수 있다. 따라서 관련 서비스는 준비성 프로브가 성공할 때까지 트래픽을 보내지 않게 된다.

준비성 프로브는 활성 프로브와 동일한 방식으로 설정된다. 구성 또한 spec/containers 아래에 존재한다. 유일한 차이점은 livenessProbe 대신 readinessProbe를 사용한다는 것이다.

```
readinessProbe:
  exec:
    command:
    - cat
    - /tmp/healthy
initialDelaySeconds: 5
periodSeconds: 5
```

활성 프로브와 마찬가지로 커맨드, HTTP 점검, 혹은 TCP 점검을 이용해 준비성 프로브를 설정할 수 있다. 또한 periodSeconds를 설정해 확인 간격을 정하고, initialDelaySeconds를 설정해 첫 확인까지의 시간을 정할 수 있다. '활성 프로브' 절에서 설명한 대로, failureThreshold 및 successThreshold 필드를 설정할 수도 있다.

다음 절에서는 쿠버네티스에서 파드에 대해 활성 및 준비성 프로브를 사용하는 방법을 실습해보자.

실습 21: 쿠버네티스에서 활성 및 준비성 프로브 사용하기

이번 실습에서는 쿠버네티스의 파드에 대한 활성 및 준비성 프로브를 만드는 방법을 알아보자. 또한 파드의 이벤트가 수명주기에 어떤 영향을 미치는지 살펴볼 것이다.

1. 다음의 파드 정의를 사용해 이름이 probe-pod.yaml인 파일을 생성한다. 활성 프로브를 커맨드로 설정해 이름이 healthy인 파일이 있는지 확인해보자. 같은 방법으로, 준비성 프로브를 커맨드로 설정하고 ready라는 파일이 존재하는지 확인해보자.

```
apiVersion: v1
kind: Pod
metadata:
  name: probe-pod
spec:
  containers:
  - name: test
    image:
    busybox args:
    - /bin/sh
    - -c
    - touch /healthy; touch /ready; sleep 20; rm -rf /ready; sleep 40; rm -rf
/healthy; sleep 100
    livenessProbe:
      exec:
```

```
      command:
        - cat
        - /healthy
      initialDelaySeconds: 3
    periodSeconds: 5
  readinessProbe:
    exec:
      command:
        - cat
        - /ready
      initialDelaySeconds: 3
      periodSeconds: 5
```

2. lesson-8이라는 새 네임스페이스를 만들고, probe-pod.yaml 파일을 이 네임
   스페이스에 배포한다.

```
$ kubectl create ns lesson-8
$ kubectl create -f probe-pod.yaml -n lesson-8
```

그림 8.3을 참고하자.

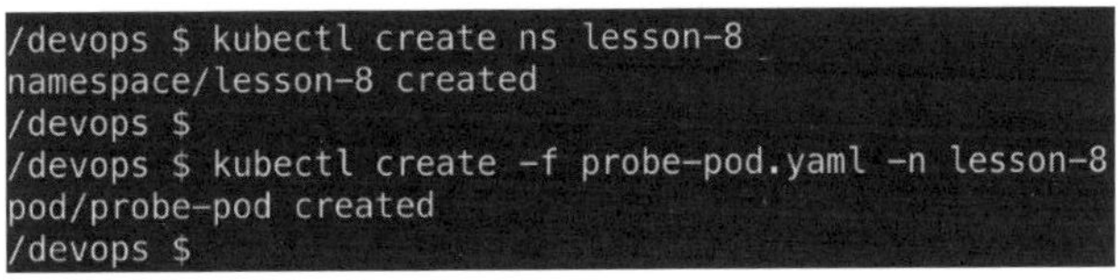

```
/devops $ kubectl create ns lesson-8
namespace/lesson-8 created
/devops $
/devops $ kubectl create -f probe-pod.yaml -n lesson-8
pod/probe-pod created
/devops $
```

▲ **그림 8.3** lesson-8 네임스페이스를 생성하고 probe-pod 배포하기

3. 그림 8.4에 보이는 것처럼 kubectl get pods의 -w 옵션을 사용해 파드의 준비 상
   태를 확인한다.

```
$ kubectl get pods -n lesson-8 -w
```

```
/devops $ kubectl get pods -n lesson-8 -w
NAME        READY     STATUS     RESTARTS   AGE
probe-pod   1/1       Running    0           9s
probe-pod   0/1       Running    0          36s
^C/devops $
```

▲ **그림 8.4** 파드의 준비 상태 관찰하기

처음부터 healthy와 ready 파일이 존재하므로, 파드는 healthy(재시작 없이) 상태에서 ready(Ready 1/1) 상태가 된다. 20초 후 ready 파일을 제거하면 준비성 프로브가 실패한다. 준비성 프로브의 오류로 인해 더 이상 파드가 `Ready`로 표시되지 않을 것이다. 이로 인해 파드는 더 이상 서비스로부터 트래픽을 수신하지 못하게 된다.

4. `kubectl get pods`의 `-w` 옵션을 사용해 파드의 상태를 다시 확인해보자.

```
$ kubectl get pods -n lesson-8 -w
```

```
/devops $ kubectl get pods -n lesson-8 -w
NAME        READY     STATUS     RESTARTS   AGE
probe-pod   0/1       Running    0          53s
probe-pod   0/1       Running    1          1m
probe-pod   1/1       Running    1          1m
^C/devops $
```

▲ **그림 8.5** 파드 상태 확인하기

40초 후에 healthy 파일을 제거하면 활성 프로브가 실패하게 된다. 활성 프로브의 오류로 인해 파드가 다시 시작된다.

5. `kubectl describe`를 사용해 파드 이벤트를 관찰해보자.

```
$ kubectl describe pod probe-pod -n lesson-8
```

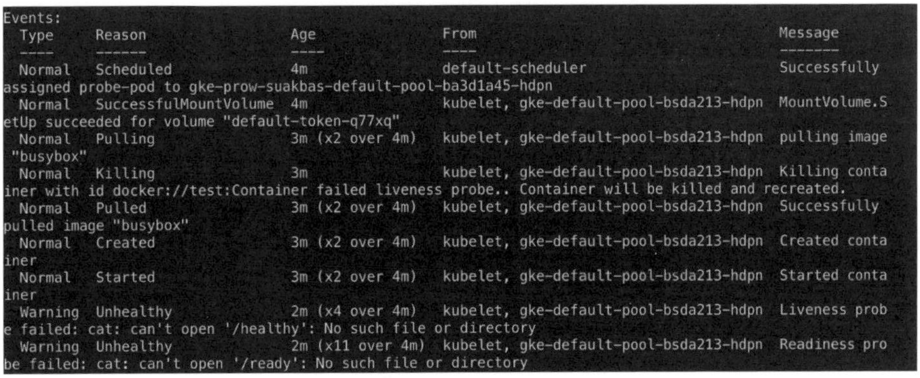

```
Events:
  Type     Reason                 Age                 From                                 Message
  ----     ------                 ----                ----                                 -------
  Normal   Scheduled              4m                  default-scheduler                    Successfully
assigned probe-pod to gke-prow-suakbas-default-pool-ba3d1a45-hdpn
  Normal   SuccessfulMountVolume  4m                  kubelet, gke-default-pool-bsda213-hdpn  MountVolume.S
etUp succeeded for volume "default-token-q77xq"
  Normal   Pulling                3m (x2 over 4m)     kubelet, gke-default-pool-bsda213-hdpn  pulling image
 "busybox"
  Normal   Killing                3m                  kubelet, gke-default-pool-bsda213-hdpn  Killing conta
iner with id docker://test:Container failed liveness probe.. Container will be killed and recreated.
  Normal   Pulled                 3m (x2 over 4m)     kubelet, gke-default-pool-bsda213-hdpn  Successfully
pulled image "busybox"
  Normal   Created                3m (x2 over 4m)     kubelet, gke-default-pool-bsda213-hdpn  Created conta
iner
  Normal   Started                3m (x2 over 4m)     kubelet, gke-default-pool-bsda213-hdpn  Started conta
iner
  Warning  Unhealthy              2m (x4 over 4m)     kubelet, gke-default-pool-bsda213-hdpn  Liveness prob
e failed: cat: can't open '/healthy': No such file or directory
  Warning  Unhealthy              2m (x11 over 4m)    kubelet, gke-default-pool-bsda213-hdpn  Readiness pro
be failed: cat: can't open '/ready': No such file or directory
```

▲ **그림 8.6** probe-pod의 이벤트

페이지 끝부분에 해당 파드의 이벤트가 표시된다. 특히 마지막 두 줄에 주의하자. 이 부분은 활성 및 준비성 프로브의 실패에 대한 정보를 나타낸다. 실습 시에 이를 통해 파드에 어떤 문제가 있는지 쉽게 파악할 수 있다.

6. `kubectl delete`를 사용해 현재 사용 중인 파드를 삭제할 수 있다.

```
$ kubectl delete -f probe-pod.yaml -n lesson-8
```

이번 실습에서는 활성 및 준비성 프로브를 설정하는 방법을 살펴봤다. 또한 이러한 프로브가 실패하면 어떻게 되는지 알아봤다. 다음 절에서는 파드가 종료된 이유를 확인하기 위한 또 다른 방법을 제공하는 쿠버네티스 기능을 살펴볼 것이다.

종료 로그 생성하기

쿠버네티스는 파드 내부에서 실행되는 애플리케이션의 종료 원인을 찾는 데 유용한 기능을 제공한다. 애플리케이션이 사전에 정의된 경로에 종료 원인을 기록하게 할 수 있다. /dev/termination-log가 기본값으로, 파드 정의를 확인하면 종료 로그의 위치를 찾고 원인을 빠르게 확인할 수 있다. 컨테이너의 `terminationMessagePath` 필드를 설정하면 기록할 경로를 수정할 수 있다.

종료 원인을 /termination-log 경로에 기록하는 샘플 파드를 다음의 정의를 통해 살펴보자.

```
apiVersion: v1
kind: Pod
metadata:
  name: termination-pod
spec:
  containers:
  - name: termination
    image: busybox
    command: ["/bin/sh"]
    args: ["-c", "sleep 20 && echo Done sleeping > /termination-log"]
    terminationMessagePath: "/termination-log"
```

이 파드는 20초 후 종료되는데, 이후 kubectl get 커맨드를 실행해서 파드 정의를 확인하면 종료 원인을 확인할 수 있다.

```
$ kubectl get pod termination-pod -o yaml
```

종료 메시지를 보여주는 샘플은 다음과 같이 정의할 수 있다.

```
apiVersion: v1
kind: Pod
...
    lastState:
      terminated:
        containerID: ...
        exitCode: 0
        finishedAt: ...
        message: |
          Done sleeping
        ...
```

다음 절에서는 쿠버네티스에서 트러블슈팅 시에 사용할 수 있는 편리한 커맨드들을 살펴볼 것이다.

트러블슈팅을 위한 편리한 커맨드들

트러블슈팅을 위한 첫 번째 단계는 항상 무엇이 잘못됐는지 파악하는 것이다. 애플리케이션 파드의 문제점이 무엇인지 확인하기 위해 몇 가지 kubectl 커맨드를 활용할 수 있다. 그럼, 하나씩 확인해보자. 이때 가장 편리한 커맨드는 kubectl describe다.

kubectl describe

이 커맨드는 파드 및 파드 내부에서 실행되는 컨테이너의 현재 상태에 대한 모든 정보를 제공한다.

다음은 kubectl describe 호출의 출력 예다.

```
$ kubectl describe pod <pod-name>
```

파드의 상태는 다음과 같다.

```
status:          Running
IP:              10.44.0.30
Controlled By:   ReplicaSet/test-76656f9f8
Containers:
  test:
    Container ID:
docker://9c020c544611fd5c2be4f42bbd89f65934fd8d9e6e14ab32d5a9a517a5fee717
    Image:       suakbas/lesson08:v1
    Port:        8888/TCP
    Host Port:   0/TCP
    Args:
      --enable=false
    State:       Running
      Started:   Wed, 20 Mar 2019 10:36:03 +0100
```

```
   Ready:          True
   Restart Count:  0
Conditions:
  Type            status:
  Initialized     True
  Ready           True
  PodScheduled    True
```

kubectl describe를 실행하면, 앞에서 확인한 대로 파드와 컨테이너에 대한 자세한 정보가 제공된다. 여기서 확인해야 할 것은 컨테이너가 실행 중인 상태인지와 재시작 횟수, 파드의 상태 정보다. 이 정보를 통해 애플리케이션에서 무슨 일이 일어나고 있는지를 알 수 있다.

kubectl get

문제가 발생하면, 애플리케이션 파드의 구성이 올바른지 확인하고자 할 것이다. kubectl get을 사용하면 이 작업을 쉽게 수행할 수 있다.

이 커맨드는 애플리케이션의 파드 정의와 함께, 파드의 상태에 대한 상위의 정보를 제공한다.

```
$ kubectl get pod <pod-name> -o yaml
```

kubectl get 커맨드에 -w 옵션을 추가하면 파드의 현재 상태를 확인할 수 있다. 이 방법을 통해 실시간으로 무슨 일이 일어나고 있는지 확인할 수 있으며, 문제를 해결하기 위한 통찰력을 얻을 수 있다.

```
$ kubectl get pods -w
```

kubectl get의 또 하나의 유용한 옵션으로 -o wide가 있다. 이는 파드가 실행 중인 노드를 보여주며, 이때 파드의 IP 주소를 함께 표시한다. 이 정보를 통해 문제가 있는 노드를 감지하고, 영향을 받을 수 있는 파드를 판단하는 데 활용할 수 있다.

```
$ kubectl get pods -o wide
```

또한 클러스터에서 일어난 이벤트를 확인하기 위한 kubectl get의 옵션이 제공된다. 이를 통해 클러스터의 모든 이벤트를 함께 볼 수 있으므로 시간을 절약할 수 있다. 다음 커맨드를 실행해 클러스터의 상태를 확인할 수 있다.

```
$ kubectl get events
```

kubectl logs

kubectl log를 사용해 파드의 로그를 확인할 수 있다.

```
$ kubectl logs <pod-name>
```

또한 --previous 플래그를 지정해 이전에 종료된 컨테이너의 로그를 확인할 수 있는 편리한 옵션이 존재한다.

```
$ kubectl logs --previous <pod-name>
```

kubectl exec

문제를 디버깅하는 또 다른 방법은 kubectl exec를 사용해 컨테이너에 직접 들어가는 것이다.

```
$ kubectl exec -it <pod-name> bin/bash
```

이를 통해 셸을 열어 컨테이너에 들어가지 않고도 컨테이너 내부에서 커맨드를 실행할 수 있다.

```
$ kubectl exec -it <pod-name> -- printenv
```

위의 커맨드를 사용하면 컨테이너에 설정된 환경 변수를 출력할 수 있다. 파드에 둘 이상의 컨테이너가 존재하는 경우, 다음 커맨드와 같이 -c 옵션을 사용해 컨테이너 이름을 지정할 수도 있다.

```
$ kubectl logs <pod-name> -c <container-name>
```

그 외의 편리한 커맨드들

문제를 해결할 때 가능한 또 다른 방법은 클러스터에서 busybox 파드를 실행하고 대화형 셸에 액세스하는 것이다. 이 방법을 통해 애플리케이션 파드와 동일한 환경에 접근할 수 있으며, 상호작용을 수행할 수 있다. 예를 들어, 클러스터 내부에서부터 요청을 보내는 것을 테스트할 수 있다.

```
$ kubectl run busybox --image=busybox -i -- sh
```

kubectl은 attach라는 또 다른 편리한 커맨드를 제공한다. 이 커맨드를 사용하면, 컨테이너 내부에서 실행 중인 프로세스에 접근할 수 있다.

```
$ kubectl attach <pod-name> -i
```

kubectl port-forward 커맨드를 사용하면, 컨테이너의 지정된 포트를 로컬 시스템의 지정된 포트로 포워딩할 수도 있다. 이 방법으로, 포트를 통해 애플리케이션과의 상호작용을 신속하게 테스트할 수 있다.

```
$ kubectl port-forward <pod-name> <local-port>:<container-port>
```

kubectl top 커맨드는 파드의 리소스 사용량을 보여준다. 이를 통해 더 큰 문제 발생의 원인이 될 수 있는 CPU나 메모리 같은 리소스의 눈에 띄는 소비가 발생하고 있는지 쉽게 확인할 수 있다.

```
$ kubectl top pods --containers
```

변경과 적용을 위한 커맨드

무엇이 잘못됐는지 파악하고 솔루션을 찾은 후, 쿠버네티스 리소스의 업데이트를 위해 다음과 같이 몇 가지 커맨드를 사용해 클러스터에 적용할 수 있다. 다음 세 가지 커맨드 중 하나를 사용해 쿠버네티스에서 리소스를 업데이트할 수 있다.

- kubectl apply -f를 사용해 객체 정의 파일에서 변경한 내용을 적용한다.

  ```
  $ kubectl apply -f <file-wt-correct-resource>
  ```

- kubectl edit를 사용해 텍스트 편집기에서 변경한다.

  ```
  $ kubectl edit <resource-type> <resource-name>
  ```

- kubectl patch를 사용해 객체의 필드 단위로 변경한다.

  ```
  $ kubectl patch <resource-type> <resource-name> -p <updated-field>
  ```

흔히 겪을 수 있는 문제에 대한 제안

애플리케이션이 제대로 동작하지 않는 데는 여러 가지 이유가 있을 수 있다. 여기서는 일반적인 문제 중 일부와 그 원인을 이해하는 방법을 소개한다. 또한 이러한 문제의 해결책을 제안하고자 한다.

리소스 부족

파드가 오랫동안 Pending 상태인 경우, 이는 노드에 예약되지 않았음을 의미하는 경우가 있다. 여러 가지 이유가 있을 수 있지만 가장 일반적인 이유는 클러스터에 충분한 리소스가 남아 있지 않기 때문이다. kubectl describe를 실행해 파드 컨디션을 확인함으로써 이를 확인할 수 있다. 이 경우, 사용 가능한 리소스의 수를 늘리거나 다른 파드를 삭제해 리소스를 확보해야 한다.

```
$ kubectl describe pod <pod-name>
```

또한 kubectl top nodes 커맨드를 사용해 노드에 용량 문제가 발생했는지 확인할 수 있다. 다음 커맨드를 통해 노드의 리소스 사용량을 볼 수 있다.

```
$ kubectl top nodes
```

 미니쿠베에서 이 커맨드를 실행하려면, 먼저 metrics-server 애드온이 활성화돼 있는지 확인하자.

```
$ minikube addons enable metrics-server
```

이 커맨드는 리소스 사용량을 나타내는 반면에, 다음 커맨드는 용량을 보여준다.

```
$ kubectl get nodes -o jsonpath='{range .items[*]}{.metadata.name} {.status.capacity}
{"\n"}{end}'
```

두 가지를 모두 사용하면, 노드에 리소스 문제가 있는지 확인할 수 있다.

이미지 받아오기 실패

만약 파드가 Waiting 상태라면, 이는 컨테이너 이미지의 다운로드에 시간이 오래 걸리거
나 다운로드가 불가한 상태에 있음을 의미할 수 있다. kubectl describe를 실행해 컨디션
을 확인함으로써 이를 확인할 수 있다. 이 경우, 올바른 이미지가 지정됐고 다운로드할
수 있는 상태인지 확인해야 한다. 간단한 docker pull 커맨드를 사용해 이미지가 다운로
드 가능한지 직접 확인할 수 있다.

다음 절에서는 몇 가지 kubectl 커맨드를 사용해 파드에 대한 트러블슈팅을 실습해볼 것
이다.

실습 22: 쿠버네티스에서 파드 오류 수정하기

이번 실습에서는 kubectl 커맨드를 사용해 파드 관련 문제를 해결해볼 것이다.

 미니쿠베에서 이 실습을 수행하려면, 먼저 metrics-server 애드온이 활성화돼 있는지 확인해
야 한다.

```
$ minikube addons enable metrics-server
```

1. 다음의 파드 정의를 사용해 이름이 test-pod.yaml인 파일을 생성한다.

```
apiVersion: v1
kind: Pod
metadata:
  name: test-pod
```

```
spec:
  containers:
  - name: test
    image: busybo
    command: ["/bin/sh"]
    args: ["-c", "sleep 99999"]
```

2. kubectl create를 사용해 lesson-8 네임스페이스에 파드를 배포한다.

```
$ kubectl create -f test-pod.yaml -n lesson-8
```

```
/devops $ kubectl create -f test-pod.yaml -n lesson-8
pod/test-pod created
/devops $
```

▲ **그림 8.7** test-pod 배포하기

3. 파드가 성공적으로 실행되고 있는지 확인한다.

```
$ kubectl get pods -n lesson-8
```

```
/devops $ kubectl get pods -n lesson-8
NAME        READY     STATUS          RESTARTS     AGE
test-pod    0/1       ErrImagePull    0            7s
/devops $
```

▲ **그림 8.8** test-pod 상태 확인하기

위의 커맨드를 통해, 파드가 실행되지 않았음을 알 수 있다. 상태 필드에서 문제의 원인을 확인할 수도 있다. 여기서는 이 상태의 의미를 모른다고 가정하고 여러 kubectl 커맨드를 사용해 문제를 추가로 검사해보자.

278

4. 파드의 리소스 사용량을 확인해, 과도한 사용량이 문제의 원인인지 확인한다.

```
$ kubectl top pods -n lesson-8
```

```
/devops $ kubectl top pods -n lesson-8
W0324 20:50:34.156835   72205 top_pod.go:263] Metrics not available for pod lesson-8/test-pod, age: 2m0.149757152s
error: Metrics not available for pod lesson-8/test-pod, age: 2m0.149757152s
/devops $
```

▲ **그림 8.9** 리소스 사용량 확인하기

이와 같이, 파드가 전혀 실행되지 않아서 리소스 사용량을 사용할 수 없기 때문에 과도한 리소스 사용량이 문제가 아님을 알 수 있다.

5. 파드 로그를 확인해서 애플리케이션에서 어떤 일이 일어나고 있는지 확인해보자.

```
$ kubectl logs test-pod -n lesson-8
```

```
/devops $ kubectl logs test-pod -n lesson-8
Error from server (BadRequest): container "test" in pod "test-pod" is waiting to start: image can't be pulled
/devops $
```

▲ **그림 8.10** test-pod 로그 확인하기

로그에서 알 수 있듯이, '이미지를 가져올 수 없음image can't be pulled' 문제로 인해 파드 내부의 컨테이너는 시작 대기 중이다. 이미지에 문제가 있음을 알았으니, 파드 세부 정보를 확인해 좀 더 상세한 문제를 알아보자.

6. kubectl describe를 사용해 상태 및 컨디션을 포함한 파드의 세부 정보를 확인한다.

```
$ kubectl describe pod test-pod -n lesson-8
```

▲ **그림 8.11** test-pod에 대한 객체 세부 사항

파드 상태는 Pending이며, 컨테이너는 Waiting 상태에 있다. 파드가 성공적으로 예약되고 초기화됐는지 확인하기 위해 파드 컨디션을 점검하면 준비되지 않았음을 알 수 있다. 마지막으로 페이지 끝부분에서 이벤트를 확인하고, 이미지가 존재하지 않거나 액세스 권한이 없음을 파드에서 보고하고 있음을 알 수 있다 (그림 8.11의 마지막 부분에서 강조 표시된 이벤트 참조). 이를 해결하기 위해서는 이미지 이름을 busybo가 아닌 busybox로 수정해야 한다.

7. 이후 동일한 파일이 사용될 때 해당 문제가 발생하지 않도록 문제의 원인이 된 파일의 이미지 이름을 수정해보자.

```
$ vi test-pod.yaml
# 이미지 이름을 busybox로 수정하고 ':wq'를 사용해 파일을 종료한다. 변경사항이 저장될 것이다.
```

```
/devops $ vi test-pod.yaml
/devops $
```

▲ 그림 8.12 텍스트 편집기 열기

8. 클러스터에 수정사항을 적용한다.

```
$ kubectl apply -f test-pod.yaml -n lesson-8
```

```
/devops $ kubectl apply -f test-pod.yaml -n lesson-8
pod/test-pod configured
/devops $
```

▲ 그림 8.13 test-pod 수정하기

9. 수정 후, 파드가 성공적으로 실행되는지 확인해보자.

```
$ kubectl get pods -n lesson-8
```

```
/devops $ kubectl get pods -n lesson-8
NAME        READY    STATUS      RESTARTS    AGE
test-pod    1/1      Running     0           10m
/devops $
```

▲ 그림 8.14 test-pod 상태 확인하기

위와 같이, 문제가 해결됐고 파드가 문제없이 실행되고 있음을 알 수 있다.

10. kubectl delete를 사용해 파드를 삭제할 수 있다.

```
$ kubectl delete -f test-pod.yaml -n lesson-8
```

이번 실습에서는 쿠버네티스에서 애플리케이션의 문제를 해결할 때 사용 가능한 다른 커맨드를 연습해봤다. 마지막으로, 문제를 해결하고 문제가 재발하지 않도록 변경사항을 반영했다.

다음 절에서는 스스로 문제 해결이 불가능한 경우에 대비해 알아둬야 할 중요한 사항들을 살펴볼 것이다.

커뮤니티에 문의하기

혼자서, 혹은 회사 내에서 문제를 해결하려 시도하는 것만으로는 충분하지 않다. 다른 사람이 같은 문제를 겪었을 수 있으며, 이미 온라인 어딘가에 솔루션이 존재하고 있을 수 있다. 쿠버네티스 깃허브 리포지토리(https://github.com/kubernetes/kubernetes)의 기존, 혹은 닫힌 문제를 검토하면 관련 문제가 이미 해결됐는지 확인할 수 있다. 만약 문제에 대한 해결책을 찾지 못했다면, 이슈를 새로 생성하거나 스택 오버플로에서 kubernetes 태그(https://stackoverflow.com/questions/tagged/kubernetes)를 이용해 도움을 요청할 수 있다. 또한 쿠버네티스 슬랙Slack 채널을 적극적으로 활용해 질문하기 바란다. 쿠버네티스는 가장 활발한 커뮤니티들을 갖고 있기 때문에 답변을 비교적 빠르게 얻을 수 있다.

또한 쿠버네티스의 애플리케이션 트러블슈팅에 대한 최신 정보가 수록된 공식 쿠버네티스 웹사이트(https://kubernetes.io/docs/tasks/debug-application-cluster/debug-application-introspection/)의 디버깅 섹션을 활용하자.

다음 절에서는 실제 상황과 유사한 환경에서 활동을 수행해볼 것이다.

활동 9: 쿠버네티스에서 애플리케이션 트러블슈팅하기

회사에 배포된 애플리케이션의 상태를 유지 관리하는 야간 긴급대기조의 데브옵스 엔지니어가 됐다고 가정해보자. 종료 시에 항상 비정상 작동하는 애플리케이션이 있다. 그래서 애플리케이션의 로그를 확인했지만, 문제를 이해하기에 충분한 정보를 찾을 수 없었다. 운 좋게도 팀은 구성을 소스 코드에서 분리한 상태이며, 로그 수준을 변경, 적용해 좀 더 자세한 로그를 얻을 수 있다. 로그 수준을 변경한 후, 문제점이 무엇인지 파악하고 이를 해결하기 위한 조치를 취해보자. 마지막으로, 로그를 확인해 애플리케이션이 문제없이 실행되고 있는지 확인한다.

 이번 활동을 수행하는 데 미니쿠베 또는 실제 클러스터를 활용할 수 있다.

이번 활동을 완료하기 위해서는 다음 단계들을 수행해야 한다.

1. suakbas/lesson08:v1 이미지를 사용하고, `app-Config`라는 이름의 컨피그맵에 `LOG_LEVEL` 및 `ENABLE_CONNECTION` 환경 변수를 사용하는 파드 정의 파일을 작성한다. 파일명은 pod.yaml로 지정하자.

2. `LOG_LEVEL` 필드를 `INFO`로, `ENABLE_CONNECTION`을 `No`로 설정해 컨피그맵을 작성한다. 파일명은 configmap.yaml로 지정하자.

3. 컨피그맵과 파드를 `lesson-8` 네임스페이스에 배포한다. 다음으로, 파드가 실행 중인지 확인해보자.

4. 파드가 실행되지 않고 계속해서 종료되는 이유를 알아본다. `kubectl logs` 커맨드를 사용해 애플리케이션의 로그를 확인해보자.

5. 컨피그맵의 `LOG_LEVEL` 필드를 `DEBUG`로 업데이트해 로그 수준을 변경한다.

6. 더 자세한 로그를 확인하고 싶다면 `kubectl logs`를 다시 실행한다.

7. `kubectl exec`를 사용해, 설정된 환경 변수를 확인해보자.

8. configmap.yaml 파일을 업데이트하며 `ENABLE_CONNECTION`을 `Yes`로 설정해 문제를 해결해보자. 다음으로, 업데이트된 파일을 클러스터에 적용하자.

9. 로그를 확인해 문제가 해결됐는지 알아본다.

10. 네임스페이스를 제거해 사용한 환경을 정리한다.

 이번 활동의 해결 방법은 361페이지에서 확인할 수 있다.

이번 활동에서는 애플리케이션 문제를 해결하기 위해 다양한 kubectl 커맨드를 연습해봤다. 또한 애플리케이션의 작동 방식을 파악하고, 문제의 근본 원인을 파악하는 데 도움이 되는 로그의 중요성을 알 수 있었다. 상이한 로그 수준을 적용하고, 환경 변수를 사용해 구성해보는 실습을 진행했다. 이러한 방법으로, 실제 상황에서 취할 수 있는 방식과 동일한 단계를 수행해봤다. 다음 절에서는 이번 장에서 학습한 내용을 요약할 것이다.

▌요약

8장에서는 우선 일반적인 트러블슈팅에 대해 설명하고 왜 이것이 중요한 개념인지 알아 봤다. 여기서는 문제 식별과 함께 문제 발생을 방지하기 위한 테스트의 추가, 문제의 재 발 시 이를 쉽게 해결하기 위한 솔루션 문서화, 문제를 빠르게 이해하기 위한 모니터링 도구의 사용과 로그의 효율적인 활용 등, 애플리케이션 트러블슈팅을 효율적으로 수행하 기 위한 몇 가지 관점을 살펴봤다.

다음으로, 쿠버네티스에서의 트러블슈팅에 대해 알아봤다. 여기서는 파드의 수명주기와 같은 주요 개념들을 소개했다. 또한 파드가 가질 수 있는 다양한 컨디션과 상태를 살펴봤 다. 이러한 각 컨디션 및 상태의 의미와 함께 해당 문제가 무엇을 나타내는지 알아봤다. 이어서, 자동 복구를 다뤘다. 쿠버네티스에 있는 두 가지 상태 점검인 활성 프로브와 준 비성 프로브를 소개하고, 또한 실습을 통해 이를 활용해봤다.

이어서 애플리케이션에서 종료 로그를 생성해 파드가 종료된 원인을 파악할 수 있게 했 다. 여기서 트러블슈팅 과정에서 가장 쓸모있는 kubectl 커맨드에 대해 알아봤다. 이를 활용해 kubectl logs, kubectl exec, kubectl port-forward 같은 다양한 커맨드를 다뤄봤 다. 이어서 쿠버네티스에서 실행되는 애플리케이션에서 발생하는 일반적인 문제를 회피 하기 위한 제안들을 소개했다. 그런 다음, 앞서 소개한 커맨드를 사용한 실습을 통해 파 드 실패 문제를 해결했다.

마지막으로, 쿠버네티스 커뮤니티를 활용하기 위한 채널들을 소개했다. 그리고 상이한 로 깅 수준을 적용한 뒤, kubectl 커맨드를 사용해 문제를 수정해가는 활동을 진행했다. 9장 에서는 쿠버네티스에서의 모니터링 및 통지를 살펴볼 것이다.

09

쿠버네티스에서 애플리케이션 모니터링하기

9장을 끝까지 학습하면 다음을 수행할 수 있다.

- 모니터링의 중요성을 설명할 수 있다.
- 쿠버네티스의 리소스 모니터링 도구에 대해 설명할 수 있다.
- 프로메테우스 및 그라파나의 대시보드에서 경고 알림에 대한 룰을 작성할 수 있다.
- 슬랙에서 알림매니저를 사용해 경고 알림을 수신할 수 있다.

9장에서는 쿠버네티스에서 가장 일반적으로 사용되는 도구를 활용해 인프라 및 애플리케이션을 모니터링하는 다양한 기술을 소개한다.

▌ 모니터링

8장 '쿠버네티스에서 애플리케이션 트러블슈팅하기'에서는 문제가 발생했을 때 애플리케이션의 문제를 신속하게 해결하기 위한 방법을 살펴봤다. 여기서는 시스템의 동작을 관찰 및 인식하기 위해 모니터링을 통해 발생 전의 잠재적인 문제의 감지로 한 걸음 더 나아가고 있다.

오늘날 기업은 시장에서 경쟁력을 유지하기 위해 높은 수준의 고객 만족을 보장해야 한다. 특히 웹사이트의 경우 실용적이어야 하며, 서비스를 24시간 내내 제공하는 것이 중요하다. 그럼에도 많은 회사가 여전히 반응형 접근 방식을 채택하고 있다. 즉, 문제가 발생할 때까지 대기하다가 문제가 발생하면 이를 해결한다. 이로 인해 시스템의 다운타임이 발생하고, 고객 불만이 발생할 수 있다.

얼마 전까지 애플리케이션의 소스 코드는 대부분 정적 코드로 작성돼왔다. 그렇기 때문에 애플리케이션을 실시간으로 모니터링하기 위한 정교한 도구는 필요하지 않았다. 대신, 사용자가 제품을 어떻게 사용했는지 알기 위한 통계 정보를 수집하는 것으로 충분했다. 이들 정보는 대부분 새로운 제품을 개발하거나, 몇 달 후의 대규모 릴리스에 개선사항을 적용하는 데 사용됐다. 그러나 데브옵스 시대에는 일반적으로 새로운 테스트 버전의 애플리케이션을 프로덕션 환경으로, 즉 모든 테스트가 완료되면 이를 배포하는 것이 일반적이다. 이러한 변화에 따라, 실시간으로 모든 문제를 지속적으로 수집하고 가능한 한 신속하게 해결책을 제공하는 것이 중요해졌다.

데브옵스의 발전에 따라, 모니터링은 애플리케이션 개발자의 일상의 한 부분이 됐다. 데브옵스 이전 시대에는 이것이 일반적으로 운영 팀의 역할이었지만, 이제는 전체 팀의 역할이 됐다. 이를 통해 팀은 시스템의 생산성을 유지하고, 프로젝트 수명주기 초기에 잠재적인 문제를 감지해, 예방 조치를 통해 문제를 신속하게 해결할 수 있게 됐다.

오늘날의 소프트웨어는 일반적으로 외부 서비스와 데이터베이스 같은 리소스에 의존한다. 이러한 리소스와 관련된 문제는 애플리케이션의 가치를 순식간에 저하시킬 수 있다.

따라서 지속적인 모니터링이 필요하며 가능한 한 빠르게 문제를 감지해야 한다.

또한 애플리케이션을 모니터링함으로써 애플리케이션의 성능과 같은 중요한 정보를 얻을 수 있다. 특히 마이크로서비스에는 분산 환경에서 수많은 API 호출을 수행하는 독립된 서비스가 존재한다. 이로 인해, 문제를 수동으로 감지하기 어려워진다. 또한 소프트웨어에 대한 정량 측정에 기반한 다양한 메트릭이 존재한다. 따라서 이들 메트릭을 모니터링하고, 문제 발생 시 사용자에게 통지하며, 시스템의 전반적인 상태를 자동으로 감시하는 모니터링 도구가 필요해진다.

모니터링은 데브옵스의 여러 운영 측면에서 다룰 수 있지만, **인프라 모니터링**infrastructure monitoring과 **애플리케이션 성능 모니터링**APM, application performance monitoring이라는 두 가지 유형에 중점을 두고 살펴볼 것이다.

인프라 모니터링

인프라 모니터링은 서버(또는 시스템에 포함된 다른 장치) 분석을 통해 전체 상태를 감지하는 것을 의미한다. 여기에는 메모리, CPU, 디스크 성능과 같은 기본적이지만 중요한 서버 메트릭이 포함된다. 이는 적시에 정보를 제공하므로, 장치가 리소스 측면에서 감당하지 못할 경우에는 문제가 발생하기 전에 리소스를 늘릴 수 있다. 또한 인프라를 모니터링해서 얻은 정보를 사용해 시스템 효율을 높일 수 있다. 즉, 부족하거나 과도하게 사용된 시스템 구성요소를 감지하고, 이를 효율적으로 사용하기 위해 적절한 조치를 취할 수 있다.

애플리케이션 성능 모니터링

애플리케이션 성능 모니터링은 애플리케이션 내부 요소의 성능을 추적하는 기능으로 구성된다. 요청 큐의 처리 시간, 가비지 컬렉터, 페이지 로드 시간 같은 메트릭을 예로 들 수 있겠다. 이를 통해 고객이 문제를 인식하기 전에 문제를 이해하고, 개선할 부분을 찾기 위한 필수 정보를 제공한다. 예를 들어 문제를 쉽게 감지할 수 없는 경우에 애플리케이선 내의 호출을 모니터링하면, 소스 코드를 보지 않고도 애플리케이션이 수행 중인 작업을 좀 더 쉽게 확인할 수 있다. 또한 두 마이크로서비스가 상호 간에 과도한 호출을 하는 등 비효율적인 패턴이 있는지 여부를 확인할 수도 있다. 이러한 경우 애플리케이션의 성능 향상을 고려하면 두 서비스를 하나의 마이크로서비스로 통합하는 편이 좀 더 합리적일 수 있다.

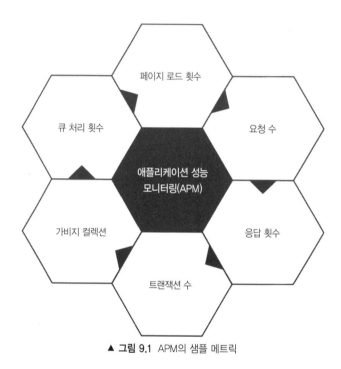

▲ **그림 9.1** APM의 샘플 메트릭

또한 APM을 통해 사용자가 소프트웨어를 사용하는 방식을 파악해 좀 더 적극적으로 고객 경험을 개선하기 위한 솔루션을 제공할 수도 있다.

이러한 모니터링 작업 외에도, 경고 알림 및 도구 항목 같은 관점이 존재한다. 다음 절에서는 이러한 측면을 자세히 살펴볼 것이다.

경고 알림

경고 알림^{alerting}은 시스템이나 애플리케이션에 문제가 있거나 비정상적인 활동을 수행하는 경우 알림을 받는 것을 의미한다. 이러한 경고는 이메일, SMS 메시지, 또는 채팅 알림 등 다양한 형태로 이뤄진다. 경고 알림 도구는 시스템 또는 애플리케이션의 현재 상태에 대한 조기 경고 시스템으로서 중요한 역할을 한다. 이후에 '쿠버네티스에서 애플리케이션 모니터링하기' 절에서는 클러스터에 대해 경고를 활성화하는 방법과 경고 알림을 받는 방법을 설명한다.

도구

오늘날 시장에는 다양한 모니터링 도구가 존재한다. 따라서 사례에 가장 적합한 도구를 비교하거나 찾기 어려울 수 있으므로 그 전에 모니터링 시스템에 필요한 요구사항을 결정하는 것이 좋다.

모든 기능을 갖춘 도구 하나를 선택하거나, 여러 도구를 조합해 모니터링 시스템을 구축할 수 있다. 최종적으로, 다음을 수행할 수 있는 시스템이 실행 중이어야 한다.

- 시스템의 모든 메트릭을 수집하고 집계할 수 있다.
- 경고 알림이 제공돼야 한다. 이메일 보내기, 혹은 해결 내용에 대한 메시지 보내기와 같이 필수 기능을 제공해야 한다.
- 시각화가 가능해야 한다. 필요에 따라 대시보드의 사용자 정의가 가능해야 한다. 애플리케이션의 트렌드를 감시하고, 조기에 문제를 감지하기 위해 가능한 한 다양한 관점에서 시각화할 수 있어야 한다.

시장에서 거래되는 도구들은 일반적으로 더 많은 기능을 제공하지만, 유용한 모니터링 시스템을 구축하기 위해서는 다음의 세 가지 기능이 제공돼야 한다.

다음 절에서는 쿠버네티스에서 활용 가능한 모니터링 시스템을 구축하는 방법을 소개한다.

▍ 쿠버네티스에서 애플리케이션 모니터링하기

이번 절에서는 쿠버네티스에서 가장 일반적으로 사용되는 도구를 써서 인프라 및 애플리케이션을 모니터링하는 방법을 살펴볼 것이다. 또한 이들 애플리케이션에서 사용자 지정 메트릭을 노출하고, 경고 알림을 설정해 완벽한 모니터링 시스템을 구축하는 방법을 알아본다.

여기서는 클러스터에서 메트릭을 수집하는 도구로는 **프로메테우스**^{Prometheus}를, 경고 알림 도구로는 **알림매니저**^{Alertmanager}를 사용한다. 다음으로, 프로메테우스에서 얻은 측정 항목의 시각화 도구로는 **그라파나**^{Grafana}를 사용한다. 마지막으로, 이러한 경고 알림을 받을 수 있도록 슬랙 채널을 구성해 시스템을 완성할 것이다.

프로메테우스

프로메테우스는 오픈소스 기반의 모니터링 및 경고 알림 시스템이다. 구성된 애플리케이션에서 실시간 데이터를 정기적으로 수집하고, 시계열 데이터로서 데이터베이스에 저장한다. 프로메테우스에는 **프로메테우스 질의 언어**^{PromQL, Prometheus Query Language}라는 질의 언어가 있으며, 이를 통해 사용자는 메트릭스로부터 획득한 데이터를 가져오거나 집계할 수 있다.

PromQL을 사용하면, 다른 연산자를 사용하는 타 쿼리 언어와 마찬가지로 복잡한 쿼리를 작성할 수 있다. 또한 메트릭의 이름만 사용해서도 쿼리를 만들 수 있다. 이 경우 질의는 셀렉터처럼 작동하며 MySQL 질의 `Select * from <table>`과 같이 특정 메트릭으로 수집된 모든 데이터를 반환한다. 그런 다음 중괄호(`{}`) 안에 레이블을 사용하면 결과를 필터링할 수 있다. 또한 제공되는 다양한 기능을 사용해 데이터로부터 의미를 도출할 수 있다. 예를 들어, `sum` 함수를 사용하면 모든 결과를 집계해 메트릭의 총합을 산출할 수 있다.

PromQL은 경고 알림 룰을 만드는 데도 사용된다. 경고 알림 룰은 사용자가 작성한 부울^{Boolean} 식을 포함하는 구성으로서, 메트릭 데이터에 대해 정기적으로 체크된다. 만약 정

290

의된 식이 false를 반환하면 경고가 발생한다. 이때 특정 경고 알림에 대해 사용자가 수신자를 정의한 경우, 경고 알림이 전송된다. 이에 대한 자세한 내용은 '알림매니저' 절에서 설명할 것이다.

다음은 expr 필드에서 PromQL 쿼리를 사용해 정의된 간단한 경고 알림 룰이다.

```
- name: pod-container-not-running-rule
  rules:
  - alert: PodContainerNotRunning
    expr: (kube_pod_container_status_running { namespace="default", container="test" } == 0)
    for: 30s
    labels:
    severity: warning
  annotations:
    description: "{{$labels.namespace}}/{{$labels.pod}} is not running"
    summary: "Test container is not running"
```

표현식 필드의 이 질의는 test라는 이름의 컨테이너와 함께 default 네임스페이스에서 실행 중인 모든 컨테이너를 선택한다. 이때 default 네임스페이스에 test라는 컨테이너가 존재하지 않는다면, 이 표현식은 false를 반환하고 경고 알림을 트리거한다.

프로메테우스는 메트릭을 가져오기 위한 풀^{pull} 모델을 갖고 있으며, 서비스에서 주기적으로 메트릭을 조회할 수 있도록 서비스에 /metrics 엔드포인트가 존재해야 한다. 따라서 일반 텍스트 데이터만 제공하는 모든 서비스에서 /metrics 엔드포인트를 노출시켜야 한다. 그렇게 하면 프로메테우스는 HTTP 요청을 전송해 이를 획득한다.

프로메테우스는 시스템으로서, 다음과 같은 여러 컴포넌트로 구성된다.

- **프로메테우스 서버**$^{Prometheus\ server}$: 메트릭 수집을 담당한다.
- **익스포터**^{exporter} : 지원용 서버로서, 쿠버네티스와 같이 잘 알려진 서비스에서 기존 메트릭을 익스포트하는 데 사용된다.
- **알림매니저**^{Alertmanager} : 경고 알림의 전송을 담당한다.

- **푸시게이트웨이**[Pushgateway]: 배치나 스케줄 작업 등 일시적으로 실행되는 작업으로부터 메트릭을 수집한다.

프로메테우스에는 UI가 내장돼 있어 노출된 메트릭을 통해 조회하고, PromQL을 사용해 질의가 가능하다. 자동 완성을 통한 제안을 통해 트리거되는 메트릭명을 작성 및 시작하면, 더 많은 측정 항목을 탐색할 수 있다. 마지막으로, 대괄호 안에 전체 메트릭 이름과 구성값을 작성한 후 Execute를 클릭하면 해당 메트릭에서 집계된 측정값을 볼 수 있다.

▲ **그림 9.2** 프로메테우스 UI의 질의 페이지

헬름을 이용해 프로메테우스를 설치하면, 첫 번째 실습이 실행되고 prometheus-server와 prometheus-alertmanager라는 2개의 컨피그맵이 배포된다. prometheus-server의 컨피그맵에는 프로메테우스 서버와 경고 알림 룰 작성에 필요한 모든 구성이 있다. 따라서 새 경고 알림 룰을 추가하려면 이 컨피그맵의 alerts 필드를 수정해야 한다.

다음은 alerts 필드의 초기 상태다.

▲ **그림 9.3** alerts 필드의 초기 상태

다음을 통해 샘플 알림을 구성한 후 alerts 필드를 확인하는 방법을 알아보자.

```
apiVersion: v1
data:
  alerts: |
    groups:
    - name: pod-container-not-running-rule
      rules:
      - alert: PodContainerNotRunning
        expr: (kube_pod_container_status_running { namespace="default", container="test" } == 0)
        for: 30s
        labels:
          severity: warning
        annotations:
          description: "{{$labels.namespace}}/{{$labels.pod}} is not running"
          summary: "Test container is not running"
```

▲ **그림 9.4** 샘플 경고 알림을 구성한 후의 alerts 필드의 상태

다음 절에서는 알림매니저라는 컴포넌트를 자세히 살펴볼 것이다. 이 컴포넌트는 경고 알림을 보내는 데 있어 중요한 역할을 한다.

알림매니저

알림매니저는 프로메테우스 시스템 내에서 독립된 모듈로 제공된다. 또한 프로메테우스에서 인식한 경고를 기반으로 경고 알림을 전송한다. 이메일 클라이언트, 슬랙(https://slack.com), VictorOps(https://victorops.com/), WeChat(https://www.wechat.com) 등 다양한 리시버 유형을 지원한다.

다음은 슬랙 리시버의 구성 샘플이다.

```
- name: "slack"
  slack_configs:
  - channel: "test"
    send_resolved: true
    api_url: "<webhook-url>"
    title: "{{ .CommonAnnotations.description }}"
    text: "Description: {{ .CommonAnnotations.description }}"
```

여기서 경고 알림은 다른 필드를 사용하면 사용자 정의와 추가가 가능하다. 제목과 텍스트 필드를 추가하는 등의 작업을 예로 들 수 있다. 알림을 사용자 정의하는 데 사용할 수 있는 필드에 대해서는 https://prometheus.io/docs/alerting/configuration/#slack_config에서 확인할 수 있다.

다음은 이메일 리시버의 샘플 구성이다.

```
- name: email_config
  email_configs:
  - to: 'to@test.com'
    from: 'from@test.com'
    smarthost: 'smtp.test.com:587'
    auth_username: 'from@test.com'
    auth_password: '<password>'
    auth_secret: 'admin@test.com'
    auth_identity: 'admin@test.com'
```

슬랙 리시버와 마찬가지로, https://prometheus.io/docs/alerting/configuration/#email_config를 참고하면 더 많은 필드를 활용해 기능을 보강할 수 있다.

VictorOps와 WeChat을 비롯한 모든 리시버에 대한 추가 구성은 https://prometheus.io/docs/alerting/configuration/에서 찾을 수 있다.

프로메테우스를 설치할 때 배포된 prometheus-alertmanager 컨피그맵에는 모든 수신자 정보를 포함한 알림매니저에 대한 구성이 존재한다. 따라서 새 리시버를 추가하려면 이 컨피그맵의 receivers 필드를 수정해야 한다.

prometheus-alertmanager 컨피그맵의 receivers 필드의 초기 상태는 다음과 같다.

```
receivers:
- name: default-receiver
```

▲ **그림 9.5** receivers 필드의 초기 상태

다음은 샘플 슬랙 리시버를 구성한 다음, `prometheus-alertmanager` 컨피그맵의 `receivers` 필드를 확인하는 방법이다.

```
receivers:
- name: default-receiver
- name: "slack"
  slack_configs:
  - channel: "test"
    send_resolved: true
    api_url: "<webhook-url>"
    title: "{{ .CommonAnnotations.description }}"
    text: "Description: {{ .CommonAnnotations.description }}"
```

▲ **그림 9.6** 샘플 슬랙 리시버를 구성한 후의 receivers 필드의 상태

이후 '슬랙' 절의 내용을 통해 위에서 언급한 필드, 특히 API URL을 가져와 채우는 방법을 배울 것이다.

다음 절에서는 멋진 대시보드와 그래프를 구성하는 등, 프로메테우스를 통해 얻은 모든 메트릭을 시각화하는 데 사용되는 그라파나에 대해 살펴본다.

그라파나

프로메테우스가 메트릭을 검사할 수 있는 UI를 제공하더라도, 이러한 정보를 대시보드나 그래프를 통해 멋지게 시각화하기는 어렵다. 여기서 그라파나가 등장한다. 그라파나는 메트릭 분석 및 시각화 제품으로 알려져 있다. 또한 프로메테우스와 마찬가지로 그라파나도 오픈소스를 기반으로 하고 있다. 엘라스틱서치^{Elasticsearch}(https://github.com/elastic/elasticsearch) 및 인플럭스DB^{InfluxDB}(https://github.com/influxdata/influxdb) 같은 데이터 저장소와 함께 프로메테우스는 그라파나를 메트릭 데이터를 얻기 위한 데이터 소스로 사용한다.

그라파나는 사용자 지정 대시보드를 생성하고, 수집된 데이터의 시각화를 위한 많은 기능을 제공한다. 대시보드는 그래프에서 특정 메트릭을 시각화하는 다수의 패널로 구성된다. 사용자 지정 대시보드 만들기 외에도, 그라파나 마켓플레이스(https://grafana.com/

dashboards)를 이용하면 다양한 무료 대시보드를 쓸 수 있다. 또한 즉시 사용 가능한 인증 및 권한 부여가 제공되므로, 필요한 경우 대시보드를 공개하거나 쉽게 공유할 수 있다. 이러한 대시보드는 일반 JSON 파일을 사용해 구성되므로 버전 관리 도구에 저장할 수도 있다.

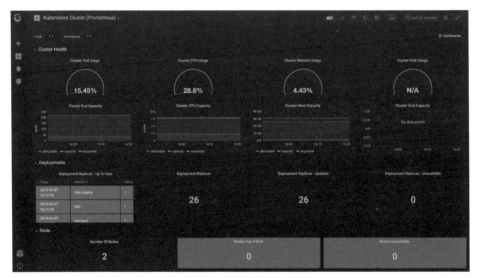

▲ **그림 9.7** 그라파나의 샘플 대시보드

그라파나에서 대시보드 생성하기

그라파나 마켓플레이스에는 이미 많은 대시보드가 존재하지만, 나아가 사용자 정의 대시보드도 만들 수 있다. 이를 위해 그라파나는 그래프, 테이블 또는 통계치를 표시하는 패널 등 다양한 패널 유형을 제공한다. 필요한 모든 패널을 만들고, 이를 대시보드에서 함께 모아서 볼 수 있다.

다음 실습에서는 사용자 지정 대시보드를 만드는 방법을 살펴볼 것이다. 또한 프로메테우스와 그라파나를 설치하는 방법을 소개한다. 여기에 그라파나의 첫 번째 대시보드를 생성해보자.

실습 23: 프로메테우스와 그라파나 설치하기

이번 실습에서는 헬름 차트를 사용해 프로메테우스와 그라파나를 설치한다. 다음으로, 그라파나에서 프로메테우스를 데이터 소스로 추가한다. 마지막으로 사용자 지정 대시보드를 생성하고, 기존 대시보드를 불러와서 쿠버네티스 클러스터의 현재 상태를 확인한다.

 이번 실습을 완료하기 위해 실제 클러스터를 사용하자. GKE(Google Kubernetes Engine)의 관리형 쿠버네티스 클러스터를 이용할 수 있다.

이번 실습을 완료하기 위해서는 다음의 단계들을 수행해야 한다.

1. lesson-9 네임스페이스를 생성하자.

```
$ kubectl create ns lesson-9
```

```
/devops $ kubectl create ns lesson-9
namespace/lesson-9 created
/devops $
```

▲ **그림 9.8** lesson-9 네임스페이스 생성하기

2. stable/prometheus 헬름 차트를 사용해 프로메테우스를 설치해보자.

```
$ helm install stable/prometheus --name prometheus --namespace lesson-9
```

```
/devops $ helm install stable/prometheus --name prometheus --namespace lesson-9
NAME:    prometheus
LAST DEPLOYED: Sun Apr  7 14:33:53 2019
NAMESPACE: lesson-9
STATUS: DEPLOYED

RESOURCES:
==> v1beta1/DaemonSet
NAME                      DESIRED  CURRENT  READY  UP-TO-DATE  AVAILABLE  NODE SELECTOR  AGE
prometheus-node-exporter  2        2        0      2           0          <none>         1s

==> v1beta1/Deployment
NAME                           DESIRED  CURRENT  UP-TO-DATE  AVAILABLE  AGE
prometheus-alertmanager        1        1        1           0          1s
prometheus-kube-state-metrics  1        1        1           0          1s
prometheus-pushgateway         1        1        1           0          1s
prometheus-server              1        1        1           0          1s

==> v1beta1/ClusterRoleBinding
NAME                           AGE
prometheus-kube-state-metrics  1s
prometheus-server              1s

==> v1/PersistentVolumeClaim
NAME                     STATUS   VOLUME    CAPACITY  ACCESS MODES  STORAGECLASS  AGE
prometheus-alertmanager  Pending  standard  2s
prometheus-server        Pending  standard  2s

==> v1/ServiceAccount
NAME                           SECRETS  AGE
prometheus-alertmanager        1        2s
prometheus-kube-state-metrics  1        1s
prometheus-node-exporter       1        1s
prometheus-pushgateway         1        1s
prometheus-server              1        1s

==> v1beta1/ClusterRole
NAME                           AGE
prometheus-kube-state-metrics  1s
prometheus-server              1s

==> v1/Service
NAME                           TYPE       CLUSTER-IP      EXTERNAL-IP  PORT(S)    AGE
prometheus-alertmanager        ClusterIP  10.47.246.151   <none>       80/TCP     1s
prometheus-kube-state-metrics  ClusterIP  None            <none>       80/TCP     1s
prometheus-node-exporter       ClusterIP  None            <none>       9100/TCP   1s
```

▲ **그림 9.9** 헬름을 사용해 프로메테우스 설치하기

3. 파드를 점검해 문제가 있는지 확인해보자.

```
$ kubectl get pods -n lesson-9
```

```
/devops $ kubectl get pods -n lesson-9
NAME                                           READY  STATUS   RESTARTS  AGE
prometheus-alertmanager-5c4d9d9fdf-gp8wm       2/2    Running  0         1m
prometheus-kube-state-metrics-79965f8ddd-qls9j 1/1    Running  0         1m
prometheus-node-exporter-29cxh                 1/1    Running  0         1m
prometheus-node-exporter-lcwmp                 1/1    Running  0         1m
prometheus-pushgateway-5dc5444dbd-p5vj9        1/1    Running  0         1m
prometheus-server-f4696b766-qd68p              2/2    Running  0         1m
/devops $
```

▲ **그림 9.10** lesson-9 네임스페이스에서 파드 확인하기

4. POD_NAME을 변수로 내보낸 뒤, 포트 포워딩(kubectl port-forward)을 사용해 프로메테우스 UI에 액세스해보자.

```
$ export POD_NAME=$(kubectl get pods -n lesson-9 -l "app=prometheus,component=
server" -o jsonpath="{.items[0].metadata.name}")
$ kubectl port-forward $POD_NAME 9090 -n lesson-9
```

```
/devops $ kubectl port-forward prometheus-server-f4696b766-qd68p 9090 -n lesson-9
Forwarding from 127.0.0.1:9090 -> 9090
Forwarding from [::1]:9090 -> 9090
```

▲ **그림 9.11** UI 접근을 위해 프로메테우스 서버 포트 포워딩하기

5. 브라우저를 열고 http://localhost:9090으로 이동해 프로메테우스 UI를 확인해보자.

▲ **그림 9.12** 프로메테우스 UI

프로메테우스 UI에 액세스하고 화면 전환이 가능하다는 것은 프로메테우스가 성공적으로 설치됐음을 의미한다. 이제 새로운 터미널을 열어 계속해서 그라파나를 설치해보자. 이번 실습의 이후 과정에서 이 터미널을 사용하기 위해 터미널을 연 상태로 놔두자.

6. 새 터미널에서 stable/grafana 헬름 차트를 사용해 그라파나를 설치해보자.

```
$ helm install stable/grafana --name grafana --namespace lesson-9
```

```
/devops $ helm install stable/grafana --name grafana --namespace lesson-9
NAME:    grafana
LAST DEPLOYED: Sun Apr  7 14:39:22 2019
NAMESPACE: lesson-9
STATUS: DEPLOYED

RESOURCES:
==> v1beta1/PodSecurityPolicy
NAME     DATA  CAPS    SELINUX   RUNASUSER  FSGROUP   SUPGROUP  READONLYROOTFS  VOLUMES
grafana  false RunAsAny RunAsAny RunAsAny   RunAsAny  false               configMap,emptyDir,projected,secret,downwardAPI
,persistentVolumeClaim

==> v1/ServiceAccount
NAME     SECRETS  AGE
grafana  1        0s

==> v1/ClusterRoleBinding
NAME                        AGE
grafana-clusterrolebinding  0s

==> v1beta1/Role
NAME     AGE
grafana  0s

==> v1beta1/RoleBinding
NAME     AGE
grafana  0s

==> v1/Service
NAME     TYPE       CLUSTER-IP     EXTERNAL-IP  PORT(S)  AGE
grafana  ClusterIP  10.47.251.212  <none>       80/TCP   0s

==> v1beta2/Deployment
NAME     DESIRED  CURRENT  UP-TO-DATE  AVAILABLE  AGE
grafana  1        1        1           0          0s

==> v1/Pod(related)
NAME                      READY  STATUS            RESTARTS  AGE
grafana-7bc7f5766-zptqm   0/1    ContainerCreating 0         0s

==> v1/Secret
NAME     TYPE    DATA  AGE
grafana  Opaque  3     0s

==> v1/ConfigMap
NAME     DATA  AGE
grafana  1     0s
```

▲ 그림 9.13 헬름을 사용해 그라파나 설치하기

7. 파드를 점검해 문제가 있는지 확인해보자.

```
$ kubectl get pods -n lesson-9
```

```
/devops $ kubectl get pods -n lesson-9
NAME                                          READY   STATUS    RESTARTS   AGE
grafana-7bc7f5766-zptqm                       1/1     Running   0          58s
prometheus-alertmanager-5c4d9d9fdf-gp8wm      2/2     Running   0          6m
prometheus-kube-state-metrics-79965f8ddd-qls9j 1/1    Running   0          6m
prometheus-node-exporter-29cxh                1/1     Running   0          6m
prometheus-node-exporter-lcwmp                1/1     Running   0          6m
prometheus-pushgateway-5dc5444dbd-p5vj9       1/1     Running   0          6m
prometheus-server-f4696b766-qd68p             2/2     Running   0          6m
/devops $
```

▲ 그림 9.14 lesson-9 네임스페이스에서 파드 확인하기

8. 그라파나 UI의 사용자 이름과 패스워드를 얻기 위해 grafana라는 시크릿을 살펴
보자.

```
$ kubectl get secret grafana -n lesson-9 -o yaml
```

```
/devops $ kubectl get secret grafana -n lesson-9 -o yaml
apiVersion: v1
data:
  admin-password: Qm83S0R4ekFPVGM2ekhwZTJnS2V2OGc5ZXc0RXhDVElGd2RTS0YwOQ==
  admin-user: YWRtaW4=
  ldap-toml: ""
kind: Secret
metadata:
  creationTimestamp: 2019-04-07T12:39:23Z
  labels:
    app: grafana
    chart: grafana-1.22.1
    heritage: Tiller
    release: grafana
  name: grafana
  namespace: lesson-9
  resourceVersion: "14503878"
  selfLink: /api/v1/namespaces/lesson-9/secrets/grafana
  uid: 2c1bb629-5932-11e9-bd98-42010a9c01eb
type: Opaque
/devops $
```

▲ **그림 9.15** grafana 시크릿 내용 확인하기

9. 다음과 같이 사용자 이름과 패스워드를 복호화해보자.

```
$ echo '<admin-user-value>' | base64 -D
$ echo '<admin-password-value>' | base64 -D
```

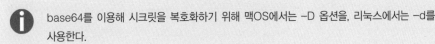

```
/devops $ echo 'YWRtaW4=' | base64 -D
admin
/devops $ echo 'Qm83S0R4ekFPVGM2ekhwZTJnS2V2OGc5ZXc0RXhDVElGd2RTS0YwOQ==' | base64 -D
Bo7KDxzAOTc6zHpe2gKev8g9ew4ExCTIFwdSKF09
/devops $
```

▲ **그림 9.16** 그라파나 사용자 이름 및 패스워드 복호화하기

> ⓘ base64를 이용해 시크릿을 복호화하기 위해 맥OS에서는 –D 옵션을, 리눅스에서는 –d를
> 사용한다.

10. POD_NAME을 변수로 내보내고, 이를 포트 포워딩 시에 사용해 그라파나 UI에 접근할 수 있게 한다.

```
$ export POD_NAME=$(kubectl get pods -n lesson-9 -l "app=grafana" -o
jsonpath="{.items[0].metadata.name}")
$ kubectl port-forward $POD_NAME 3000 -n lesson-9
```

```
/devops $ kubectl port-forward grafana-7bc7f5766-zptqm 3000 -n lesson-9
Forwarding from 127.0.0.1:3000 -> 3000
Forwarding from [::1]:3000 -> 3000
```

▲ **그림 9.17** 그라파나 파드를 포트 포워딩해서 UI에 접근하기

11. 브라우저에서 http://localhost:3000으로 이동해 그라파나 UI를 확인해보자. 이전 단계에서 얻은 사용자 이름과 패스워드를 입력해 로그인한다.

▲ **그림 9.18** 그라파나 로그인 페이지

여기까지 진행했다면, 프로메테우스와 그라파나가 모두 성공적으로 설치된 것이다.

12. 프로메테우스를 데이터 소스로 추가하려면 **Add data source**를 클릭해보자.

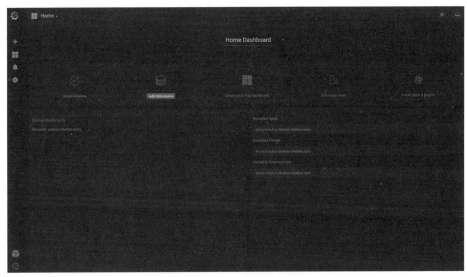

▲ **그림 9.19** 그라파나 홈페이지

13. 데이터 소스 유형에서 다음과 같이 **Prometheus**를 선택한다.

▲ **그림 9.20** 그라파나 구성 페이지

14. URL을 http://prometheus-server.lesson-9.svc.cluster.local로 입력해보자. 그 밖의 필드는 기본값을 사용하게 두고 **Save & Test**를 클릭한다.

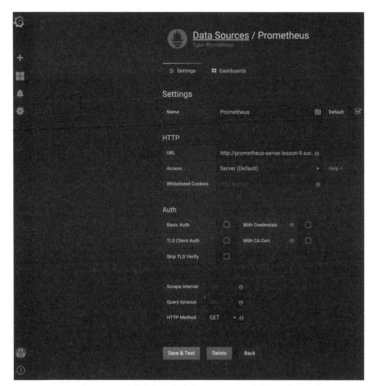

▲ **그림 9.21** 그라파나에서 데이터 소스로 프로메테우스 추가하기

이제 프로메테우스와 그라파나가 모두 설치됐고 그라파나에 프로메테우스가 데이터 소스로 추가돼 완벽한 모니터링 시스템을 갖추게 됐다. 다음 단계로, 그라파나에서 사용자 지정 대시보드를 생성해 클러스터 상태 모니터링을 시작해볼 것이다.

15. 사용자 지정 대시보드를 생성하려면 더하기(+) 기호를 클릭하고 Dashboard를 선택해보자.

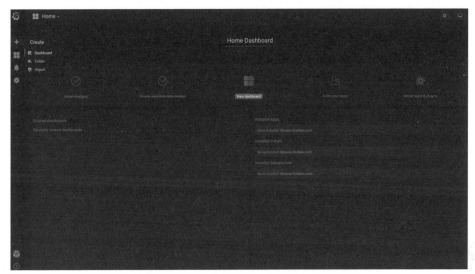

▲ **그림 9.22** 그라파나에서 사용자 정의 대시보드 생성하기

16. 이 대시보드에 생성할 패널 유형으로 Graph를 선택하자.

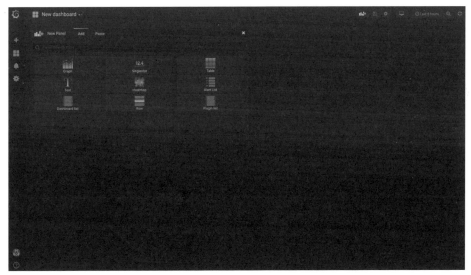

▲ **그림 9.23** 대시보드에 그래프 패널 추가하기

17. Panel Title을 클릭한 다음, Edit를 선택하자.

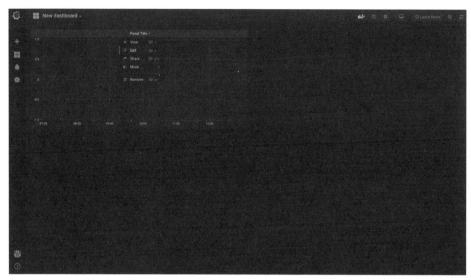

▲ **그림 9.24** 그래프 패널 편집하기

18. 데이터 소스로 Prometheus를 선택하고, 텍스트 필드에 kube_node_status_capacity_cpu_cores를 입력해 노드의 현재 CPU 사용량을 볼 수 있게 해보자.

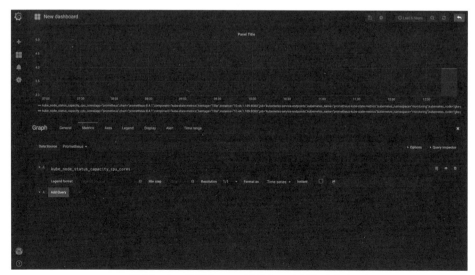

▲ **그림 9.25** 노드의 현재 CPU 사용량을 보기 위한 패널 만들기

19. 이 대시보드를 저장하기 위해, 오른쪽 상단 패널에서 Save 버튼을 클릭해보자. 이름을 입력한 다음, Save 버튼을 클릭한다.

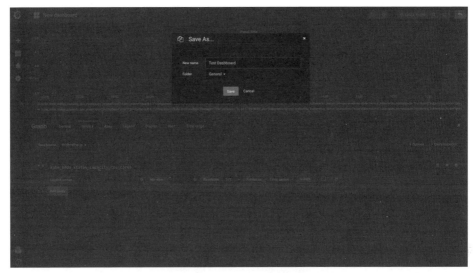

▲ **그림 9.26** 대시보드 저장하기

자, 이제 대시보드가 준비됐다.

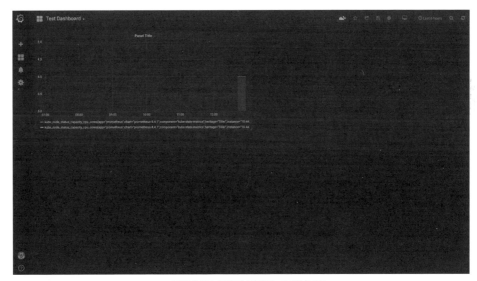

▲ **그림 9.27** 사용자 지정 Test 대시보드

여기서는 새로운 사용자 지정 대시보드를 생성하는 방법을 알아봤다. 이제 마켓 플레이스에서 Kubernetes Cluster라는 대시보드를 가져와 볼 것이다.

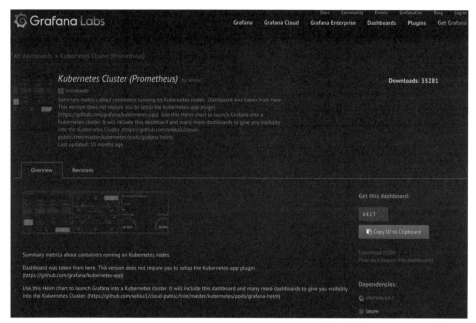

▲ **그림 9.28** 그라파나 마켓플레이스의 Kubernetes Cluster 대시보드

 Kubernetes Cluster 대시보드에 대한 자세한 내용은 https://grafana.com/dash boards/6417을 통해 확인할 수 있다.

20. Kubernetes Cluster 대시보드를 그라파나 인스턴스에 추가하려면, 왼쪽의 더하기 기호(+)를 클릭한 후 Import를 클릭하면 된다.

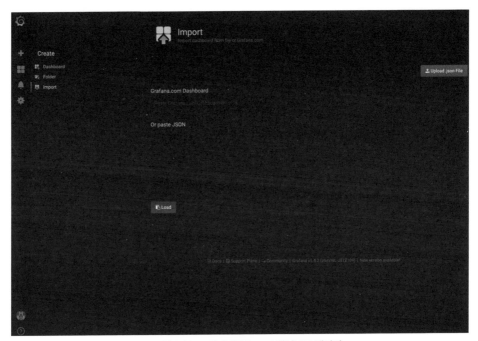

▲ **그림 9.29** 그라파나의 Import 대시보드 페이지

21. 이 페이지에서 쿠버네티스 클러스터의 대시보드 ID(6417)를 입력한 뒤, 그라파나의
    Tab 키를 클릭해 대시보드 세부 사항을 확인한다. 다음으로 Import를 클릭해보자.

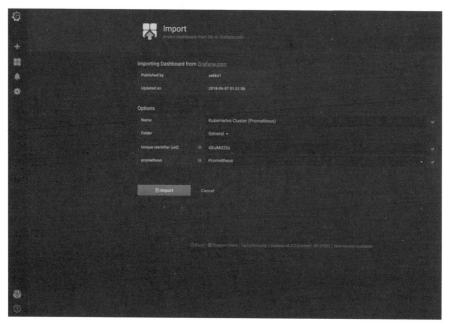

▲ **그림 9.30** Kubernetes Cluster 대시보드 임포트

22. 홈페이지로 돌아가서 왼쪽 상단 메뉴에서 **Kubernetes Cluster**를 선택한다.

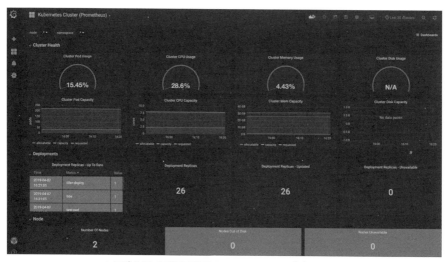

▲ **그림 9.31** 그라파나의 Kubernetes Cluster 대시보드

이제 CPU 사용량과 메모리 사용량 같은 다양한 필수 지표를 통해 클러스터의 현재 상태가 보이는 Kubernetes Cluster 대시보드를 사용할 수 있게 됐다.

이 실습에서는 프로메테우스와 그라파나를 설치해 메트릭을 수집하고, 이를 대시보드에 실시간으로 표시 가능한 완벽한 모니터링 시스템을 생성해봤다.

다음 절에서는 애플리케이션에서 사용자 정의 메트릭을 노출하는 방법을 소개할 것이다.

▌ 사용자 정의 메트릭

프로메테우스는 고^{Go}, 자바, 파이썬^{Python} 등 다양한 언어에 대한 클라이언트 라이브러리를 제공해 프로메테우스 서버에서 읽을 수 있는 사용자 지정 메트릭을 노출할 수 있다. 프로메테우스가 사용자 지정 메트릭을 읽으려면 애플리케이션에서 /metrics 엔드포인트를 생성해야 한다. 또한 프로메테우스 서버가 애플리케이션을 감지하려면 prometheus. io/scrape: "true"라는 주석을 파드에 추가해야 한다.

파드 정의는 다음과 같다.

```
metadata:
  annotations:
    prometheus.io/scrape: "true"
```

이러한 사용자 정의 메트릭은 APM에 따라 분류될 수 있다. 이들은 애플리케이션을 모니터링하는 데 도움을 줄 수 있다. 예를 들어 금융 기관의 경우 실제 트랜잭션 수가 중요한 반면, 메시징 애플리케이션의 경우 대기열에 존재하는 메시지의 수가 더욱 중요할 수 있다. 애플리케이션의 요구사항을 확인한 후, 적합한 클라이언트 라이브러리를 사용해 메트릭을 노출할 수 있다.

다음 실습에서는 프로메테우스의 Go 클라이언트를 사용해 Go 코드에서 샘플 사용자 지정 메트릭을 노출하는 방법을 살펴볼 것이다. 노출된 메트릭을 프로메테우스로 지정하고, 질의할 수 있는 방법을 알아보자.

실습 24: 프로메테우스에서 사용자 지정 메트릭 노출하기

이번 실습에서는 프로메테우스의 샘플 사용자 지정 메트릭을 제공하는 샘플 Go 애플리케이션을 탐색할 것이다. 다음으로, 애플리케이션을 클러스터에 배포하고 프로메테우스가 지정한 사용자 지정 메트릭을 질의에 사용하는 방법을 살펴본다.

이번 실습을 완료하기 위해서는 다음의 단계들을 수행해야 한다.

1. 다음 Go 코드를 살펴보고, 노출되는 샘플 메트릭을 확인해보자. 이 코드는 suakbas/lesson09:v1 도커 이미지를 만드는 데 사용된다.

   이 코드에서 샘플 사용자 지정 메트릭 number_of_incrementals는 매초 숫자 변수를 증가시키는 간단한 계산으로 이뤄진다. 메트릭을 생성하기 위해, 프로메테우스의 Go 클라이언트 라이브러리의 NewCounter 함수가 사용된다. 프로메테우스가 이 메트릭을 읽을 수 있도록 /metrics 엔드포인트를 노출시킨다.

```
package main

import (
  "net/http"
  "time"
  "github.com/prometheus/client_golang/prometheus"
  "github.com/prometheus/client_golang/prometheus/promauto"
  "github.com/prometheus/client_golang/prometheus/promhttp"
)

func main() {
  numOfinc :=
    promauto.NewCounter(prometheus.CounterOpts{
      Name: "number_of_incrementals",
      Help: "The number of incrementals",
    })

  go func() {
    for {
      numOfinc.Inc()
      time.Sleep(1 * time.Second)
    }
  }()
```

```
  http.Handle("/metrics", promhttp.Handler())
  http.ListenAndServe(":3000", nil)
}
```

2. 다음의 디플로이먼트와 서비스 정의를 사용해 이름이 deploy.yaml인 파일을
   만든다.

```
$ vi deploy.yaml
```

다음의 정의를 복사해 붙여넣고, wq: 커맨드로 파일을 닫는다.

```
apiVersion: apps/v1
kind: Deployment
metadata:
  name: metric-app
spec:
  replicas: 1
  selector:
    matchLabels:
      app: metric
  template:
    metadata:
      annotations:
        prometheus.io/scrape: "true"
      labels:
        app: metric
        spec:
          containers:
          - image: suakbas/lesson09:v1
            imagePullPolicy: Always
            name: metric
            ports:
            - containerPort: 3000
---

apiVersion: v1
kind: Service
metadata:
  name: metric-svc
```

```
    spec:
      ports:
      - port: 3000
      selector:
        app: metric
```

3. 디플로이먼트와 서비스를 클러스터에 배포한다.

```
$ kubectl apply -f deploy.yaml -n lesson-9
```

```
/devops $ kubectl apply -f deploy.yaml -n lesson-9
deployment.apps/metric-app created
service/metric-svc created
/devops$
/devops $ kubectl get pods -n lesson-9
NAME                                        READY   STATUS    RESTARTS   AGE
grafana-7bc7f5766-zptqm                     1/1     Running   0          23m
metric-app-7f97bf658b-f92nf                 1/1     Running   0          32s
prometheus-alertmanager-5c4d9d9fdf-gp8wm    2/2     Running   0          28m
prometheus-kube-state-metrics-79965f8ddd-qls9j  1/1 Running   0          28m
prometheus-node-exporter-29cxh              1/1     Running   0          28m
prometheus-node-exporter-lcwmp              1/1     Running   0          28m
prometheus-pushgateway-5dc5444dbd-p5vj9     1/1     Running.  0          28m
prometheus-server-f4696b766-qd68p           2/2     Running   0          28m
/devops $
```

▲ 그림 9.32 metric-app 배포하기

4. 프로메테우스 UI로 이동해 query 필드에 샘플 메트릭(number_of_incrementals)을 입력해 결과를 확인해보자.

▲ 그림 9.33 프로메테우스 UI에서 number_of_incrementals 질의하기

프로메테우스 UI에서 볼 수 있듯이, number_of_incrementals를 쿼리할 수 있게 됐다. 이 호출에서 UI 오른쪽 하단의 값이 103임을 확인할 수 있다.

 scrape_interval은 프로메테우스가 메트릭 데이터를 읽어들이는 간격을 결정한다. 기본 1분으로 설정돼 있다. 즉, 데이터는 1분마다 업데이트된다.

이번 실습에서는 Go 애플리케이션에서 사용자 지정 메트릭을 노출하는 방법을 알아봤다. 또한 엔드포인트를 노출해서 프로메테우스가 애플리케이션에서 사용자 지정 메트릭을 읽을 수 있게 하는 방법도 살펴봤다. 이제 이 사용자 지정 메트릭을 경고 알림 생성이나 모니터링 대시보드의 생성 같은 다양한 목적으로 사용할 수 있으며, 시간의 경과에 따라 변경되는 추이를 관찰할 수 있게 됐다.

다음 절에서는 쿠버네티스가 공개하는 중요한 메트릭들을 살펴볼 것이다.

▍쿠버네티스에서 공개된 메트릭

쿠버네티스는 프로메테우스를 이용해 수집할 수 있고 바로 사용 가능한 다양한 메트릭을 제공한다. 이를 위해 쿠버네티스 시스템에는 **kube-state-metrics**(https://github.com/kubernetes/kube-state-metrics)라는 서비스가 존재하며, 이는 쿠버네티스 API 서버로부터 정보를 수신하고, 객체의 현재 상태를 알려주는 메트릭을 생성한다.

이 메트릭은 파드나 서비스 같은 쿠버네티스 리소스의 현재 상태에 대한 정보를 제공한다. 아래에 주요 메트릭 중 일부를 소개한다.

- kube_pod_info: 파드 이름, 네임스페이스 및 파드가 실행 중인 노드 이름 등 파드에 대한 자세한 정보를 제공한다.
- kube_pod_status_ready: 파드가 Ready 상태인지 확인할 수 있다.
- kube_pod_container_status_running: 컨테이너가 Running 상태인지 확인할 수 있다.

- kube_node_status_condition: 노드의 현재 상태에 대한 정보를 제공한다.
- kube_endpoint_address_available: 엔드포인트 주소가 현재 사용 가능한지 확인할 수 있다.

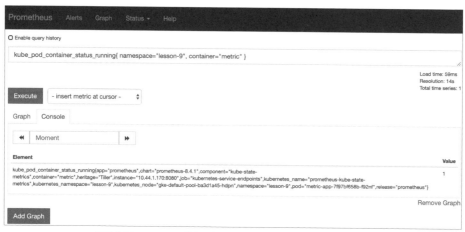

▲ **그림 9.34** lesson-9 네임스페이스 및 컨테이너 메트릭에 대해 질의하기

이들은 보편적으로 사용 가능한 유용한 메트릭이다. https://github.com/kubernetes/kube-state-metrics/tree/master/docs#exposed-metrics 페이지에서 공개된 모든 메트릭의 목록을 볼 수 있다.

지금까지 사용 가능한 메트릭과 함께 어떻게 사용자 지정 메트릭을 만드는지, 그리고 경고 알림 룰을 생성하는 방법을 살펴봤다. 다음 절에서는 경고 알림을 보내는 데 사용되는 슬랙이라는 커뮤니케이션 도구를 살펴볼 것이다.

슬랙

슬랙은 널리 사용되고 있는 최신 커뮤니케이션 도구다. 목적에 따른 채널 생성, 또는 토론을 위한 메시지별 스레드 생성 등 다양한 기능을 제공한다. 슬랙은 워크스페이스 개념을 도입하고 있으며, 이로 인해 특정 프로젝트의 팀원과 같은 지정한 그룹의 사람들만으로 환경을 구성하고, 커뮤니케이션할 수 있게 허가한다. 워크스페이스 내의 각 채널은 커뮤니케이션을 좀 더 구체적인 주제로 분리하는 데 사용된다. 예를 들어, 회사 단위에서 영업 부문과 개발 부문의 채널이 속한 워크스페이스를 가질 수 있을 것이다.

사용하기 쉽고, 많은 기능을 제공하기 때문에 슬랙은 기업의 가장 일반적인 커뮤니케이션 도구 중 하나로 자리 잡았다. 또한 최대 10,000개의 무료 메시지 등의 일부 제한사항이 존재하지만 무료로 사용 가능하다. 쿠버네티스를 포함한 여러 오픈소스 커뮤니티들은 활성화된 슬랙 워크스페이스를 갖고 있다. 이는 또한 오픈소스 프로젝트를 수행하는 사람들에게 다가갈 수 있는 가장 편리한 방법이다.

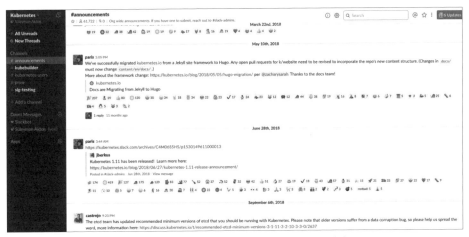

▲ 그림 9.35 쿠버네티스 슬랙 워크스페이스 스크린샷

 쿠버네티스의 슬랙 워크스페이스는 https://kubernetes.slack.com에서 확인할 수 있다.

슬랙은 또한 새로운 개념인 **챗옵스**^{ChatOps} 도구로서 사용할 수 있다. 이는 채팅 매체를 기본 커뮤니케이션 도구로 사용해 문제를 빠르고 효율적으로 처리하는 것을 나타낸다. 슬랙의 모니터링 도구에서 웹훅^{webhook}(또는 이벤트 알림)을 받도록 구성할 수 있기 때문에 챗옵스에도 활용 가능하다. 위의 방식으로 슬랙 채널에서 실패 알림을 수신하고, 알림 메시지로부터 토론을 시작할 수 있다. 예를 들어 서비스를 제공 중인 시스템에서 문제가 발생했으며, 모니터링 도구가 문제 추적을 위해 생성된 슬랙 채널에 경고 메시지를 보냈다고 상상해보자. 이때 해당 채널의 멤버인 문제해결 관련자만 알림을 받는다. 또한 채널에서 해당 문제에 대한 논의를 바로 시작할 수 있다(채널에서 바로 전화를 걸 수도 있다).

이제 웹훅 수신 기능에 대해 좀 더 자세히 살펴보자.

웹훅 수신 기능

웹훅은 한 애플리케이션에서 다른 애플리케이션으로 실시간으로 데이터를 보내는 웹 기반의 콜백을 의미한다. 웹훅 수신 기능은 다른 애플리케이션에서 슬랙으로 메시지를 보낼 수 있게 하는 슬랙이 가진 편리한 기능이다. 이 기능을 활성화하면, JSON 형식의 메시지를 특정 슬랙 채널로 보내는 데 사용하기 위한 고유한 URL이 생성된다. Customize Slack | Configure Apps로 이동해 웹훅 수신을 생성할 수 있다. 이후에 다룰 활동에서 실습해볼 것이다.

다음 실습에서는 슬랙에 가입하고 워크스페이스를 만드는 방법을 알아본다.

실습 25: 슬랙에 가입하고 워크스페이스 만들기

이번 실습에서는 슬랙에 가입하고 이후 경고 알림을 수신하는 데 사용할 새 워크스페이스를 만들어보자.

1. 브라우저를 열고 https://slack.com/으로 이동한다. 홈페이지에 이메일 주소를 입력한 후, GET STARTED를 클릭해보자.

▲ 그림 9.36 slack.com에 가입하기

2. 다음의 Create a new workspace를 선택한다.

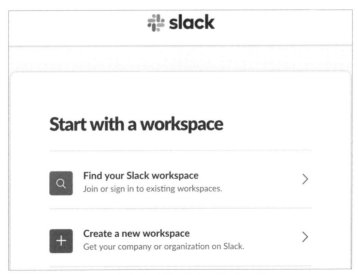

▲ 그림 9.37 슬랙 워크스페이스 선택하기

3. 다음으로, 이메일 주소로 코드가 전송될 것이다. 코드를 입력한 뒤, 계속 진행하자. 다음 페이지에서 회사 혹은 팀 이름을 입력하라는 메시지가 표시될 것이다. 이 실습에서는 임의로 이름을 입력한다.

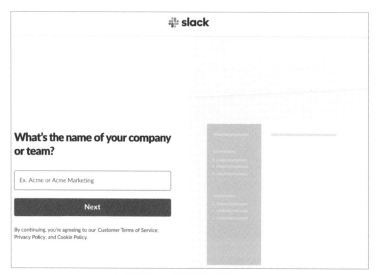

▲ 그림 9.38 슬랙에 회사명 입력하기

4. 다음 페이지에는 팀의 프로젝트명이 표시될 것이다. DevOps를 입력한 후 Next를 클릭하면 DevOps 채널이 생성된다.

▲ 그림 9.39 슬랙에 프로젝트명 입력하기

5. 다음으로 초대장을 보내라는 메시지가 표시될 것이다. skip for now를 클릭해 건너뛰자.

▲ 그림 9.40 멤버들을 슬랙 워크스페이스로 초대하기

6. 드디어 워크스페이스가 준비됐다! 계속하려면 See Your Channel in Slack을 클릭하자.

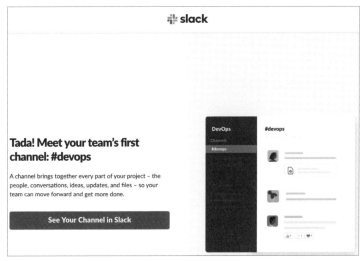

▲ 그림 9.41 슬랙의 워크스페이스 생성 성공 페이지

7. 이제 슬랙 UI를 볼 수 있다. 왼쪽에서 모든 채널을 찾을 수 있다. 팀의 프로젝트 이름으로 DevOps를 입력했기 때문에 DevOps 채널이 생성돼 있음을 볼 수 있다.

▲ 그림 9.42 슬랙의 DevOps 채널

이번 실습에서는 슬랙에 가입하고 워크스페이스를 만들어봤다. 또한 동료를 워크스페이스에 초대해 간편한 커뮤니케이션 채널로 사용할 수도 있다. 다음에 다룰 활동에서 이 워크스페이스를 사용해 경고 메시지를 수신할 것이므로 이번 실습을 완료해두자.

다음의 활동에서는 경고를 생성하고, 해당 경고에 대한 경고 알림을 슬랙에서 수신하도록 알림매니저를 구성하는 방법을 알아보자. 이를 위해 슬랙에서 웹훅 수신 기능을 활성화할 것이다. 마지막으로, 테스트 파드가 실행되고 있지 않을 때 경고 알림을 보낼 수 있도록 구성해보자.

활동 10: 쿠버네티스에서 경고 알림 설정하기

다양한 원인으로 인해 때때로 작동하지 않는 애플리케이션이 프로덕션 환경에서 실행되고 있다고 상상해보자. 고객 측 담당자가 전화해 불만을 토로하고 나서야 애플리케이션이 작동하지 않음을 알게 된다. 이런 곤란한 상황에 좌절하고 있으며, 회사의 평판 또한 떨어질 위험에 처해 있다. 고객의 불만을 최소화하기 위해 바로 수정할 수 있도록 문제가 발생할 때마다 애플리케이션으로부터 실시간 알림을 수신하고자 한다. 이를 위해 경고 알림 룰을 작성하고, 문제점을 신속하게 발견하고 수정할 수 있게 슬랙 채널에 통지를 보내도록 알림매니저를 구성해보자.

 이번 활동을 완료하려면 먼저 이 장의 모든 실습을 완료해야 한다.

이번 활동을 완료하기 위해서는 다음의 단계들을 수행해야 한다.

1. devops 채널에 대한 수신 웹훅을 생성한다. 로그인한 사용자 이름을 클릭한 다음, Customize Slack을 클릭한다.

2. 다음 페이지에서 Configure Apps를 클릭하면 App Directory 페이지로 이동할 것이다. 여기서 Incoming Webhooks(수신 웹훅)으로 검색해보자.

3. Add Configuration을 클릭한다.

4. 경고 알림을 설정할 채널을 선택한 다음, Add Incoming WebHooks integration을 클릭한다.

5. 결과 페이지의 웹훅 URL을 알림매니저 구성을 위해 적어두자.

6. 프로메테우스에서 경고 알림 룰을 준비한다.

7. 이 경고 알림을 지정하기 위해 prometheus-server 컨피그맵을 수정한다.

8. 알림매니저에서 슬랙 리시버를 생성한다.

9. 슬랙 리시버를 추가하기 위해 prometheus-alertmanager 컨피그맵을 수정한다.

10. 프로메테우스 UI를 통해 경고 알림이 프로메테우스에서 표시되는지 확인한다.

11. 이미지명이 busybox 대신 busybo로 잘못 작성된 파드 정의를 사용해 pod.yaml이라는 파일을 작성한다.

12. test-pod를 배포한 뒤, 오류를 확인한다.

13. 경고 알림이 발생하고 있는지 확인하기 위해 프로메테우스 UI를 참고한다.

14. 경고 알림을 보기 위해 슬랙에서 devops 채널을 확인해보자.

15. 이미지를 busybox로 수정한다.

16. 해결된 알림을 보려면 슬랙의 devops 채널을 다시 확인해보자.

17. 사용한 환경을 정리하기 위해 lesson-9 네임스페이스를 삭제하자.

 이번 활동의 해결 방법은 366페이지에서 확인할 수 있다.

이번 활동에서는 프로메테우스에서 경고 알림 룰을 설정하고, 이 경고에 대한 알림을 슬랙 채널로 보내도록 알림매니저를 구성하는 방법을 살펴봤다. 이를 위해 슬랙에서 수신 웹훅을 활성화하는 방법을 소개했다. 파드가 작동하지 않는 동안 슬랙 채널에서 알림을 수신했고, 파드가 정상 상태로 돌아왔을 때 해결된 알림을 확인할 수 있었다.

❚ 요약

9장에서는 우선 일반적인 모니터링 개념을 소개하고, 모니터링 시스템을 갖춰야 하는 이유를 다뤘다. 그런 다음, 중요 모니터링 영역으로 인프라 모니터링과 APM을 소개했다. 또한 모니터링 관점에서의 경고 알림과 도구에 대해 알아봤다.

계속해서, 쿠버네티스의 모니터링을 다뤘다. 먼저, 쿠버네티스에서 사용 가능한 가장 일반적인 모니터링 도구를 시연했다. 인프라와 애플리케이션에서 메트릭을 수집하는 데 사용되는 프로메테우스를 먼저 다뤘다. 다음으로, 슬랙 및 이메일 클라이언트와 같이 다양한 수신자에게 경고 알림을 보내기 위해 프로메테우스의 컴포넌트인 알림매니저를 사용했다. 다음으로, 그래프와 대시보드를 통해 메트릭을 시각화하는 데 사용되는 도구인 그라파나를 소개했다. 그리고 프로메테우스와 그라파나를 설치하고 쿠버네티스 클러스터의 상태를 확인하기 위한 첫 번째 대시보드도 설치해봤다. 이러한 모든 주제를 통해 쿠버네티스에서 활용 가능한 모니터링 시스템을 만드는 방법을 살펴봤다.

9장을 마지막으로 책의 모든 과정을 마쳤다. 이 과정에서 우리는 다양한 데브옵스 사례와 함께 쿠버네티스의 기본에 대해 살펴볼 수 있었다. 앞서 로컬, 혹은 클라우드 환경에서의 클러스터 생성에 대해 설명했다. 다음으로 애플리케이션의 구성, 시크릿과 스토리지 관리를 배웠다. 다양한 방법으로 애플리케이션을 업데이트하고 확장하는 방법도 살펴봤다. 또한 쿠버네티스에서 많이 사용되는 트러블슈팅 방식을 통해 문제를 신속하게 처리하는 방법을 이해할 수 있었다. 마지막으로, 문제 발생 시 경고 알림을 모니터링하고 수신할 수 있도록 쿠버네티스에 모니터링 시스템을 설정해봤다. 앞에서 다룬 모든 주제를 통해 데브옵스 실무에서 쿠버네티스를 사용하는 데 필요한 기술을 갖추게 됐다.

부록

부록은 독자들이 책에 수록된 활동을 수행하도록 돕기 위한 내용으로 구성돼 있다. 또한 책에서 의도한 목표를 달성하는 데 필요한 상세한 내용을 담고 있다.

1장 데브옵스 소개

활동 1: 데브옵스 블로그용 CI/CD 파이프라인

해결 방법

 이번 활동의 해결을 위해 휴고(Hugo)를 사용해 웹사이트 콘텐츠를 생성한다. 휴고는 널리 사용되고 있는 오픈소스 기반의 정적 웹사이트 생성기로, 속도와 유연성이 뛰어나다는 강점이 있다. https://gohugo.io 웹사이트에서 참고 문서와 추가 정보를 확인할 수 있다.

이번 활동을 완료하기 위해서는 다음 단계들을 수행해야 한다.

1. 저장소의 마스터 브랜치에 .travis.yml이라는 이름의 파일을 트래비스 CI 정의를 포함시켜 작성한다.

   트래비스 CI 작업에는 go 버전 1.11.x를 사용한다.

```
language: go
go:
  - 1.11.x
```

go get GitHub.com/gohugoio/hugo 커맨드를 사용해 휴고(https://GitHub.com/gohugoio/hugo)를 설치하자.

```
install:
  - go get GitHub.com/gohugoio/hugo
```

themes/beautifulhugo 폴더를 생성하고 깃허브 저장소(https://GitHub.com/halogenica/beautifulhugo.git)로부터 복제^{clone}해 beautifulhugo 테마를 설치하자.

hugo --theme beautifulhugo 커맨드로 블로그 콘텐츠를 생성하자.

```
script:
  - mkdir -p themes/beautifulhugo && git clone https://GitHub.com/halogenica/
beautifulhugo.git themes/beautifulhugo
  - hugo --theme beautifulhugo
```

provider pages 및 실습에서 정의한 GITHUB_TOKEN 환경 변수를 활용해 트래비스 CI의 deploy 블록을 작성하자.

디플로이먼트는 다음과 같이 마스터 브랜치만 실행하도록 구성해야 한다.

```
deploy:
  provider: pages
  skip_cleanup: true
  GitHub_token: $GITHUB_TOKEN
  local_dir: public
  on:
    branch: master
```

2. .travis.yml 파일을 master 브랜치에 커밋한다.

```
git add .travis.yml
git commit -m "travis file added"
git push origin master
```

3. master 브랜치에 트래비스 CI 빌드를 트리거한다.

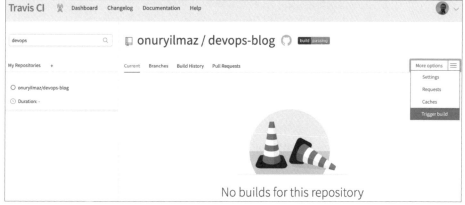

▲ **그림 1.45** 트래비스 CI에서 빌드 트리거하기

master 브랜치를 선택하고, 세부 항목을 적어넣는다.

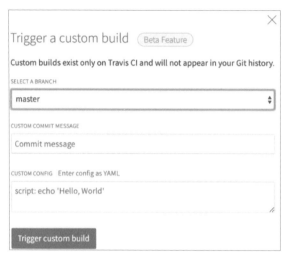

▲ **그림 1.46** 트래비스 CI에서 빌드 트리거하기

4. content/post 폴더에 새 게시물을 추가한다. 블로그 콘텐츠의 예로서 2019-02-02-kubernetes-scale.md 파일을 사용한다.

```
---
title: Scaling My Kubernetes Deployment
date: 2019-02-02
tags: ["kubernetes", "code"]
---

Scaling my Kubernetes deployment

<!--more-->

'''sh
    $ kubectl scale deployments/kubernetes-bootcamp --replicas=4
'''

Now, check whether it is scaled up:

'''sh
```

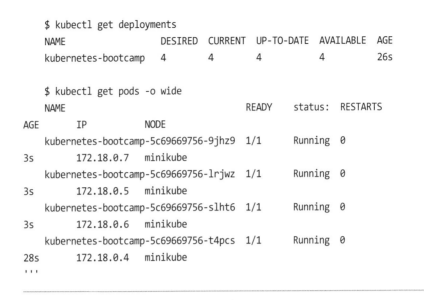

```
$ kubectl get deployments
NAME                    DESIRED   CURRENT   UP-TO-DATE   AVAILABLE   AGE
kubernetes-bootcamp     4         4         4            4           26s

$ kubectl get pods -o wide
NAME                                        READY   status:   RESTARTS
AGE       IP              NODE
kubernetes-bootcamp-5c69669756-9jhz9        1/1     Running   0
3s        172.18.0.7      minikube
kubernetes-bootcamp-5c69669756-lrjwz        1/1     Running   0
3s        172.18.0.5      minikube
kubernetes-bootcamp-5c69669756-slht6        1/1     Running   0
3s        172.18.0.6      minikube
kubernetes-bootcamp-5c69669756-t4pcs        1/1     Running   0
28s       172.18.0.4      minikube
...
```

5. 트래비스 CI가 새로운 내용으로 빌드를 트리거할 때까지 기다린다.

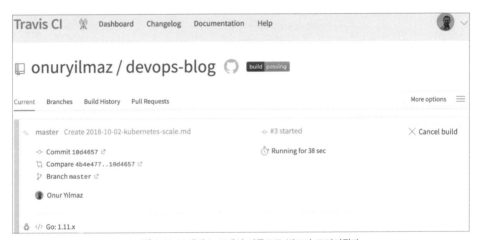

▲ 그림 1.47 트래비스 CI에서 자동으로 빌드가 트리거된다.

6. 빌드가 완료되면 브라우저에서 블로그에 새로운 콘텐츠가 등록됐는지 확인한다.

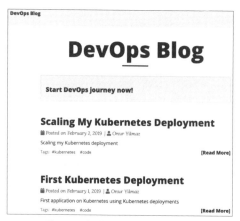

▲ 그림 1.48 데브옵스 블로그의 자동 업데이트

7. '실습 1: 깃허브에서 저장소와 프로젝트 보드 만들기'에서 만든 프로젝트 보드에서 Connect CI/CD pipeline 항목을 Done으로 이동시킨다.

 .travis.yml의 전체 파이프라인 솔루션은 다음과 같이 사용할 수 있다.

```
language: go
go:
  - 1.11.x
install:
  - go get GitHub.com/gohugoio/hugo
script:
  - mkdir -p themes/beautifulhugo && git clone https://GitHub.com/halogenica/
beautifulhugo.git themes/beautifulhugo
  - hugo --theme beautifulhugo
deploy:
  provider: pages
  skip_cleanup: true
  GitHub_token: $GITHUB_TOKEN
  local_dir: public
  on:
    branch: master
```

▍2장 마이크로서비스와 컨테이너 소개

활동 2: 도커를 사용해 워드프레스 블로그와 데이터베이스 설치하기

해결 방법

이번 활동을 완료하기 위해서는 다음 단계들을 수행해야 한다.

1. data라는 이름의 폴더를 생성한다. 이 폴더를 이용해 다음 단계에서 데이터베이스의 스테이트풀 상태를 유지하게 할 것이다.

```
mkdir data
```

2. 공식 도커 이미지를 사용해 다음 사양에 따라서 MySQL 컨테이너를 실행해보자.

   - 1단계에서 생성한 data 폴더를 데이터베이스 파일로 사용한다.

   - 포트 3306을 로컬 시스템에 게시한다.

   - MYSQL_ROOT_PASSWORD 환경 변수를 rootPassword로 설정한다.

   - MYSQL_DATABASE 환경 변수를 database로 설정한다.

   - MYSQL_USER 환경 변수를 user로 설정한다.

   - MYSQL_PASSWORD 환경 변수를 password로 설정한다.

   - mysql을 컨테이너 이름으로 사용한다.

   - 컨테이너 이미지는 mysql:5.7을 사용한다.

```
docker run \
-v ${PWD} /data/:/var/lib/mysql \
-p 3306:3306 \
-e MYSQL_ROOT_PASSWORD=rootPassword \
-e MYSQL_DATABASE=database \
-e MYSQL_USER=user \
-e MYSQL_PASSWORD=password \
--name mysql \
mysql:5.7
```

MySQL 컨테이너에서 [Note] mysqld: ready for connections와 같은 로그 메시지가 출력될 때까지 기다리자.

```
2019-03-05T11:43:39.639820Z 0 [Warning] 'user' entry 'root@localhost' ignored in --skip-name-resolve mode.
2019-03-05T11:43:39.639887Z 0 [Warning] 'user' entry 'mysql.session@localhost' ignored in --skip-name-resolve mode.
2019-03-05T11:43:39.639902Z 0 [Warning] 'user' entry 'mysql.sys@localhost' ignored in --skip-name-resolve mode.
2019-03-05T11:43:39.640603Z 0 [Warning] 'db' entry 'performance_schema mysql.session@localhost' ignored in --skip-name-resolve mode.
2019-03-05T11:43:39.640661Z 0 [Warning] 'db' entry 'sys mysql.sys@localhost' ignored in --skip-name-resolve mode.
2019-03-05T11:43:39.641214Z 0 [Warning] 'proxies_priv' entry '@ root@localhost' ignored in --skip-name-resolve mode.
2019-03-05T11:43:39.688124Z 0 [Warning] 'tables_priv' entry 'user mysql.session@localhost' ignored in --skip-name-resolve mode.
2019-03-05T11:43:39.688174Z 0 [Warning] 'tables_priv' entry 'sys_config mysql.sys@localhost' ignored in --skip-name-resolve mode.
2019-03-05T11:43:39.867024Z 0 [Note] Event Scheduler: Loaded 0 events
2019-03-05T11:43:39.867704Z 0 [Note] mysqld: ready for connections.
Version: '5.7.25'  socket: '/var/run/mysqld/mysqld.sock'  port: 3306  MySQL Community Server (GPL)
```

▲ 그림 2.24 MySQL 컨테이너 기동

3. 다음 사양을 사용해 워드프레스 컨테이너를 시작해보자.

- 컨테이너의 80번 포트를 호스트 시스템의 8080번 포트에 게시한다.

- db 이름으로 mysql 컨테이너를 연결한다.

- WORDPRESS_DB_HOST 환경 변수를 db:3306으로 설정한다.

- WORDPRESS_DB_NAME 환경 변수를 database로 설정한다.

- WORDPRESS_DB_USER 환경 변수를 user로 설정한다.

- WORDPRESS_DB_PASSWORD 환경 변수를 password로 설정한다.

- WordPress를 컨테이너 이름으로 사용한다.

- 최신의(latest) 워드프레스 컨테이너 이미지를 사용한다.

```
docker run \
-p 8080:80 \
--link=mysql:db \
-e WORDPRESS_DB_HOST=db:3306 \
-e WORDPRESS_DB_NAME=database \
-e WORDPRESS_DB_USER=user \
-e WORDPRESS_DB_PASSWORD=password \
--name WordPress \
WordPress:latest
```

4. 브라우저에서 http://localhost:8080을 열고, 워드프레스 설정 양식을 작성한다.

▲ **그림 2.25** 워드프레스 설치를 위한 언어 선택

Sub Title, Password 등 설치에 필요한 세부 사항을 채워 넣자.

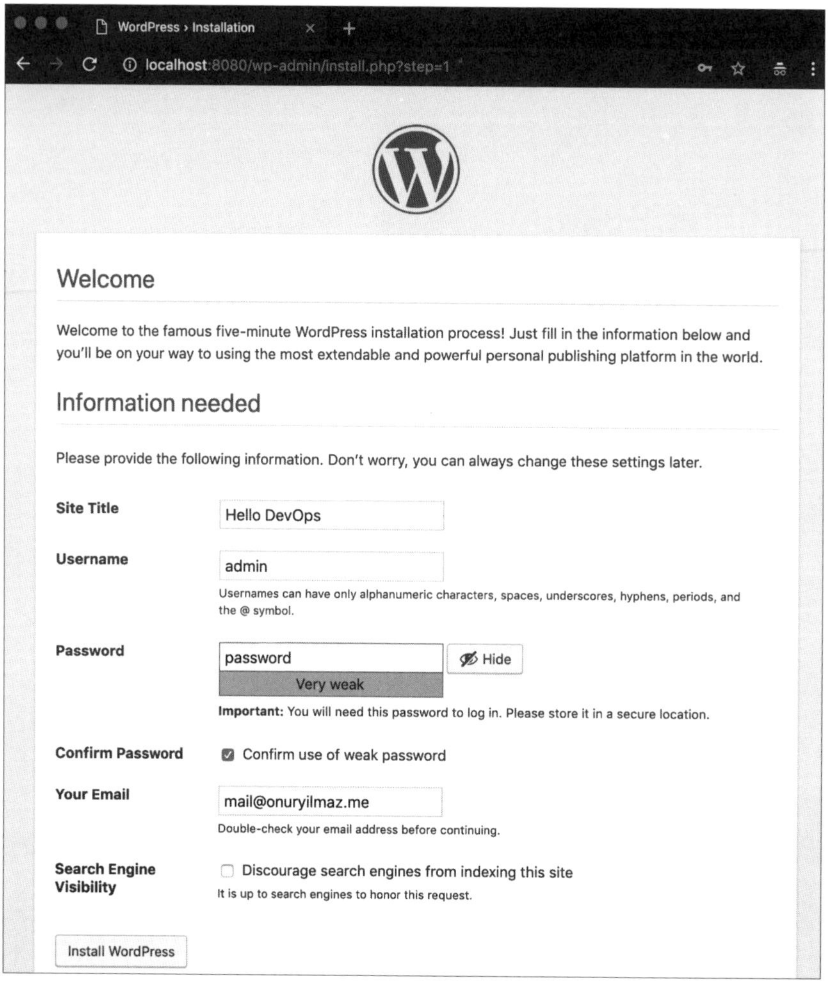

▲ 그림 2.26 워드프레스 설치용 관리자 설정

5. 브라우저에서 http://localhost:8080을 열어 새 블로그가 컨테이너에서 실행 중인지 확인해보자.

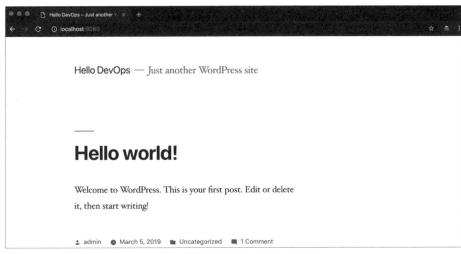

▲ **그림 2.27** 워드프레스 블로그 홈페이지

6. 실행 중인 컨테이너를 중지하고, data 폴더를 제거하자.

```
docker stop WordPress mysql
docker rm WordPress mysql
rm -rf ${PWD} /data
```

▌ 3장 쿠버네티스 소개

활동 3: 쿠버네티스에 워드프레스 블로그 및 데이터베이스 설치하기

해결 방법

이번 활동을 완료하기 위해서는 다음 단계들을 수행해야 한다.

1. 다음 사양을 참고해 wordpress—database.yaml 파일 내에 2개 컨테이너의 스테이트풀셋 정의를 생성한다.

name 항목의 값을 wordpress-database로 하고, 복제본의 수는 1로 설정한다. 데이터베이스 컨테이너의 이름은 database로 하고, 컨테이너 이미지로는 mysql:5.7을 사용한다. 컨테이너를 3306 포트에 게시하고, data 볼륨을 /var/lib/mysql 경로에 마운트하자. 또한 다음과 같이 환경 변수를 설정한다.

변수명	값
MYSQL_ROOT_PASSWORD	rootPassword
MYSQL_DATABASE	database
MYSQL_USER	user
MYSQL_PASSWORD	password

▲ 그림 3.24 환경 변수

최신의 워드프레스 컨테이너 이미지를 사용해 blog라는 이름의 블로그 컨테이너를 생성하고, 이 컨테이너를 80 포트에 게시해보자. 또한 다음과 같이 환경 변수를 설정한다.

변수명	값
WORDPRESS_DB_HOST	127.0.0.1:3306
WORDPRESS_DB_NAME	database
WORDPRESS_DB_USER	user
WORDPRESS_DB_PASSWORD	password

▲ 그림 3.25 환경 변수

data라는 이름의 1GB 스토리지를 가진 볼륨 클레임을 포함시킨다.

이와 같은 사양에 대해 YAML로 기술한 스테이트풀셋의 세부 사항은 다음과 같다.

```
apiVersion: apps/v1beta2
kind: StatefulSet
metadata:
  name: wordpress-database
```

```
  spec:

//[...]
  volumeClaimTemplates:
  - metadata:
      name: data
    spec:
      resources:
        requests:
          storage: 1Gi
```

ℹ️ 사양에 대해 YAML로 작성된 스테이트풀셋 전체 설명은 https://github.com/Training
ByPackt/Introduction-to-DevOps-with-Kubernetes/blob/master/Lesson03/
wordpress-database.yaml에서 확인할 수 있다.

2. wordpress-database 스테이트풀셋을 쿠버네티스 클러스터에 배포해보자.

```
kubectl apply -f wordpress-database.yaml
```

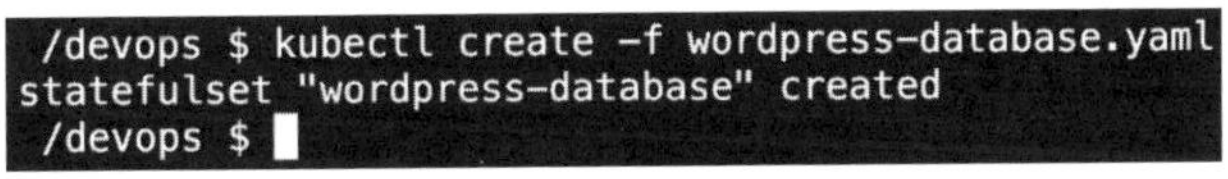

▲ 그림 3.26 스테이트풀셋 배포하기

3. wordpress-database-0 파드의 상태를 확인하고 Ready 상태가 될 때까지 기다리자.

```
kubectl get pods wordpress-database-0
```

▲ 그림 3.27 파드 상태

Ready 2/2 및 Running은 wodpress-database-0 파드에 대해 블로그와 데이터베이스 컨테이너가 모두 실행 중임을 나타낸다.

4. kubectl의 port-forward 커맨드를 사용해 블로그 컨테이너에서 로컬 시스템에 대한 프록시를 생성한다.

```
kubectl port-forward wordpress-database-0 8080:80
```

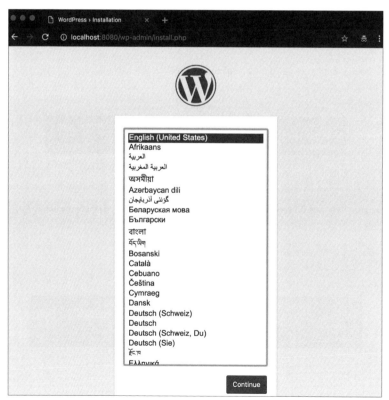

```
/devops $ kubectl port-forward wordpress-database-0 8080:80
Forwarding from 127.0.0.1:8080 -> 80
```

▲ 그림 3.28 kubectl을 사용한 포트 포워딩

5. 브라우저에서 포워딩된 주소를 열고 워드프레스 설정 양식을 작성한다.

▲ 그림 3.29 워드프레스 설치: 언어 선택

계속하려면, 관리자 설정 페이지에서 필요한 정보를 추가해야 한다.

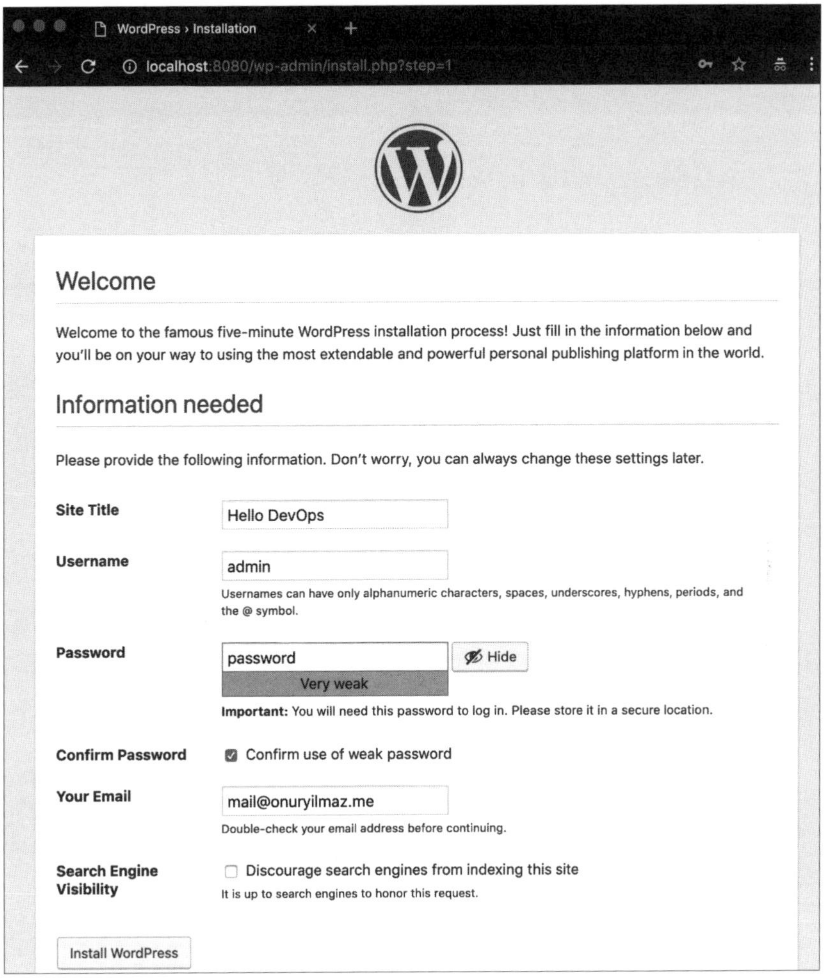

▲ **그림 3.30** 워드프레스 설치: 관리자 설정

6. 브라우저에서 포워딩된 주소를 열고 새 블로그가 컨테이너에서 실행 중인지 확인한다.

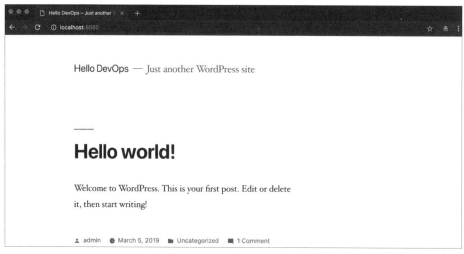

▲ 그림 3.31 워드프레스 블로그: 홈페이지

7. 4단계에서 시작된 포트 포워딩을 중지하고, 스테이트풀셋을 삭제한다.

```
kubectl delete -f wordpress-database.yaml
```

```
/devops $ kubectl delete -f wordpress-database.yaml
statefulset "wordpress-database" deleted
/devops $
```

▲ 그림 3.32 정리

▌4장 쿠버네티스 클러스터 만들기

활동 4: 쿠버네티스 클러스터에서 실행 중인 애플리케이션을 마이그레이션하기

해결 방법

이번 활동을 완료하기 위해서는 다음 단계들을 수행해야 한다.

1. 클러스터에 6개의 복제본 위에서 실행되는 샘플 웹 애플리케이션을 실행한다.

```
kubectl run hello-world --image=gcr.io/google-samples/hello-app:1.0
--replicas=6
```

▲ **그림 4.30** hello—world 애플리케이션 생성하기

2. 샘플 웹 애플리케이션과 해당 노드의 파드 상태를 확인한다.

```
kubectl get pods -o wide
```

▲ **그림 4.31** hello—world 애플리케이션의 파드와 해당 노드

3. GCP 환경에 더 큰 메모리를 가진 노드 풀을 생성한다.

```
gcloud container node-pools create high-memory-pool --cluster=devops \
--machine-type=n1-highmem-2 --num-nodes=2
```

▲ 그림 4.32 노드 풀 생성하기

4. 클러스터의 모든 노드가 Ready 상태가 될 때까지 기다리자.

```
kubectl get nodes --label-columns=beta.kubernetes.io/instance-type
```

```
mail_@cloudshell:~ (devops-236913)$ kubectl get nodes --label-columns=beta.kubernetes.io/instance-type
NAME                                          STATUS    ROLES     AGE   VERSION         INSTANCE-TYPE
gke-devops-default-pool-c42afc38-1hkz         Ready     <none>    6h    v1.11.7-gke.12  n1-standard-1
gke-devops-default-pool-c42afc38-d3hs         Ready     <none>    6h    v1.11.7-gke.12  n1-standard-1
gke-devops-default-pool-c42afc38-sdd7         Ready     <none>    6h    v1.11.7-gke.12  n1-standard-1
gke-devops-high-memory-pool-033d3312-ctmr     Ready     <none>    1m    v1.11.7-gke.12  n1-highmem-2
gke-devops-high-memory-pool-033d3312-f3s8     Ready     <none>    1m    v1.11.7-gke.12  n1-highmem-2
mail_@cloudshell:~ (devops-236913)$
```

▲ 그림 4.33 풀 생성 후의 쿠버네티스 노드 상태

5. 기본 노드 풀의 노드를 예약불가 상태로 표시하고, 쿠버네티스가 기본 노드 풀
에서부터 워크로드를 이동시키도록 한다.

```
for node in $(kubectl get nodes -l cloud.google.com/gke-nodepool=default-pool
-o=name); do
  kubectl drain --ignore-daemonsets "$node";
  done
```

```
mail_@cloudshell:~ (devops-236913)$ for node in $(kubectl get nodes -l cloud.google.com/gke-nodepool=default-pool -o=name); do
>   kubectl drain --ignore-daemonsets "$node";
> done
node/gke-devops-default-pool-c42afc38-1hkz cordoned
WARNING: Ignoring DaemonSet-managed pods: fluentd-gcp-v3.2.0-rgkv4
pod/l7-default-backend-7ff48cffd7-wndhp evicted
pod/kube-dns-autoscaler-67c97c87fb-2d2jc evicted
pod/hello-world-764ccf8958-12vs8 evicted
pod/hello-world-764ccf8958-55t7r evicted
pod/event-exporter-v0.2.3-85644fcdf-jwrkn evicted
pod/fluentd-gcp-scaler-8b674f786-bp2ct evicted
pod/kube-dns-7df4cb66cb-c9gpk evicted
node/gke-devops-default-pool-c42afc38-d3hs cordoned
WARNING: Ignoring DaemonSet-managed pods: fluentd-gcp-v3.2.0-6f5j2
pod/hello-world-764ccf8958-tfksh evicted
pod/hello-world-764ccf8958-98nqf evicted
pod/hello-world-764ccf8958-zh88q evicted
pod/kube-dns-7df4cb66cb-58mkl evicted
node/gke-devops-default-pool-c42afc38-sdd7 cordoned
WARNING: Ignoring DaemonSet-managed pods: fluentd-gcp-v3.2.0-ncmj5
pod/metrics-server-v0.2.1-fd596d746-mftwh evicted
pod/hello-world-764ccf8958-mwrkp evicted
pod/heapster-v1.6.0-beta.1-5b47fd8bbc-zwkjd evicted
mail_@cloudshell:~ (devops-236913)$
```

▲ 그림 4.34 기본 풀의 kubectl drain 출력

344

6. 노드의 상태를 확인해보자.

```
kubectl get nodes --label-columns=beta.kubernetes.io/instance-type
```

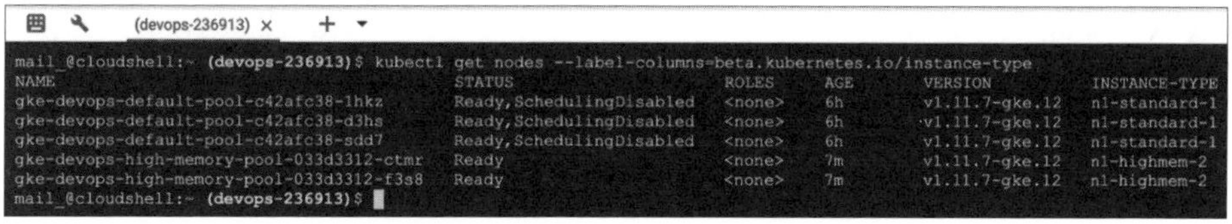

▲ **그림 4.35** cordon 및 drain 이후의 쿠버네티스 노드

7. 샘플 애플리케이션의 파드가 새 노드로 이동했는지 확인한다.

```
kubectl get pods -o wide
```

▲ **그림 4.36** hello-world 애플리케이션의 파드와 해당 노드

8. 기본 노드 풀을 제거한다.

```
gcloud container node-pools delete default-pool --cluster devops
```

▲ **그림 4.37** 노드 풀 삭제

9. 기본 노드 풀의 노드가 클러스터에서 제거됐는지 확인해보자.

```
kubectl get nodes --label-columns=beta.kubernetes.io/instance-type
```

▲ 그림 4.38 노드 풀 삭제 후의 쿠버네티스 노드

10. 이 책의 이후 장들, 혹은 향후에 이 쿠버네티스 클러스터를 사용할 계획이 없다면 쿠버네티스 클러스터를 제거한다.

```
gcloud container clusters delete devops
```

▲ 그림 4.39 클러스터 삭제

▌ 5장 쿠버네티스에 애플리케이션 배포하기

활동 5: 헬름을 사용해 쿠버네티스에서 워드프레스 블로그 설치 및 확장하기

해결 방법

이번 활동을 완료하기 위해서는 다음 단계들을 수행해야 한다.

1. 워드프레스 헬름 차트를 설치해보자. 릴리스 이름은 devops-blog, 사용자 이름은 admin으로 설정하자. 패스워드는 devops, 블로그 이름은 DevOps Blog로 한다.

```
helm install --name devops-blog \
--set wordpressUsername=admin,wordpressPassword=devops \
--set wordpressBlogName="DevOps Blog" \
stable/wordpress
```

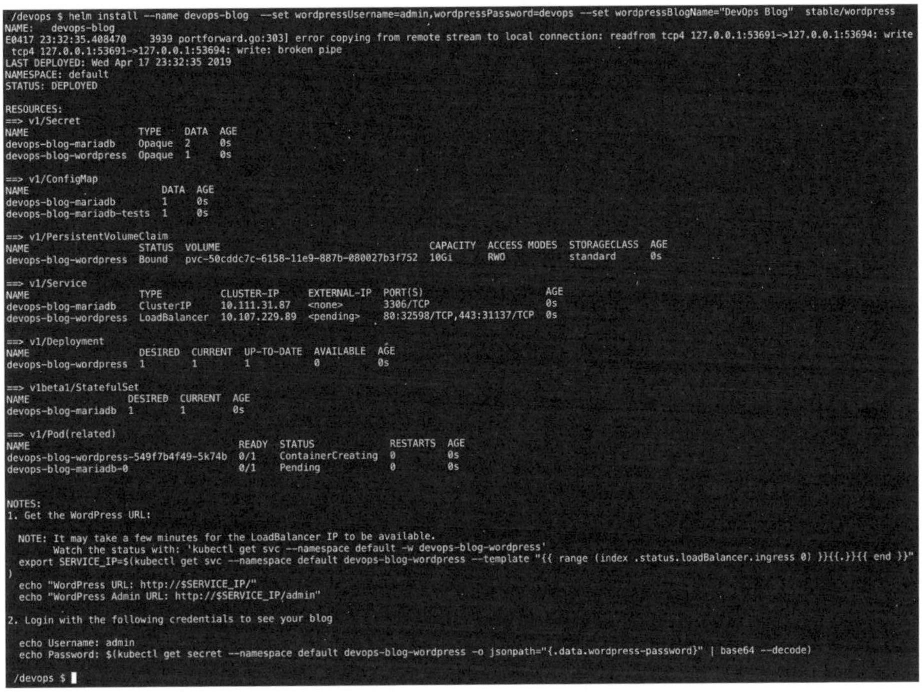

```
 /devops $ helm install --name devops-blog  --set wordpressUsername=admin,wordpressPassword=devops --set wordpressBlogName="DevOps Blog"  stable/wordpress
NAME:   devops-blog
E0417 23:32:35.408470    3939 portforward.go:303] error copying from remote stream to local connection: readfrom tcp4 127.0.0.1:53691->127.0.0.1:53694: write
 tcp4 127.0.0.1:53691->127.0.0.1:53694: write: broken pipe
LAST DEPLOYED: Wed Apr 17 23:32:35 2019
NAMESPACE: default
STATUS: DEPLOYED

RESOURCES:
==> v1/Secret
NAME                   TYPE    DATA  AGE
devops-blog-mariadb    Opaque  2     0s
devops-blog-wordpress  Opaque  1     0s

==> v1/ConfigMap
NAME                       DATA  AGE
devops-blog-mariadb        1     0s
devops-blog-mariadb-tests  1     0s

==> v1/PersistentVolumeClaim
NAME                   STATUS  VOLUME                                    CAPACITY  ACCESS MODES  STORAGECLASS  AGE
devops-blog-wordpress  Bound   pvc-50cddc7c-6158-11e9-887b-080027b3f752  10Gi      RWO           standard      0s

==> v1/Service
NAME                   TYPE          CLUSTER-IP     EXTERNAL-IP  PORT(S)                     AGE
devops-blog-mariadb    ClusterIP     10.111.31.87   <none>       3306/TCP                    0s
devops-blog-wordpress  LoadBalancer  10.107.229.89  <pending>    80:32598/TCP,443:31137/TCP  0s

==> v1/Deployment
NAME                   DESIRED  CURRENT  UP-TO-DATE  AVAILABLE  AGE
devops-blog-wordpress  1        1        1           0          0s

==> v1beta1/StatefulSet
NAME                 DESIRED  CURRENT  AGE
devops-blog-mariadb  1        1        0s

==> v1/Pod(related)
NAME                                    READY  STATUS             RESTARTS  AGE
devops-blog-wordpress-549f7b4f49-5k74b  0/1    ContainerCreating  0         0s
devops-blog-mariadb-0                   0/1    Pending            0         0s


NOTES:
1. Get the WordPress URL:

  NOTE: It may take a few minutes for the LoadBalancer IP to be available.
        Watch the status with: 'kubectl get svc --namespace default -w devops-blog-wordpress'
  export SERVICE_IP=$(kubectl get svc --namespace default devops-blog-wordpress --template "{{ range (index .status.loadBalancer.ingress 0) }}{{.}}{{ end }}"
)
  echo "WordPress URL: http://$SERVICE_IP/"
  echo "WordPress Admin URL: http://$SERVICE_IP/admin"

2. Login with the following credentials to see your blog

  echo Username: admin
  echo Password: $(kubectl get secret --namespace default devops-blog-wordpress -o jsonpath="{.data.wordpress-password}" | base64 --decode)

 /devops $
```

▲ **그림 5.25** 워드프레스 차트의 헬름 설치

설치가 완료되면, 워드프레스 차트와 함께 설치된 모든 리소스가 출력될 것이다.

2. 모든 파드가 Running 상태가 되고, 작업을 수행할 준비가 될 때까지 기다리자.

```
kubectl get pods
```

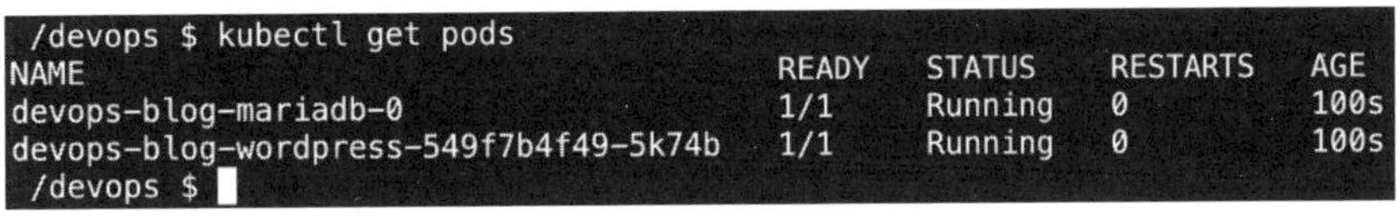

```
 /devops $ kubectl get pods
NAME                                    READY   STATUS    RESTARTS   AGE
devops-blog-mariadb-0                   1/1     Running   0          100s
devops-blog-wordpress-549f7b4f49-5k74b  1/1     Running   0          100s
 /devops $
```

▲ **그림 5.26** 워드프레스 설치 파드

3. 워드프레스 홈페이지를 열고, 성공적으로 설치됐는지 확인해보자.

   URL은 다음 커맨드를 사용하면 확인 가능하다.

```
# GKE(Google Kubernetes Engine) 설치
kubectl get svc devops-blog-wordpress -o jsonpath='{.status.loadBalancer.
ingress[0].hostname}'

# 미니쿠베 설치
minikube service devops-blog-wordpress --url
```

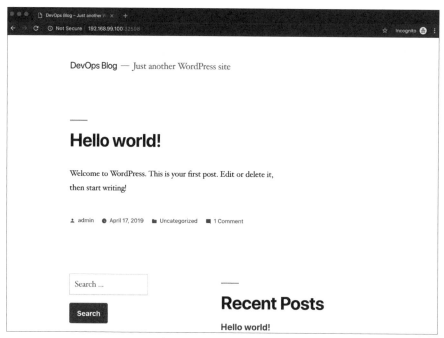

```
/devops $ minikube service devops-blog-wordpress --url
http://192.168.99.100:32598
http://192.168.99.100:31137
/devops $
```

▲ 그림 5.27 미니쿠베 서비스 ip

워드프레스 홈페이지가 다음과 같이 보일 것이다.

▲ 그림 5.28 워드프레스 블로그 홈페이지

348

4. 다음과 같이 워드프레스 인스턴스 개수를 3으로 조정해보자.

```
helm upgrade devops-blog --set replicaCount=3 stable/wordpress
```

```
 /devops $ helm upgrade devops-blog --set replicaCount=3 stable/wordpress
Release "devops-blog" has been upgraded. Happy Helming!
LAST DEPLOYED: Wed Apr 17 23:45:20 2019
NAMESPACE: default
STATUS: DEPLOYED

RESOURCES:
==> v1/Service
NAME                   TYPE          CLUSTER-IP     EXTERNAL-IP  PORT(S)                     AGE
devops-blog-mariadb    ClusterIP     10.111.31.87   <none>       3306/TCP                    12m
devops-blog-wordpress  LoadBalancer  10.107.229.89  <pending>    80:32598/TCP,443:31137/TCP  12m

==> v1/Deployment
NAME                   DESIRED  CURRENT  UP-TO-DATE  AVAILABLE  AGE
devops-blog-wordpress  3        3        3           1          12m

==> v1beta1/StatefulSet
NAME                 DESIRED  CURRENT  AGE
devops-blog-mariadb  1        1        12m

==> v1/Pod(related)
NAME                                    READY  STATUS             RESTARTS  AGE
devops-blog-wordpress-66488fc656-b5s8k  1/1    Running            0         7m29s
devops-blog-wordpress-66488fc656-sddd8  0/1    ContainerCreating  0         0s
devops-blog-wordpress-66488fc656-wt79x  0/1    ContainerCreating  0         0s
devops-blog-mariadb-0                   1/1    Running            0         12m

==> v1/Secret
NAME                   TYPE    DATA  AGE
devops-blog-mariadb    Opaque  2     12m
devops-blog-wordpress  Opaque  1     12m

==> v1/ConfigMap
NAME                       DATA  AGE
devops-blog-mariadb        1     12m
devops-blog-mariadb-tests  1     12m

==> v1/PersistentVolumeClaim
NAME                   STATUS  VOLUME                                    CAPACITY  ACCESS MODES  STORAGECLASS  AGE
devops-blog-wordpress  Bound   pvc-50cddc7c-6158-11e9-887b-080027b3f752  10Gi      RWO           standard      12m


NOTES:
1. Get the WordPress URL:

  NOTE: It may take a few minutes for the LoadBalancer IP to be available.
        Watch the status with: 'kubectl get svc --namespace default -w devops-blog-wordpress'
  export SERVICE_IP=$(kubectl get svc --namespace default devops-blog-wordpress --template "{{ range (index .status.loadBalancer.ingress 0) }}{{.}}{{ end }}")
  echo "WordPress URL: http://$SERVICE_IP/"
  echo "WordPress Admin URL: http://$SERVICE_IP/admin"

2. Login with the following credentials to see your blog

  echo Username: user
  echo Password: $(kubectl get secret --namespace default devops-blog-wordpress -o jsonpath="{.data.wordpress-password}" | base64 --decode)

 /devops $
```

▲ **그림 5.29** 헬름 차트 설치 업그레이드하기

5. 세 인스턴스의 파드 상태를 확인하자.

```
kubectl get pods
```

```
 /devops $ kubectl get pods
NAME                                    READY  STATUS   RESTARTS  AGE
devops-blog-mariadb-0                   1/1    Running  0         13m
devops-blog-wordpress-66488fc656-b5s8k  1/1    Running  0         8m38s
devops-blog-wordpress-66488fc656-sddd8  1/1    Running  0         69s
devops-blog-wordpress-66488fc656-wt79x  1/1    Running  0         69s
 /devops $
```

▲ **그림 5.30** 워드프레스 설치 파드

6. 브라우저에서 홈페이지에 여전히 액세스할 수 있는지 확인한다.

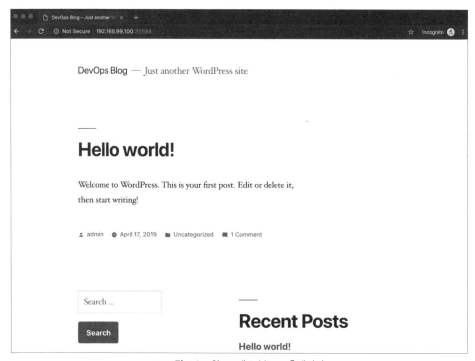

▲ **그림 5.31** 워드프레스 블로그 홈페이지

7. 워드프레스 설치를 삭제하자.

```
helm delete --purge devops-blog
```

▲ **그림 5.32** 워드프레스 설치 삭제하기

활동 6: 즉석에서 구성 업데이트하기

해결 방법

이번 활동을 완료하기 위해서는 다음 단계들을 수행해야 한다.

1. 6장의 전반부에서 만든 app-config라는 컨피그맵과 token이라는 시크릿을 포함해 해결책을 만들 수 있다. 해결을 위해 이를 활용하자. 이 컨피그맵과 시크릿을 사용하는 파드를 정의하는 파일을 작성해보자.

```
apiVersion: v1
kind: Pod
metadata:
  name: config-secret-pod
spec:
  containers:
  - name: content
    image: busybox
    command: [ "sh", "-c"]
    args:
    - while true; do
        echo -en '\n';
        echo Current environment is 'cat /configurations/environment';
        echo Used token is 'cat /secrets/token'; sleep 10;
      done;
    volumeMounts:
    - name: config-volume
      mountPath: "/configurations"
    - name: secret-volume
      mountPath: "/secrets"
  volumes:
  - name: config-volume
    configMap:
      name: app-config
  - name: secret-volume
    secret:
      secretName: token
```

2. 파드를 배포하자.

```
$ kubectl apply -f Pod.yaml -n lesson-6
```

```
/devops $ kubectl apply -f Pod.yaml -n lesson-6
pod/config-secret-pod created
/devops $
```

▲ 그림 6.18 클러스터에 config-secret-pod 배포하기

3. 파드가 실행 중인지 확인하고, 로그를 통해 컨피그맵으로 구성한 현재 환경과 시크릿으로 획득한 토큰을 확인해보자.

```
$ kubectl get pods -n lesson-6
$ kubectl logs config-secret-pod -n lesson-6
```

```
/devops $ kubectl get pods -n lesson-6
NAME                READY     STATUS      RESTARTS    AGE
config-secret-pod   1/1       Running     0           17s
/devops $
/devops $ kubectl logs config-secret-pod -n lesson-6

Current environment is test
Used token is b83f7d3cc64efc58

Current environment is test
Used token is b83f7d3cc64efc58

Current environment is test
Used token is b83f7d3cc64efc58

Current environment is test
Used token is b83f7d3cc64efc58
/devops $
```

▲ 그림 6.19 config-secret-pod의 로그 확인하기

4. app-config 컨피그맵을 이용해 기존에 설정된 환경 변수를 변경해보자.

```
$ kubectl create configmap app-config -n lesson-6 --from-literal=
environment=prod -o yaml --dry-run | kubectl replace -f -
```

```
/devops $ kubectl create configmap app-config -n lesson-6 --from-literal=environment=prod -o yaml --dry-run | kube
ctl replace -f -
configmap/app-config replaced
/devops $
```

▲ **그림 6.20** app-config의 내용을 변경해 환경을 prod로 설정하기

5. 로그를 통해 업데이트된 환경 정보를 확인한다.

```
$ kubectl logs config-secret-pod -n lesson-6
```

```
Current environment is test
Used token is b83f7d3cc64efc58

Current environment is test
Used token is b83f7d3cc64efc58

Current environment is prod
Used token is b83f7d3cc64efc58

Current environment is prod
Used token is b83f7d3cc64efc58
```

▲ **그림 6.21** 변경 내용을 확인하기 위해 config-secret-pod의 로그 확인하기

 파드가 변경사항을 가져오기까지 최대 몇 분이 걸릴 수 있다.

6. 32바이트 토큰을 생성하고 인코딩한다.

```
$ openssl rand -hex 32
```

```
/devops $ openssl rand -hex 32
04d39a77b0cec29e4850280c408da5ad5325eec0ae8ce57e1b6bb5b6987b58e1
/devops $
```

▲ **그림 6.22** 32바이트의 임의의 토큰 생성하기

 새로운 토큰이 생성될 것이다.

7. 시크릿을 사용해 기존에 설정된 토큰을 교체해보자.

```
$ kubectl create secret generic token -n lesson-6 --from-literal=token=<new-
token> -o yaml --dry-run | kubectl replace -f -
```

```
/devops $ kubectl create secret generic token -n lesson-6 --from-literal=token=04d39a77b0cec29e4850280c408da5ad5325ee
c0ae8ce57e1b6bb5b6987b58e1 -o yaml --dry-run | kubectl replace -f -
secret/token replaced
/devops $
```

▲ 그림 6.23 시크릿의 내용을 새 토큰으로 교체하기

8. 업데이트된 토큰을 보려면 로그를 다시 확인해야 한다.

```
Current environment is prod
Used token is b83f7d3cc64efc58

Current environment is prod
Used token is b83f7d3cc64efc58

Current environment is prod
Used token is 04d39a77b0cec29e4850280c408da5ad5325eec0ae8ce57e1b6bb5b6987b58e1

Current environment is prod
Used token is 04d39a77b0cec29e4850280c408da5ad5325eec0ae8ce57e1b6bb5b6987b58e1
```

▲ 그림 6.24 변경 내용을 확인하기 위해 config-secret-pod의 로그 확인하기

활동 7: 쿠버네티스에서 영구 데이터베이스 실행하기

해결 방법

이번 활동을 완료하기 위해서는 다음 단계들을 수행해야 한다.

1. MySQL용 디플로이먼트 정의 파일을 만들어보자. 이 파일은 사용자 패스워드에 시크릿을 사용하고, PVC를 이용해 볼륨을 구성한다.

```
apiVersion: apps/v1
kind: Deployment
metadata:
  name: mysql-deployment
  labels:
```

```yaml
      app: mysql
spec:
  replicas: 1
  selector:
    matchLabels:
      app: mysql
  template:
    metadata:
      labels:
        app: mysql
    spec:
      containers:
      - image: mysql:5.6
        name: mysql-container
        env:
        - name: MYSQL_ROOT_PASSWORD
          valueFrom:
            secretKeyRef:
              name: mysql-secret
              key: password
        ports:
        - containerPort: 3306
          name: mysql-port
        volumeMounts:
        - name: mysql-volume
          mountPath: /var/lib/mysql
      volumes:
      - name: mysql-volume
        persistentVolumeClaim:
          claimName: mysql-pvc
```

2. 배포를 위한 서비스 정의 파일을 작성하자.

```yaml
apiVersion: v1
kind: Service
metadata:
  name: mysql-svc
spec:
  ports:
```

```
      - port: 3306
    selector:
      app: mysql
```

3. 패스워드를 생성하고, 시크릿에 문자열 패스워드를 사용해 클러스터에 배포한다.

```
$ openssl rand -hex 8
$ kubectl create secret generic mysql-secret --from-literal=password=
<generated-password> -n lesson-6
```

```
/devops $ openssl rand -hex 8
b980a92aa2c3cebb

/devops $ kubectl create secret generic mysql-secret --from-literal=password=b980a92aa2c3cebb -n lesson-6
secret/mysql-secret created
```

▲ 그림 6.25 토큰을 사용해 임의의 토큰 및 시크릿 생성하기

4. 20GB의 스토리지를 요청하는 PVC를 작성해 클러스터에 배포하자. 다음으로 쿠버네티스가 PV를 자동으로 생성하고, PVC에 바인딩했는지 확인해보자.

```
$ kubectl apply -f mysql-pvc.yaml -n lesson-6
$ kubectl get pvc -n lesson-6

apiVersion: v1
kind: PersistentVolumeClaim
metadata:
  name: mysql-pvc
spec:
  accessModes:
    - ReadWriteOnce
  resources:
    requests:
      storage: 20Gi
```

```
/devops $ kubectl apply -f mysql-pvc.yaml -n lesson-6
persistentvolumeclaim/mysql-pvc created
/devops $
/devops $ kubectl get pvc -n lesson-6
NAME        STATUS   VOLUME                                     CAPACITY   ACCESS MODES   STORAGECLASS   AGE
mysql-pvc   Bound    pvc-bfa79332-3aca-11e9-bd98-42010a9c01eb   20Gi       RWO            standard       14s
```

▲ 그림 6.26 클러스터에 MySQL PVC를 배포하고 바인딩 여부 확인하기

5. MySQL 디플로이먼트와 서비스를 클러스터에 배포해보자.

```
$ kubectl apply -f mysql-deployment.yaml -n lesson-6
$ kubectl apply -f mysql-svc.yaml -n lesson-6
```

```
/devops $ kubectl apply -f mysql-deployment.yaml -n lesson-6
deployment.apps/mysql-deployment created
/devops $
/devops $ kubectl apply -f mysql-svc.yaml -n lesson-6
service/mysql-svc created
/devops $
```

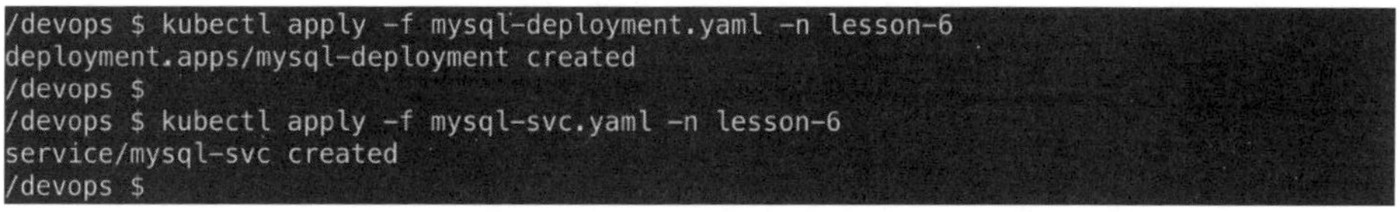

▲ 그림 6.27 클러스터에 MySQL 디플로이먼트 및 서비스 배포하기

6. 파드가 실행 중인지 확인하고, 서버에 액세스해서 MySQL이 제대로 작동하고 있는지 확인한다.

```
$ kubectl get pods -n lesson-6
```

```
/devops $ kubectl get pods -n lesson-6
NAME                                   READY     STATUS     RESTARTS    AGE
mysql-deployment-7f6df7bb79-dbp6m      1/1       Running    0           39s
/devops $
```

▲ 그림 6.28 MySQL 파드가 실행 중인지 확인하기

```
$ kubectl run -it --rm --image=mysql:5.6 mysql-test -n lesson-6 -- mysql
-h mysql-svc -p<generated-password>
# Press enter
```

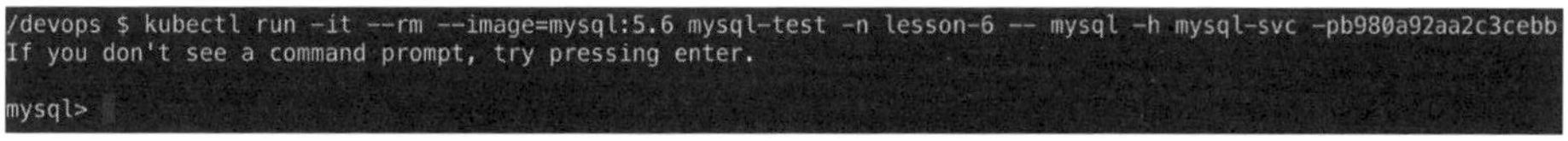

```
/devops $ kubectl run -it --rm --image=mysql:5.6 mysql-test -n lesson-6 -- mysql -h mysql-svc -pb980a92aa2c3cebb
If you don't see a command prompt, try pressing enter.

mysql>
```

▲ 그림 6.29 다른 파드를 클라이언트로 실행해 MySQL 서버 상태 확인하기

활동 8: 오토스케일링 활성화 및 롤링 업데이트 수행하기

해결 방법

이번 활동을 완료하기 위해서는 다음 단계들을 수행해야 한다.

1. suakbas/lesson07:v1 이미지를 사용해 RollingUpdate 전략이 설정된 디플로이먼트 정의 파일을 작성해보자. 이 애플리케이션은 CPU 리소스를 많이 사용하게 될 것이다.

```yaml
apiVersion: apps/v1
kind: Deployment
metadata:
  name: lesson07-deployment
spec:
  replicas: 1
  strategy:
    type: RollingUpdate
  selector:
    matchLabels:
      app: lesson07
  template:
    metadata:
      labels:
        app: lesson07
    spec:
      containers:
      - image: suakbas/lesson07:v1
        imagePullPolicy: Always
        name: lesson07
        resources:
          requests:
            memory: "500m"
            cpu: "250m"
```

2. 디플로이먼트를 배포하고, 파드가 실행 중인지 확인한다.

```
$ kubectl apply -f deployment.yaml -n lesson-7
$ kubectl get pods -n lesson-7
```

```
/devops $ kubectl apply -f deployment.yaml -n lesson-7
deployment.apps/lesson07-deployment created
/devops $
/devops $ kubectl get pods -n lesson-7
NAME                                     READY    STATUS     RESTARTS    AGE
lesson07-deployment-59dcd9dd-d68p4       1/1      Running    0           7s
/devops $
```

▲ 그림 7.21 lesson07-deployment를 클러스터에 배포하기

3. suakbas/lesson07:v1 이미지를 사용해 이번 디플로이먼트에 대한 Horizontal PodAutoscaler를 생성하자. 이 이미지의 최소 파드 수는 2이고, 최대는 5다. CPU 백분율 목표는 50%로 설정한다.

```
$ kubectl autoscale deployment lesson07-deployment --min=2 --max=5
--cpu-percent=50 -n lesson-7
```

```
/devops $ kubectl autoscale deployment lesson07-deployment --min=2 --max=5 --cpu-percent=50 -n lesson-7
horizontalpodautoscaler.autoscaling/lesson07-deployment autoscaled
/devops $
```

▲ 그림 7.22 디플로이먼트를 위한 HPA 설정

4. suakbas/lesson07:v1 이미지를 사용해 디플로이먼트에 대한 HorizontalPod Autoscaler를 확인하는 것으로 현재 상태를 알아보자.

```
$ kubectl get hpa -n lesson-7
```

```
/devops $ kubectl get hpa -n lesson-7
NAME                   REFERENCE                          TARGETS    MINPODS   MAXPODS   REPLICAS   AGE
lesson07-deployment    Deployment/lesson07-deployment     399%/50%   2         5         4          3m
/devops $
```

▲ 그림 7.23 HPA 세부 정보 확인

5. 파드를 확인해, 확장이 정상적으로 이뤄지고 문제없이 실행되고 있는지 확인한다.

```
$ kubectl get pods -n lesson-7
```

```
/devops $ kubectl get pods -n lesson-7
NAME                                      READY    STATUS     RESTARTS    AGE
lesson07-deployment-dc8d64ff8-4w9ff       1/1      Running    0           3m
lesson07-deployment-dc8d64ff8-bscjx       1/1      Running    0           3m
lesson07-deployment-dc8d64ff8-rggwk       1/1      Running    0           5m
lesson07-deployment-dc8d64ff8-xt9g8       1/1      Running    0           4m
/devops $
```

▲ 그림 7.24 파드가 문제없이 실행 중인지 확인하기

6. 사용되는 이미지를 suakbas/lesson07:v2로 변경해 롤링 업데이트를 수행한다.
   이 애플리케이션은 잠든 상태가 돼 CPU에 가해지는 부하를 덜어줄 것이다. 다
   음으로, 롤링 업데이트가 성공적으로 완료됐는지 확인해보자.

```
$ kubectl set image deployment/lesson07-deployment lesson07=suakbas/
lesson07:v2 --record -n lesson-7
```

```
$ kubectl rollout status deployment/lesson07-deployment -n lesson-7
```

```
/devops $ kubectl set image deployment/lesson07-deployment lesson07=suakbas/lesson07:v2 --record -n lesson-7
deployment.extensions/lesson07-deployment image updated
/devops $
/devops $ kubectl rollout status deployment/lesson07-deployment -n lesson-7
deployment "lesson07-deployment" successfully rolled out
/devops $
```

▲ 그림 7.25 롤링 업데이트 수행

7. 이전에 생성한 HorizontalPodAutoscaler를 다시 확인해 업데이트 후의 현재 상태
   를 알아보자. 파드 수의 변화를 관찰하고, 몇 분 후에 다시 최신의 상태를 확인
   한다.

```
$ kubectl get hpa -n lesson-7
$ kubectl get pods -n lesson-7
```

```
/devops $ kubectl get hpa -n lesson-7
NAME                  REFERENCE                         TARGETS   MINPODS   MAXPODS   REPLICAS   AGE
lesson07-deployment   Deployment/lesson07-deployment    0%/50%    2         5         5          8m
/devops $
/devops $kubectl get pods -n lesson-7 -w
NAME                                  READY   STATUS        RESTARTS   AGE
lesson07-deployment-5746b7647f-8xkl8   1/1    Running       0          2m
lesson07-deployment-5746b7647f-djkdv   1/1    Running       0          2m
lesson07-deployment-5746b7647f-kn9vt   1/1    Running       0          2m
lesson07-deployment-5746b7647f-mpsvp   1/1    Running       0          2m
lesson07-deployment-5746b7647f-wvs8d   1/1    Running       0          2m
lesson07-deployment-5746b7647f-wvs8d   1/1    Terminating   0          3m
lesson07-deployment-5746b7647f-8xkl8   1/1    Terminating   0          3m
lesson07-deployment-5746b7647f-djkdv   1/1    Terminating   0          3m
lesson07-deployment-5746b7647f-8xkl8   0/1    Terminating   0          3m
lesson07-deployment-5746b7647f-wvs8d   0/1    Terminating   0          3m
lesson07-deployment-5746b7647f-djkdv   0/1    Terminating   0          3m
lesson07-deployment-5746b7647f-8xkl8   0/1    Terminating   0          3m
lesson07-deployment-5746b7647f-8xkl8   0/1    Terminating   0          3m
lesson07-deployment-5746b7647f-wvs8d   0/1    Terminating   0          3m
lesson07-deployment-5746b7647f-wvs8d   0/1    Terminating   0          3m
lesson07-deployment-5746b7647f-djkdv   0/1    Terminating   0          3m
lesson07-deployment-5746b7647f-djkdv   0/1    Terminating   0          3m

^C/devops $ kubectl get hpa -n lesson-7
NAME                  REFERENCE                         TARGETS   MINPODS   MAXPODS   REPLICAS   AGE
lesson07-deployment   Deployment/lesson07-deployment    0%/50%    2         5         2          11m
/devops $
```

▲ **그림 7.26** HPA 세부 정보 및 파드 확인

8. 네임스페이스를 제거해 사용한 환경을 정리하자.

```
$ kubectl delete ns lesson-7
```

❘ 8장 쿠버네티스에서 애플리케이션 트러블슈팅하기

활동 9: 쿠버네티스에서 애플리케이션 트러블슈팅하기

해결 방법

이번 활동을 완료하기 위해서는 다음 단계들을 수행해야 한다.

1. suakbas/lesson08:v1 이미지를 사용하고, app-Config라는 이름의 컨피그맵에 LOG_LEVEL 및 ENABLE_CONNECTION 환경 변수를 사용하는 파드 정의 파일을 작성한다. 파일명은 pod.yaml로 지정하자.

```
apiVersion: v1
kind: Pod
metadata:
  name: app
spec:
  containers:
  - name: app
    image: suakbas/lesson08:v1
    env:
      - name: LOG_LEVEL
        valueFrom:
          configMapKeyRef:
            name: app-config
            key: log-level
      - name: ENABLE_CONNECTION
        valueFrom:
          configMapKeyRef:
            name: app-config
            key: enable-connection
```

2. LOG_LEVEL 필드를 INFO로, ENABLE_CONNECTION을 No로 설정해 컨피그맵을 작성한다. 파일명은 configmap.yaml로 지정하자.

```
apiVersion: v1
kind: ConfigMap
metadata:
  name: app-config
data:
  log-level: "INFO"
  enable-connection: "No"
```

3. 컨피그맵과 파드를 lesson-8 네임스페이스에 배포한다.

```
$ kubectl create -f configmap.yaml -n lesson-8
$ kubectl create -f pod.yaml -n lesson-8
```

```
/devops $ kubectl create -f configmap.yaml -n lesson-8
configmap/app-config created
/devops $
/devops $ kubectl create -f pod.yaml -n lesson-8
pod/app created
/devops $
```

▲ **그림 8.15** app-config 컨피그맵과 Pod 앱 배포하기

다음으로, 파드가 실행 중인지 확인해보자.

```
$ kubectl get pods -n lesson-8
```

```
/devops $ kubectl get pods -n lesson-8
NAME      READY      STATUS             RESTARTS   AGE
app       0/1        CrashLoopBackOff   3          1m
/devops $
```

▲ **그림 8.16** 앱 상태 확인

4. 파드가 실행되지 않고 계속해서 종료되는 이유를 알아본다. `kubectl logs` 커맨드 를 사용해 애플리케이션의 로그를 확인해보자.

```
$ kubectl logs app -n lesson-8
```

```
/devops $ kubectl logs app -n lesson-8
{"level":"info","msg":"Application is starting..","time":"2019-03-25T20:41:23Z"}
{"level":"info","msg":"Application is exiting..","time":"2019-03-25T20:41:23Z"}
/devops $
```

▲ **그림 8.17** 앱 로그 확인하기

현재의 로그 수준에서는 문제를 파악하기 어려움을 알 수 있을 것이다. 로그 수 준을 디버그로 변경해보자.

5. 컨피그맵의 LOG_LEVEL 필드를 DEBUG로 업데이트해서 로그 수준을 변경한다.

```
$ kubectl edit configmap app-config -n lesson-8
```

```
/devops $ kubectl edit configmap app-config -n lesson-8
configmap/app-config edited
/devops $
```

▲ **그림 8.18** app-config 수정하기

6. 더 자세한 로그를 확인하고 싶다면 kubectl logs를 다시 실행한다.

 컴피그맵의 값을 환경 변수로 사용 중이므로, 파드의 최신 변경사항을 반영하기 위해서는 다음 재시작을 기다리거나, 파드를 삭제한 후 재작성할 필요가 있다.

```
$ kubectl logs app -n lesson-8
```

```
/devops $ kubectl logs app -n lesson-8
{"level":"info","msg":"Application is starting..","time":"2019-03-25T21:01:23Z"}
{"level":"debug","msg":"ENABLE_CONNECTION set to [No]","time":"2019-03-25T21:01:23Z"}
{"level":"info","msg":"Application is exiting..","time":"2019-03-25T21:01:23Z"}
bash-3.2$
/devops $
```

▲ **그림 8.19** 앱 로그 확인하기

위와 같이, 문제를 파악하기 위한 더 많은 정보가 제공된다. 로그를 통해 ENABLE_
CONNECTION 환경 변수가 No로 설정됐음을 알 수 있다. 파드 내부를 조회해 이를
확인해보자.

7. kubectl exec를 사용해, 설정된 환경 변수를 확인해보자.

```
$ kubectl exec app -n lesson-8 -- printenv
```

```
/devops $ kubectl exec app -n lesson-8 -- printenv
PATH=/go/bin:/usr/local/go/bin:/usr/local/sbin:/usr/local/bin:/usr/sbin:/usr/bin:/sbin:/bin
HOSTNAME=app
LOG_LEVEL=DEBUG
ENABLE_CONNECTION=No
KUBERNETES_PORT=tcp://10.47.240.1:443
KUBERNETES_PORT_443_TCP=tcp://10.47.240.1:443
KUBERNETES_PORT_443_TCP_PROTO=tcp
KUBERNETES_PORT_443_TCP_PORT=443
KUBERNETES_PORT_443_TCP_ADDR=10.47.240.1
KUBERNETES_SERVICE_HOST=10.47.240.1
KUBERNETES_SERVICE_PORT=443
KUBERNETES_SERVICE_PORT_HTTPS=443
GOLANG_VERSION=1.11.6
GOPATH=/go
HOME=/root
/devops $
```

▲ **그림 8.20** 앱 내 환경 변수 출력하기

 문제로 인해 애플리케이션이 계속 중단되는 상태이기 때문에 환경 변수를 성공적으로 출력하려면 커맨드를 여러 번 실행해야 할 수 있다.

ENABLE_CONNECTION이 No로 설정돼 있는지 확인하자.

8. configmap.yaml 파일을 업데이트하며 ENABLE_CONNECTION을 Yes로 설정해 문제를 해결한다. 다음으로, 업데이트된 파일을 클러스터에 적용하자.

```
apiVersion: v1
kind: ConfigMap
metadata:
  name: app-config
data:
  log-level: "INFO"
  enable-connection: "Yes"

$ kubectl apply -f configmap.yaml -n lesson-8
```

```
/devops $ kubectl apply -f configmap.yaml -n lesson-8
configmap/app-config configured
/devops $
```

▲ **그림 8.21** app-config 수정하기

9. 로그를 확인해 문제가 해결됐는지 알아본다.

 컨피그맵의 값을 환경 변수로 사용 중이므로, 파드의 최신 변경사항을 반영하기 위해서는 다음 재시작을 기다리거나, 파드를 삭제한 후 재작성할 필요가 있다.

```
$ kubectl logs app -n lesson-8
```

```
/devops $ kubectl logs app -n lesson-8
{"level":"info","msg":"Application is starting..","time":"2019-03-25T21:22:21Z"}
{"level":"info","msg":"Application is running..","time":"2019-03-25T21:22:21Z"}
/devops $
```

▲ 그림 8.22 앱의 로그 확인

10. 네임스페이스를 제거해 사용한 환경을 정리한다.

```
$ kubectl delete ns lesson-8
```

▌9장 쿠버네티스에서 애플리케이션 모니터링하기

활동 10: 쿠버네티스에서 경고 알림 설정하기

해결 방법

이번 활동을 완료하기 위해서는 다음 단계들을 수행해야 한다.

1. devops 채널에 대한 수신 웹훅을 생성한다. 로그인한 사용자 이름을 클릭한 다음, Customize Slack을 클릭한다.

▲ 그림 9.43 수신 웹훅을 생성하기 위한 사용자 정의

2. 다음 페이지에서 Configure Apps를 클릭하면 App Directory 페이지로 이동할 것
   이다. 여기서 Incoming Webhooks(수신 웹훅)으로 검색해보자.

▲ 그림 9.44 수신 웹훅 검색하기

3. Add Configuration을 클릭한다.

▲ **그림 9.45** 수신 웹훅 구성 추가하기

4. 경고 알림을 설정할 채널을 선택한 다음, Add Incoming WebHooks integration을 클릭한다.

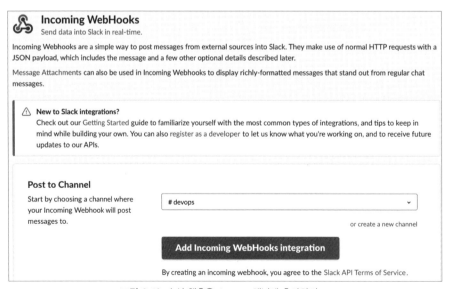

▲ **그림 9.46** 수신 웹훅을 devops 채널에 추가하기

5. 결과 페이지의 웹훅 URL을 알림매니저 구성을 위해 적어두자.

▲ **그림 9.47** 생성된 웹훅 URL

웹훅 URL이 이미 생성됐다면, 성공적으로 작업이 수행된 것이다. 이 URL을 기록해두자.

6. 프로메테우스에서 경고 알림 룰을 준비한다.

다음은 test 컨테이너의 상태 확인에 사용하기 위한 경고 알림 룰이다.

```
groups:
  - name: test-pod-not-running-rule
    rules:
    - alert: TestPodNotRunning
      expr: (kube_pod_container_status_running { namespace="lesson-9",
container="test" } == 0)
      for: 30s
      labels:
        severity: critical
      annotations:
        description: "{{$labels.namespace}}/{{$labels.pod}} is not running"
        summary: "{{$labels.pod}} is not running"
```

7. 이 경고 알림을 지정하기 위해 prometheus-server 컨피그맵을 수정한다.

```
$ kubectl edit configmap prometheus-server -n lesson-9
```

> ⓘ kubectl edit는 빔(Vim)을 기본 텍스트 편집기로 사용한다. KUBE_EDITOR 환경 변수를 사용하고자 하는 텍스트 편집기 이름으로 설정하면, nano 같은 툴을 사용할 수 있다. 예를 들어, 다음과 같이 nano를 기본 텍스트 편집기로 설정할 수도 있다.
>
> **$ export KUBE_EDITOR="nano"**

다음 스크린샷과 같이, 이전 단계에서 경고 알림 룰을 복사해 alerts 항목 아래에 붙여넣자.

```
/devops $ kubectl edit configmap prometheus-server -n lesson-9
configmap/prometheus-server edited
/devops $
```

▲ **그림 9.48** prometheus-server 컨피그맵 수정하기

다음은 이전 단계의 경고 아래에 경고 알림 룰을 붙여넣는 방법이다.

```
apiVersion: v1
data:
  alerts: |
    groups:
    - name: test-pod-not-running-rule
      rules:
      - alert: TestPodNotRunning
        expr: (kube_pod_container_status_running { namespace="lesson-9", container="test" } == 0)
        for: 30s
        labels:
          severity: critical
        annotations:
          description: "{{$labels.namespace}}/{{$labels.pod}} is not running"
          summary: "{{$labels.pod}} is not running"
```

▲ **그림 9.49** 새 경고 알림 룰 추가하기

8. 알림매니저에서 슬랙 리시버를 생성한다.

   다음과 같이 알림매니저를 구성하는 데 사용할 수 있는 슬랙 리시버를 생성한다.

```
receivers:
- name: "slack"
  slack_configs:
  - channel: "devops"
    send_resolved: true
    api_url: <Webhook_URL>
    title: "{{ .CommonAnnotations.description }}"
    text: "Description: {{ .CommonAnnotations.description }}"
route:
  routes:
  - match:
      alertname: TestPodNotRunning
    receiver: "slack"
```

9. 슬랙 리시버를 추가하기 위해 prometheus-alertmanager 컨피그맵을 수정한다.

```
$ kubectl edit configmap prometheus-alertmanager -n lesson-9
```

 다음 스크린샷과 같이 이전 단계에서 리시버를 복사해서 receivers 항목 아래에 붙여넣자.

```
/devops $ kubectl edit configmap prometheus-alertmanager -n lesson-9
configmap/prometheus-alertmanager edited
/devops $
```

▲ **그림 9.50** prometheus-alertmanager 컨피그맵 수정하기

다음의 스크린샷을 통해 이전 단계의 리시버를 receivers 항목 아래에 붙여넣으면 어떻게 되는지 확인해보자.

```
apiVersion: v1
data:
  alertmanager.yml: |
    global: {}
    receivers:
    - name: default-receiver
    - name: "slack"
      slack_configs:
      - channel: "devops"
        send_resolved: true
        api_url: "https://hooks.slack.com/services/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"
        title: "{{ .CommonAnnotations.description }}"
        text: "Description: {{ .CommonAnnotations.description }}"
    route:
      routes:
      - match:
          alertname: TestPodNotRunning
        receiver: "slack"
      group_interval: 5m
      group_wait: 10s
      receiver: default-receiver
      repeat_interval: 3h
```

▲ **그림 9.51** 슬랙 리시버 추가

10. 프로메테우스 UI를 통해 경고 알림이 프로메테우스에서 표시되는지 확인한다.

▲ **그림 9.52** 프로메테우스 경고 알림 페이지

이 페이지는 경고 룰이 성공적으로 생성됐으며 아직 경고가 발생하지 않았음을 나타내고 있다.

11. 이미지명이 busybox 대신 busybo로 잘못 작성된 파드 정의를 사용해 pod.yaml이라는 파일을 작성한다.

```
$ vi pod.yaml
```

 다음의 파드 정의를 복사해 붙여넣고 wq 커맨드를 사용해 종료한다.

다음은 busybo 이미지를 사용한 파드 정의다.

```
apiVersion: v1
kind: Pod
metadata:
  name: test-pod
spec:
  containers:
  - name: test
    image: busybo
    command: ["/bin/sh"]
    args: ["-c", "sleep 99999"]
```

---

12. test-pod를 배포한 뒤, 오류를 확인한다.

```
$ kubectl apply -f Pod.yaml -n lesson-9
$ kubectl get pod test-pod -n lesson-9
```

```
/devops $ kubectl apply -f pod.yaml -n lesson-9
pod/test-pod created
/devops $
```
▲ **그림 9.53** 테스트 파드 배포하기

여기서 `ImagePullBackOff` 파드 상태를 확인할 수 있다. 이는 busybo 이미지가
실제로 존재하지 않기 때문에 이미지를 다운로드할 수 없음을 나타낸다.

```
/devops $ kubectl get pod test-pod -n lesson-9
NAME       READY       STATUS                RESTARTS      AGE
test-pod   0/1         ImagePullBackOff      0             1m
/devops $
```
▲ **그림 9.54** test-pod가 실행 중인지 확인하기

13. 경고 알림이 발생하고 있는지 확인하기 위해 프로메테우스 UI를 참고한다. 확인
하는 데 약 1분이 소요될 수 있다.

▲ **그림 9.55** 프로메테우스에서 활성화된 경고 알림

14. 경고 알림을 보기 위해 슬랙에서 **devops** 채널을 확인해보자.

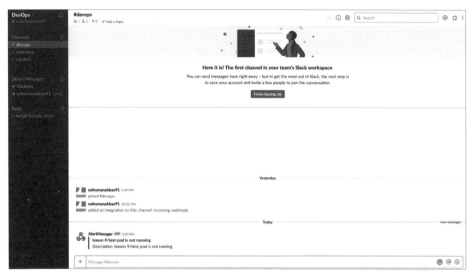

▲ **그림 9.56** 슬랙에서 수신된 경고 알림

15. 이미지를 busybox로 수정한다.

```
$ kubectl set image pod/test-pod test=busybox -n lesson-9
$ kubectl get pod test-pod -n lesson-9
```

```
/devops $ kubectl set image pod/test-pod test=busybox -n lesson-9
pod/test-pod image updated
/devops $
/devops $ kubectl get pod test-pod -n lesson-9
NAME        READY     STATUS      RESTARTS     AGE
test-pod    1/1       Running     0            4m
/devops $
```

▲ **그림 9.57** test-pod의 이미지 수정하기

16. 해결된 알림을 보려면 슬랙의 devops 채널을 다시 확인해보자.

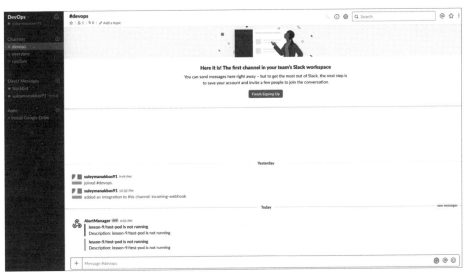

▲ **그림 9.58** 슬랙에 수신된 해결된 알림

여기서 알림 왼쪽의 색상을 자세히 살펴보자. 빨간색은 실패한(해결되지 않은) 알림에 해당하며, 녹색은 해결된 알림을 나타낸다.

17. 사용한 환경을 정리하기 위해 lesson-9 네임스페이스를 삭제하자.

```
$ kubectl delete ns lesson-9
```

| 찾아보기 |